2025年度版

大分県の論作文・面接

過去問

協同教育研究会 編

協同出版

はじめに～「過去問」シリーズ利用に際して～

教育を取り巻く環境は変化しつつあり，日本の公教育そのものも，教員免許更新制の廃止やGIGAスクール構想の実現などの改革が進められています。また，現行の学習指導要領では「主体的・対話的で深い学び」を実現するため，指導方法や指導体制の工夫改善により，「個に応じた指導」の充実を図るとともに，コンピュータや情報通信ネットワーク等の情報手段を活用するために必要な環境を整えることが示されています。

一方で，いじめや体罰，不登校，暴力行為など，教育現場の問題もあいかわらず取り沙汰されており，教員に求められるスキルは，今後さらに高いものになっていくことが予想されます。

本書の基本構成としては，論作文・面接試験の概要，過去数年間の論作文の過去問題及びテーマと分析と論点，面接試験の内容を掲載しています。各自治体や教科によって掲載年数をはじめ，論作文の書き方や面接試験対策を掲載するなど，内容が異なります。

また原則的には一般受験を対象としております。特別選考等については対応していない場合があります。なお，実際に出題された順番や構成を，編集の都合上，変更している場合があります。あらかじめご了承ください。

みなさまが，この書籍を徹底的に活用し，教員採用試験の合格を勝ち取って，教壇に立っていただければ，それはわたくしたちにとって最上の喜びです。

協同教育研究会

CONTENTS

第１部

論作文・面接試験の概要

論作文試験の概要

論作文試験の意義

近年の論作文では，受験者の知識や技術はもちろんのこと，より人物重視の傾向が強くなってきている。それを見る上で，各教育委員会で論作文と面接型の試験を重視しているのである。論作文では，受験者の教職への熱意や教育問題に対する理解や思考力，そして教育実践力や国語力など，教員として必要な様々な資質を見ることができる。あなたの書いた論作文には，あなたという人物が反映されるのである。その意味で論作文は，記述式の面接試験とは言え，合否を左右する重みを持つことが理解できるだろう。

論作文には，教職教養や専門教養の試験と違い，完全な正答というものは存在しない。読み手は，表現された内容を通して，受験者の教職の知識・指導力・適性などを判定すると同時に，人間性や人柄を推しはかる。論作文の文章表現から，教師という専門職にふさわしい熱意と資質を有しているかを判断しているのである。

論作文を書き手，つまり受験者の側から見れば，論作文は自己アピールの場となる。そのように位置付ければ，書くべき方向が見えてくるはずである。自己アピール文に，教育評論や批判，ましてやエッセイを書かないであろう。論作文は，読み手に自分の教育観や教育への熱意を伝え，自分を知ってもらうチャンスに他ならないのである

以上のように論作文試験は，読み手(採用側)と書き手(受験者)の双方を直接的につなぐ役割を持っているのである。まずはこのことを肝に銘じておこう。

論作文試験とは

文章を書くということが少なくなった現在でも，小中学校では作文，

大学では論文が活用されている。また社会人になっても，企業では企画書が業務の基礎になっている。では，論作文の論作文とは具体的にはどのようなものなのだろうか。簡単に表現してしまえば，作文と論文と企画書の要素を足したものと言える。

小学校時代から慣れ親しんだ作文は，自分の経験や思い出などを，自由な表現で綴ったものである。例としては，遠足の作文や読書感想文などがあげられる。遠足はクラス全員が同じ行動をするが，作文となると同じではない。異なる視点から題材を構成し，各々が自分らしさを表現したいはずである。作文には，自分が感じたことや体験したことを自由に率直に表現でき，書き手の人柄や個性がにじみ出るという特質がある。

一方，作文に対して論文は，与えられた条件や現状を把握し，論理的な思考や実証的なデータなどを駆使して結論を導くものである。この際に求められるのは，正確な知識と分析力，そして総合的な判断力と言える。そのため，教育に関する論文を書くには，現在の教育課題や教育動向を注視し，絶えず教育関連の流れを意識しておくことが条件になる。勉強不足の領域での論文は，十分な根拠を示すことができずに，説得力を持たないものになってしまうからである。

企画書は，現状の分析や把握を踏まえ，実現可能な分野での実務や計画を提案する文書である。新しい物事を提案し認めてもらうには，他人を納得させるだけの裏付けや意義を説明し，企画に対する段取りや影響も予測する必要がある。何事においても，当事者の熱意や積極性が欠けていては，構想すら不可能である。このように企画書からは，書き手の物事への取り組む姿勢や，将来性が見えてくると言える。

論作文には，作文の経験を加味した独自の部分と，論文の知識と思考による説得力を持つ部分と，企画書の将来性と熱意を表現する部分を加味させる。実際の論作文試験では，自分が過去にどのような経験をしたのか，現在の教育課題をどのように把握しているのか，どんな理念を持ち実践を試みようと思っているのか，などが問われる。このことを念頭に置いた上で，論作文対策に取り組みたい。

面接試験の概要

面接試験の意義

論作文における筆記試験では，教員として必要とされる一般教養，教職教養，専門教養などの知識やその理解の程度を評価している。また，論作文では，教師としての資質や表現力，実践力，意欲や教育観などをその内容から判断し評価している。それに対し，面接試験は，教師としての適性や使命感，実践的指導能力や職務遂行能力などを総合し，個人の人格とともに人物評価を行おうとするものである。

教員という職業は，児童・生徒の前に立ち，模範となったり，指導したりする立場にある。そのため，教師自身の人間性は，児童・生徒の人間形成に大きな影響を与えるものである。そのため，特に教員採用においては，面接における人物評価は重視されるべき内容であり，最近ではより面接が重視されるようになってきている。

面接試験とは

面接試験は，すべての自治体の教員採用選考試験において実施されている。最近では，教育の在り方や教師の役割が厳しく見直され，教員採用の選考においても教育者としての資質や人柄，実践的指導力や社会的能力などを見るため，面接を重視するようになってきている。特に近年では，1次選考で面接試験を実施したり，1次，2次選考の両方で実施するところも多くなっている。

面接の内容も，個人面接，集団面接，集団討議(グループ・ディスカッション)，模擬授業，場面指導といったように多様な方法で複数の面接試験を行い，受験者の能力，適性，人柄などを多面的に判断するようになってきている。

最近では，全国的に集団討議(グループ・ディスカッション)や模擬授業を実施するところが多くなり，人柄や態度だけでなく，教員としての社会的な能力の側面や実践的な指導能力についての評価を選考基準として重視するようになっている。内容も各自治体でそれぞれに工夫されていて，板書をさせたり，号令をかけさせたりと様々である。

このように面接が重視されてきているにもかかわらず，筆記試験への対策には，十分な時間をかけていても，面接試験の準備となると数回の模擬面接を受ける程度の場合がまだ多いようである。

面接で必要とされる知識は，十分な理解とともに，あらゆる現実場面において，その知識を活用できるようになっていることが要求される。知っているだけでなく，その知っていることを学校教育の現実場面において，どのようにして実践していけるのか，また，実際に言葉や行動で表現することができるのか，といったことが問われている。つまり，知識だけではなく，智恵と実践力が求められていると言える。

なぜそのような傾向へと移ってきているのだろうか。それは，いまだ改善されない知識偏重の受験競争をはじめとして，不登校，校内暴力だけでなく，大麻，MDMA，覚醒剤等のドラッグや援助交際などの青少年非行の増加・悪質化に伴って，教育の重要性，教員の指導力・資質の向上が重大な関心となっているからである。

今，教育現場には，頭でっかちのひ弱な教員は必要ない。このような複雑・多様化した困難な教育状況の中でも，情熱と信念を持ち，人間的な触れ合いと実践的な指導力によって，改善へと積極的に努力する教員が特に必要とされているのである。

面接試験のねらい

面接試験のねらいは，筆記試験ではわかりにくい人格的な側面を評価することにある。面接試験を実施する上で，特に重視される視点としては次のような項目が挙げられる。

① 人物の総合的評価　面接官が実際に受験者と対面することで，容姿，態度，言葉遣いなどをまとめて観察し，人物を総合的に評価することができる。これは面接官の直感や印象によるところが大きい

が，教師は児童・生徒や保護者と全人的に接することから，相手に好印象を与えることは好ましい人間関係を築くために必要な能力と言える。

② 性格・適性の判断　面接官は，受験者の表情や応答態度などの観察から性格や教師としての適性を判断しようとする。実際には，短時間での面接のため，社会的に，また，人生の上でも豊かな経験を持った学校長や教育委員会の担当者などが面接官となっている。

③ 志望動機・教職への意欲などの確認　志望動機や教職への意欲などについては，論作文でも判断することもできるが，面接では質問による応答経過の観察によって，より明確に動機や熱意を知ろうとしている。

④ コミュニケーション能力の観察　応答の中で，相手の意思の理解と自分の意思の伝達といったコミュニケーション能力の程度を観察する。中でも，質問への理解力，判断力，言語表現能力などは，教師として教育活動に不可欠な特性と言える。

⑤ 協調性・指導性などの社会的能力(ソーシャル・スキル)の観察　ソーシャル・スキルは，教師集団や地域社会との関わりや個別・集団の生徒指導において，教員として必要とされる特性の一つである。これらは，面接試験の中でも特に集団討議(グループ・ディスカッション)などによって観察・評価されている。

⑥ 知識・教養の程度や教職レディネスを知る　筆記試験において基本的な知識・教養については評価されているが，面接試験においては，さらに質問を加えることによって受験者の知識・教養の程度を正確に知ろうとしている。また，具体的な教育課題への対策などから，教職への準備の程度としての教職レディネス(準備性)を知る。

第２部

大分県の
論作文・面接
実施問題

2024年度　論作文実施問題

【社会人特別選考・1次試験】　80分・1200字以内

●テーマ

中央教育審議会答申「『令和の日本型学校教育』の構築を目指して～全ての子供たちの可能性を引き出す，個別最適な学びと協働的な学びの実現～」(令和3年1月)では，学習の基盤となる資質・能力の育成について，以下のように示されている。(※本文中より一部抜粋)

○　また，新学習指導要領では，児童生徒の発達の段階を考慮し，言語能力，情報活用能力，問題発見・解決能力等の学習の基盤となる資質・能力を育成していくことができるよう，各教科等の特質を生かし，教科等横断的な視点から教育課程の編成を図るものとされており，その充実を図ることが必要である。

具体的には，言語能力については，まず，教科学習の主たる教材である教科書を含む多様なテキスト及びグラフや図表等の各種資料を適切に読み取る力を，各教科等を通じて育成することが重要である。その際，教材自体についても，資料の内容を適切に読み取れるような工夫を施すべきである。また，判断の根拠や理由を明確にしながら自分の考えを述べる力を身に付けさせることも必要だが，そのためには，レポートや論文等の形式で課題を分析し，論理立てて主張をまとめることも重要である。

コンピュータ等の情報手段を適切に用いて情報を得たり，情報を整理・比較したり，得られた情報を分かりやすく発信・伝達したりといったことができる力，このような学習活動を遂行する上で必要となる情報手段の基本的な操作の習得を含めた情報活用能力を育成することも重要である。

以上を踏まえ，次の3点について論述しなさい。
【論点】
1　これからの社会を生きる子供たちに，学習の基盤となる資質・能力として情報活用能力(情報モラルを含む。)等の育成が求められている理由を論述すること。
2　あなたは情報化社会における望ましい生き方としてどのような考えをもっているか。自身のこれまでの社会人としての経験をもとに具体的に論述すること。
3　子供たちに情報活用能力(情報モラルを含む。)等を育成するため，あなたならICTを活用しながら，学校の教育活動の中でどのようなことに取り組んでみたいか。具体的に論述すること。
ただし，以下のことに留意すること。
1　1200字以内で記述すること。論題は字数に含めることとする。
2　3段落構成とし1段落目に【論点】の「1」，2段落目に【論点】の「2」，3段落目に【論点】の「3」について記述すること。

●方針と分析

(方針)

学校教育において育成すべき学習の基盤となる資質・能力の一つとして情報活用能力を育成することが重要となる理由を論じ，あなた自身の情報化社会での生き方を論じる。そのうえで，どのようにICTなどを活用しながら情報活用能力の育成を図っていくか具体的に論じる。

(分析)

情報機器の発達により，私たちの生活は飛躍的に便利になった。スマートフォンやSNSの普及により，いつでも，どこでも必要な情報を手に入れたり，情報を発信したりすることが可能となり，便利な世の中である。しかし，その反面，ネット犯罪に巻き込まれたり，ネット中毒とも言える状態に陥ったりする事例が後を絶たず，マスコミなどでも大きく報道されている現状がある。

学習指導要領においては，その総則において，情報モラルを含む情報活用能力を育成していくことの重要性を指摘している。学習指導要領解説総則編では，このことに関して「情報活用能力は，世の中の様々な事象を情報とその結び付きとして捉え，情報及び情報技術を適切かつ効果的に活用して，問題を発見・解決したり自分の考えを形成したりしていくために必要な資質・能力である」と，その重要性を述べている。

情報活用能力については，「学習活動において必要に応じてコンピュータ等の情報手段を適切に用いて情報を得たり，情報を整理・比較したり，得られた情報をわかりやすく発信・伝達したり，必要に応じて保存・共有したりといったことができる力であり，さらに，このような学習活動を遂行する上で必要となる情報手段の基本的な操作の習得や，プログラミング的思考，情報モラル，情報セキュリティ，統計等に関する資質・能力等も含むものである」と規定している。そのうえで，「各学校において日常的に情報技術を活用できる環境を整え，全ての教科等においてそれぞれの特質に応じ，情報技術を適切に活用した学習活動の充実を図ることが必要である」としている。

さらに総則では，「コンピュータで文字を入力するなどの学習の基盤として必要となる情報手段の基本的な操作を習得するための学習活動」「プログラミングを体験しながら，コンピュータに意図した処理を行わせるために必要な論理的思考力を身に付けるための学習活動」を計画的に実施することとし，コンピュータの基本的な操作技術の習得とともに，プログラミング教育を推進することを示している。こうした学習指導要領の考え方を踏まえて，設問で求められている情報活用能力の育成について論じるようにする。

●作成のポイント

設問の「論点」1～3の指定に従って3段構成とし，1200字程度で論じる。

第1段では，なぜ情報活用能力を育成することが求められているのか，社会的な背景や学習指導要領の考え方を基に論述する。特に，新学習指導要領で重視する問題を発見・解決したり，自分の考えを形成したりしていくために必要な資質・能力であることに触れることで，説得力のある論述になる。

第2段では，こうした情報化社会におけるあなた自身が考える望ましい生き方を論じる。あなたの社会人としての経験を織り込みながら，どのように情報機器を活用したり，情報の有効活用を図ったりすることが望ましいのか示すようにする。

第3段では，情報活用能力を育成するための具体的な方策について，受験する校種に即して2つ程度に整理して論述する。その際，単なる技術的な指導だけではなく，生徒が主体的に考え，判断して行動できるようにするための方策にすることが重要である。

最後に，本論で述べられなかった方策，取り上げた方策の基盤となる考え方などにも触れながら，これからの社会を担っていく生徒の情報活用能力を育成していくという決意を述べて，小論文をまとめる。

2023年度　論作文実施問題

【社会人特別選考・1次試験】　80分

●テーマ

中央教育審議会答申「令和の日本型学校教育」の構築を目指して～全ての子供たちの可能性を引き出す，個別最適な学びと協働的な学びの実現～」（令和3年1月）では，「5『令和の日本型学校教育』の構築に向けたICTの活用に関する基本的な考え方」において，以下の内容が示されている。（※本文中より一部抜粋）

> ○　これまで繰り返し述べてきたように，「令和の日本型学校教育」を構築し，全ての子供たちの可能性を引き出す，個別最適な学びと協働的な学びを実現するためには，学校教育の基盤的なツールとして，ICTは必要不可欠なものである。（中略）これまでの実践とICTとを最適に組み合わせることで，これからの学校教育を大きく変化させ，様々な課題を解決し，教育の質の向上につなげていくことが必要である。

GIGAスクール構想により，児童生徒の学習環境は変化しています。そのような中，これからの子どもたちに，学習の基盤となる資質・能力の1つである情報活用能力を育成していくためには，これまでの実践とICTとを組み合わせた教育の質の向上の観点から，学校図書館活用とICT活用を統合して考えていくことも重要です。
以上を踏まえ，次の3点について論述しなさい。
【論点】
1　これからの社会を生きる子どもたちに，情報活用能力の育成が求められている理由を，自身の社会人としての経験から具体的に論述すること。

2　GIGAスクール構想の下，児童生徒に1人1台端末が整備された状況にあって，学校図書館活用も求められているのはなぜだと考えるか。自身の考えを論述すること。
3　子どもたちに情報活用能力を育成するため，あなたなら学校図書館活用とICT活用をどのように学習活動の中に取り入れようと思うか。教員として学校の教育活動の中で取り組むことを想定して具体的に論述すること。
ただし，以下のことに留意すること。
1　1200字以内で記述すること。論題は字数に含めることとする。
2　3段落構成とし，1段落目に【論点】の「1」，2段落目に【論点】の「2」，3段落目に【論点】の「3」について記述すること。

●方針と分析

(方針)

各論点について，自身の考えを次のように論述する。

論点1…なぜ，これからの社会を生きる子供たちに情報活用能力を育成する必要があるのか，社会人経験から具体的に説明する。

論点2…全ての児童生徒に学習で活用するために1人1台のタブレット端末が配布されている中で，学校図書館を活用することが求められている理由を説明する。

論点3…情報活用能力を育成するために，学校図書館とICTをどのように活用した学習活動に取り組んでいくか，具体的に論述する。

(分析)

論点1に関して，情報機器の発達により，私たちの生活は飛躍的に便利になった。スマートフォンやSNSの普及により，いつでもどこでも必要な情報を手に入れたり，情報を発信したりすることが可能となり，便利な世の中となった。それに伴い，学校教育においても，ICTを効果的に活用し，学びの質を高めていく必要がある。学習指導要領解説・総則編では，「情報活用能力は，世の中の様々な事象を情報とその結び付きとして捉え，情報及び情報技術を適切かつ効果的に活用して，問題を発見・解決したり自分の考えを形成したりしていくために必要な資質・能力である」と，その重要性を指摘している。情報活用能力については，「学習活動において必要に応じてコンピュータ等の情報手段を適切に用いて情報を得たり，情報を整理・比較したり，得られた情報をわかりやすく発信・伝達したり，必要に応じて保存・共有したりといったことができる力であり，さらに，このような学習活動を遂行する上で必要となる情報手段の基本的な操作の習得や，プログラミング的思考，情報モラル，情報セキュリティ，統計等に関する資質・能力等も含むものである」と規定している。

論点2に関して，学習指導要領解説・総則編では，「これからの学校図書館には，読書活動の推進のために利活用されることに加え，調べ学習や新聞を活用した学習など，各教科等の様々な授業で活用されることにより，学校における言語活動や探究活動の場となり，主体的・対話的で深い学びの実現に向けた授業改善に資する役割が一層期待されている」と述べ，学校図書館を活用した探究活動を充実させることを求めている。すなわち，探究学習に伴う情報収集の場はICTだけでなく，学校図書館など広く考える必要がある。そのうえで，同解説では「各教科等において，学校図書館の機能を計画的に利活用し，児童生徒の主体的・意欲的な学習活動や読書活動を充実するよう努めることが大切である。その際，各教科等を横断的に捉え，学校図書館の利活用を基にした情報活用能力を学校全体として計画的かつ体系的に指導するよう努めることが望まれる」と述べていることから，情報活用能力をICTの活用に限定せず，広く考えることが必要である。

論点3に関して，以上の学習指導要領解説総則編の記述から，探究学習や問題解決的な学習を充実させることによって，情報活用能力の育成を図っていくことが重要である。学習指導要領では，全ての教科で探究学習や問題解決的な学習を充実させることを求めているが，特に小・中学校では総合的な学習の時間，高等学校では総合的な探究の時間において探究学習を展開することを求めている。

●作成のポイント

論文の段落構成については，各論点に即して三段落構成で論述せよという明確な指示があるので，指示に即して論述する。全体の構成については，三つの論点ごとに400字程度でバランスよくまとめるのもよいし，論点1・2については300～350字程度，論点3については500～600字程度でまとめるのもよいだろう。

論点1では，実務経験におけるインターネットでのやりとり，顧客企業などに対するプレゼン，外国とのやり取りの経験，コロナ禍に伴うオンラインの活用など，社会人としての経験を最大限に生かし，情報活用能力を育成することの重要性について論述したい。ただし，自分の経験は悠長で長い文章になってしまう心配があるので，要点を簡潔に述べるようにすること。

論点2では，デジタル化がもたらす危険性を指摘し，紙媒体も含めた多様な情報源を活用した正確で深い思考を伴う探究学習の重要性を論述したい。

論点3では，自分が専門とする教科の問題解決，探究学習の重要性を念頭に置いた論述とする。それが難しい場合は，小・中学校では総合的な学習の時間，高等学校では総合的な探究の時間における探究学習を想定するとよいだろう。いずれにしても，学校図書館とICTを活用して課題を探求していく具体的な学習活動を構想して論述するようにしたい。

2022年度　論作文実施問題

【社会人特別選考・1次試験】　80分

●テーマ

人工知能(AI)やビッグデータなどの先端技術が高度化したことや，新型コロナウイルスの感染拡大など社会の変化が加速度を増し，複雑で予測困難な時代となってきている。

中央教育審議会答申「『令和の日本型学校教育』の構築を目指して～全ての子供たちの可能性を引き出す，個別最適な学びと，協働的な学びの実現～」(令和3年1月)では，急激に変化する時代の中で子供たちに育むべき資質・能力が示されている。(※本文中より一部抜粋)

〔I〕

<次代を切り拓く子供たちに求められる資質・能力>

○文章の意味を正確に理解する読解力

○教科等固有の見方・考え方を働かせて自分の頭で考えて表現する力

○知識やアイディアを共有し新しい解や納得解を生み出す力

○豊かな情操や規範意識

○自他の生命の尊重

○自己肯定感・自己有用感　　　　等

また，同答申では，これらの資質・能力を育成するために，「個別最適な学び」と「協働的な学び」を一体的に充実させることが求められている。

〔II〕

「個別最適な学び」

・学習指導要領では，「個に応じた指導」を一層重視し，指導方法や指導体制の工夫改善により，「個に応じた指導」の充実を図るとともに，コンピュータや情報通信ネットワークなどの情報手段を活用するために必要な環境を整えることが示されており，これらを適切に活用した学習活動の充実を図ることが必要
「協働的な学び」
・探究的な学習や体験活動等を通じ，子供同士で，あるいは多様な他者と協働しながら，他者を価値ある存在として尊重し，様々な社会的変化を乗り越え，持続可能な社会の創り手となることができるよう，必要な資質・能力を育成する「協働的な学び」を充実することも重要

以上を踏まえ，次の3点について論述しなさい。
【論点】
1　これからの社会を生きる子どもたちに，〔Ⅰ〕に示す資質・能力の育成が求められている理由を，自身の社会人としての経験から具体的に論述すること。
2　人工知能(AI)等が飛躍的に進化する時代にあって，〔Ⅰ〕に示す資質・能力を育成するために「個別最適な学び」の充実を図る一方で，「協働的な学び」の充実も求められているのはなぜだと考えるか。自身の考えを論述すること。
3　子どもたちに資質・能力を育成するため，あなたなら「個別最適な学び」と「協働的な学び」をどのように学習活動の中に取り入れようと思うか。教員として学校の教育活動の中で取り組むことを想定して具体的に論述すること。
ただし，以下のことに留意すること。
1　1200字以内で記述すること。論題は字数に含めることとする。
2　3段落構成とし，1段落目に【論点】の「1」，2段落目に【論点】の「2」，3段落目に【論点】の「3」について記述すること。

●方針と分析

(方針)

　各論点について自身の考えを次のように論述する。

論点1…なぜ，次代を切り拓く子供たちに，文章の意味を正確に理解する読解力，教科等固有の見方・考え方を働かせて自分の頭で考えて表現する力，対話や協働を通じて知識やアイディアを共有し新しい解や納得解を生み出す力などが要求されるのか。受験者の社会人経験から具体的に説明する。

論点2…〔Ⅰ〕の資質・能力の育成のために，「個別最適な学び」と「協働的な学び」の両方の充実が求められる理由につき，自身の考えを説明しなければならない。

論点3…教員として採用された後，「個別最適な学び」と「協働的な学び」の両方を，どのように学習活動に取り入れようと考えるか。自身の考えを説明しなければならない。

(分析)

　活用したい背景知識を仕入れるには，設問でも示されている「令和の日本型学校教育」の構築を目指して」(中央教育審議会答申　令和3年1月)のほか，「学習指導要領の趣旨の実現に向けた個別最適な学びと協働的な学びの一体的な充実に関する参考資料」(文部科学省　令和3年3月)も参考にするとよい。以下，これらの二つの資料を参考に分析する。

　社会の変化が加速度を増し，複雑で予測困難となっていることが従来から指摘されていたが，新型コロナウイルス感染症の世界的な感染拡大により，その指摘が現実のものとなった。〔Ⅰ〕の資質・能力の育成が求められるのは，このように急激に変化する時代の中で，一人一人の児童生徒が自分のよさや可能性を認識するために，様々な社会的変化を乗り越えながら豊かな人生を切り拓き，持続可能な社会の創り手となるために必要であるからである。児童生徒が持続可能な社会の創り手となるために，「個別最適な学び」と「協働的な学び」の両方が必要な理由は何か。将来の持続可能な社会においては，あらゆる他者を価値のある存在として尊重し，多様な人々と協働しながら作り上げることが要求される。「個別最適な学び」は児童生徒個人の学力向上に力点があるが，それだけでは不十分である。自分の知識や思考を他者に理解できるように説明したり，また，自分とは価値観の異なる他者の考えを理解したりするには，「協働的な学び」も求められる。すなわち，二つの学びを行き来するような「一体的な充実」である。「一体的な充実」のためには，カリキュラム・マネジメントの充実が必要である。標準授業時数の意義を踏まえつつ，各学校が持っている教育課程の編成・実施に関する裁量で，どちらの学びに比重を多く配分するのかなど，学校や地域の実態に応じて責任を持って柔軟に判断できるようにしていくことが重要である。

以上のような知識を活用しながら，自身の社会人経験を合わせて，論述していこう。

●作成のポイント

段落構成について，各論点に関して三段落構成で論述せよという明確な指示があるので，厳守する。全体の構成については，三つの論点ごとに，400字程度でバランスよくまとめるのもよいし，論点1・2については300～350字程度，論点3については，500～600字程度でまとめるのもよいだろう。

論点1は，受験者の実務経験・社会経験を生かせる部分である。オンライン上・インターネット上でのやりとり，顧客企業などに対するプレゼン，外国とのやり取りの経験などを参考に，正確な知識や情報を取り入れ，かつ正確な物事の相互理解が重要であることに絡めたい。

論点2は，社会の多様化・複雑化は，自分とは価値観の異なる他者との出会いや協働の機会を避けて通れない現実になっている点に関わらせて述べていくとよい。

論点3は，二つの学びの「往来」について，自分なりの言葉で書くことである。例えば，ICT機器の積極活用によって個人の関心を伸ばすだけでなく，オンライン授業と対面授業とを問わず，他者との関係性を意識した授業の運営について書いていくとよいだろう。このとき柔軟な授業時間の配分，困難な環境を抱えた児童生徒への補習機会の確保などを述べるのもよい。

2021年度　論作文実施問題

【社会人特別選考・1次試験】80分・1200字以内

●テーマ

経済協力開発機構(OECD)の2018年の国際学習到達度調査(PISA)では，日本の子どもたちの読解力低下が大きく取り沙汰された。また，調査と同時に実施されたアンケートの分析から，「小説や新聞でまとまった文章を読む機会と読解力には関係性が見られた」ことが示されている。

大分県内の子どもたちの読書活動の状況は，以下のグラフから分かるように，「1か月に1冊も本を読まない児童生徒の割合」が，学年が上がるにつれて増加する傾向にある。

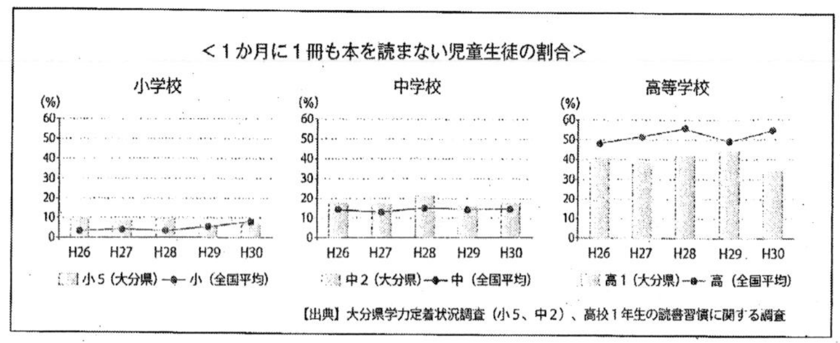

令和2年3月に改訂された大分県長期教育計画(「教育県大分」創造プラン2016(改訂版))においては，「読書活動や図書館の利活用を推進」が示されている。これは，これからの社会を生きる子どもたちに，読解力や表現力を高め，想像力・創造力を豊かなものとすることが必要であるという観点からである。

以上を踏まえ，次の3点について論述しなさい。

【論点】
1　これからの社会を生きる子どもたちに，「読解力や表現力を高めること」や「想像力や創造力を豊かにすること」が求められている理由を論述すること。
2　自身の感じている読書活動の魅力や効果について，これまでの読書に関する体験や経験を振り返り具体的に論述すること。
3　子どもたちに読書の魅力を伝えたり効果を実感させたりするために，自身が学級担任として学校の教育活動の中で取り組んでみたいことを具体的に論述すること。
ただし，以下のことに留意すること。
　1　1200字以内で記述すること。論題は字数に含めることとする。
　2　3段落構成とし，1段落目に【論点】の「1」，2段落目に【論点】の「2」，3段落目に【論点】の「3」について記述すること。

●方針と分析

(方針)

これからの社会を生きる子どもたちに「読解力や表現力を高めること」等が求められる理由を確認する。次に自らの読書経験をふまえて読書の魅力や効果の具体例を述べる。そして生徒に読書の魅力を伝えたり，その効果を実感させたりするために，学級担任としてどのようなことに取り組みたいかについて論述する。

(分析)

文部科学省が子どもの読解力向上を最重要課題にしていることを本問出題の背景として指摘することができる。問題文でも指摘されている通り，2018年のOECD(経済協力開発機構)の学習到達度調査(PISA)の結果について，日本の子どもたちの読解力の低下が大きく取り沙汰された。本結果によれば，2015年は35カ国中6位だった読解力の順位が，2018年は37カ国中11位と大きく後退した点が問題視された。特に正答率が低かったのは「テキストから情報を探し出す問題」や，「テキストの質と信ぴょう性を評価する問題」であった。また，読解力の自由記述形式の問題において，自分の考えを他者に伝わるように根拠を示して説明することに，引き続き，課題がある旨も指摘された。

読解力は言語能力の一要素であり，言語能力は全ての学習の基盤となる資質・能力のひとつとして新学習指導要領に位置付けられている。中央教育審議会答申「幼稚園，小学校，中学校，高等学校及び特別支援学校の学習指導要領等の改善及び必要な方策等について」(平成28年12月21日)では，子どもが「言語を通じて新たな情報を得たり，思考・判断・表現したり，他者と関わったりする力を獲得」したり，「教科書や教員の説明，様々な資料等から新たな知識を得たり，事象を観察して必要な情報を取り出したり，自分の考えをまとめたり，友達の思いを受け止めながら自分の思いを伝えたり，学級で目的を共有して協働したりすることができるのも，言葉の役割に負うところが大きい」ことや，「言葉は，学校という場において子供が行う学習活動を支える重要な役割を果たすものであり」言語能力の育成はきわめて重要であることが示されている。さらに，「読書は，多くの語彙や多様な表現を通して様々な世界に触れ，これを疑似的に体験したり知識を獲得したりして，新たな考え方に出合うことを可能にする。」このため，読書活動の充実は「言語能力を向上させる重要な活動の一つ」として求められることが示されている。

こうした記述を念頭におきながら，これからの社会を生きる子どもたちが読解力等を高めなければならない理由や，自らの経験をふまえた読書の魅力や効果を論述したい。また，そうした記述をふまえて，生徒に読書の魅力を伝え，読書の効果を実感させるために，学級担任としてどのようなことに取り組んでみたいかについて論述したい。

●作成のポイント

1段落目に【論点】の「1」，2段落目に【論点】の「2」，3段落目に【論点】の「3」について記述せよとの指示がある。

1段落目では，これからの社会を生きる子どもたちに「読解力・表現力」等が求められる理由を論述する。急速に変化し続ける社会においては，従来以上に情報収集・情報活用や他者理解の能力が必須となる。それを可能にするのは高い言語能力であり，読解力は言語能力の重要な要素のひとつであることを述べたい。序論として300字程度でまとめる。

2段落目では，読解力を高めるためには読書活動を充実させることがひとつの方法であることを指摘した上で，自らの経験等をふまえた読書活動の魅力や効果を説明する。本論として700字を目安にするとよい。読書を通じて視野が広がったこと，特定の分野に興味を持ちさらに深く学びたくなったことなど，自身の人生を変えた一冊との出会いについて具体的に述べることが考えられる。

3段落目では，どうすれば生徒に読書の魅力を伝え，その効果を実感させられるか，具体的な取組みを考察し，200字程度でまとめたい。大分県が実施している「大分県子ども読書サミット」などの読書活動を参考にしながら，自分が学級担任であったらどのような活動に取り組みたいか，抱負と決意をまとめるのが適当であろう。

2020年度　論作文実施問題

【社会人特別選考・1次試験】80分・1200字以内

●テーマ

平成29年3月に告示された学習指導要領には，第1章第4の1の(3)に

> 児童(生徒)が学ぶことと自己の将来とのつながりを見通しながら，社会的・職業的自立に向けて必要な基盤となる資質・能力を身に付けていくことができるよう特別活動を要としつつ各教科等の特質に応じてキャリア教育の充実を図ること。

と示されており，児童生徒に学校で学ぶことと社会との接続を意識させ，一人一人の社会的・職業的自立に向けて必要な基盤となる資質・能力をはぐくむことが求められている。

また，大分県長期教育計画「『教育県大分』創造プラン2016」においても「子どもの力と意欲を伸ばす学校教育の推進」として「社会的・職業的自立の基盤となる能力・態度を育成するため，キャリア教育・職業教育の充実」を掲げ，取組を進めている。

〔社会的・職業的自立に向けて必要な基盤となる資質・能力〕

人間関係形成・社会形成能力	多様な他者を理解し、相手の意見を聴いて自分の考えを正確に伝えることができるとともに、自分の役割を果たしつつ他者と協力し・協働して社会に参画することができる力
自己理解・自己管理能力	自分と社会の相互関係を保ちつつ、今後の自分自身の可能性を含めた肯定的な理解に基づき、主体的に行動すると同時に、自らの思考や感情を律し、進んで学ぼうとする力
課題対応能力	仕事をする上で様々な課題を発見・分析し、適切な計画を立ててその課題を処理し、解決することができる力
キャリアプランニング能力	「働くこと」の意義を理解し、自らが果たすべき様々な立場や役割との関係を踏まえて「働くこと」を位置付け、多様な生き方について、自ら主体的に判断してキャリアを形成していく力

以上を踏まえ，次の3点について論述しなさい。

【論点】

1 これからの社会を生きていく子どもたちに，「社会的・職業的自立に向けて必要な基盤となる資質・能力」の育成が求められている理由を論述すること。

2 「社会的・職業的自立に向けて必要な基盤となる資質・能力」の1つとして，「人間関係形成・社会形成能力」の育成が求められている理由を，自身の社会人としての経験から具体的に論述すること。

3 子どもたちに「社会的・職業的自立に向けて必要な基盤となる資質・能力」を育成する観点から，自身が教員として学校の教育活動の中で取り組んでみたいことを具体的に論述すること。

ただし，以下のことに留意すること。

1 1200字以内で記述すること。論題は字数に含めるものとする。

2 三段落構成とし，一段落目に論点の「1」，二段落自に論点の「2」，三段落目に論点の「3」について記述すること。

●方針と分析

(方針)

社会的背景やこれからの社会を担っていく児童生徒に身に付けさせるべき力を踏まえ，「社会的・職業的自立に向けて必要な基盤となる資質・能力」を身に付けさせることの必要性について整理して述べたうえで，特に「人間関係形成・社会関係形成能力」の重要性について論じる。そのうえで，そうした資質・能力を育成するためにどのように取り組んでいくか具体的に論じる。

(分析)

生産年齢人口の減少，グローバル化の進展や絶え間ない技術革新等により，社会構造や雇用環境が大きく変化している。その結果，子どもたちが大人になって就くことになる職業についても現在とは様変わりすることが想定される。そうした社会で生きていく子どもたちは，希望をもって自立的に自分の未来を切り拓いていくために，変化を恐れず，様々な状況に柔軟に対応していく態度と能力を身に付ける必要がある。

幼稚園，小学校，中学校，高等学校及び特別支援学校の学習指導要領等の改善及び必要な方策等について(答申)(文部科学省　平成28年12月21日)では，「子供たちに将来，社会や職業で必要となる資質・能力を育むためには，学校で学ぶことと社会との接続を意識し，一人一人の社会的・職業的自立に向けて必要な基盤となる資質・能力を育み，キャリア発達を促すキャリア教育の視点も重要である」とし新学習指導要領にも反映されている。キャリア教育を通して，将来の良き社会人，職業人を育てることが期待されているのである。キャリア教育は進路指導と一体をなす部分もあり，特別活動の領域に含まれる。しかし，道徳科や総合的な学習の時間などを含めて，学校における全ての教育活動を通して推進すると考えることが適切である。単なる進学指導，就職指導としての進路指導ではなく，自分らしく生きるための人間形成を図るためのキャリア教育にしていくことが大切である。

●作成のポイント

三段落構成で，一段落目に【論点】1，二段落目に【論点】2，三段落目に【論点】3を論じるように指定されている。

一段落目では，社会構造や雇用環境の変化を踏まえ，自分の主張がより明確になるように「社会的・職業的自立に向けて必要な基盤となる資質・能力」を身に付けさせることの重要性を述べる。そのうえで，【論点】1で求められている理由を論述したい。

二段落目では，これまでの進路指導や進学・就職指導と異なるキャリア教育の意味と意義を踏まえ，「人間関係形成・社会関係形成能力」の育成が求められている理由について論じる。その際，これまでの社会人としての経験を基にすることで説得力のある内容にする。

三段落目では，あなたが志望する校種においてキャリア教育をどのようにして進めていくか，具体的な方策を整理して論述する。その際，キャリア教育を通して自分らしく生きる力とともに，将来の良き社会人，職業人を育てるという考えを基本に据えることが重要である。最後に今までの内容を簡潔にまとめ，教員としての抱負や決意を書くことが適当だろう。だが，【論点】3にある程度の字数が割かれると予想されるので，まとめは簡単にのべる。出題内容のキャリア教育に対応させて，自分自身のキャリアアップを図る決意を述べて論作文を結ぶことも効果的である。

2019年度　論作文実施問題

【社会人特別選考・1次試験】80分・1200字以内

●テーマ

平成29年3月に新しい学習指導要領が告示された。今回の改訂では，各学校において，児童生徒に育成を目指す資質・能力を明確にし，教育活動の充実を図ること，その際，児童生徒の発達段階や特性を踏まえ，以下に示す資質・能力の三つの柱の育成が偏りなく実現できるようにすることが求められている。

〔資質・能力の三つの柱〕

(1)　生きて働く「知識及び技能」
(2)　未知の状況にも対応できる「思考力，判断力，表現力等」
(3)　学びを人生や社会に生かそうとする「学びに向かう力，人間性等」

併せて，新学習指導要領では，育成を目指す資質・能力を社会と共有し，連携・協働する「社会に開かれた教育課程」を重視することとされている。これは，平成28年3月に策定された「『教育県大分』創造プラン2016」の中の『信頼される学校づくりの推進』の中で示されている「コミュニティ・スクールの普及促進」とも大きく関連する。

※コミュニティ・スクール…学校の所在する地域の住民や児童生徒の保護者等で構成される委員が，当該学校の運営に関して協議する機関を置く学校。

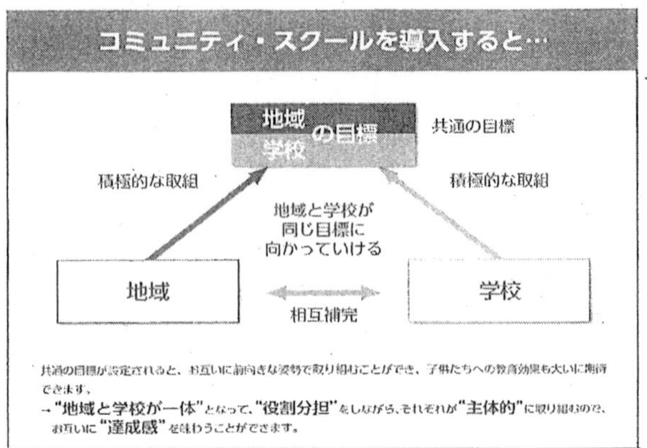

【論点】

1　これからの社会を生きていく子どもたちに，〔資質・能力の三つの柱〕を育成することが必要だと考える理由を，自身の社会人としての経験から具体的に論述すること。

2　コミュニティ・スクールを導入することで期待できる成果を，子どもたちの資質・能力を育成する視点から論述すること。

3　自身が教員として学校教育において取り組んでみたいことを，コミュニティ・スクールの仕組みを活用する視点から論述すること。

ただし，次のことに留意すること。

1　1200字以内で記述すること。論題は字数に含めるものとする。

2　3段落構成とし，一段落目に論点の1つ目，二段落目に論点の2つ目，三段落目に論点の3つ目について記述すること。

●方針と分析

(方針)

〔資質・能力の3つの柱〕についてその育成が必要であることを自らの社会人経験を踏まえ述べる。また，その資質・能力の育成という観点からコミュニティ・スクール導入で期待できる成果を説明した上で，その仕組みを活用して自らが取り組みたいことを論述する。

(分析)

論点1で参考になるのは，中央教育審議会答申「幼稚園，小学校，中学校，高等学校及び特別支援学校の学習指導要領等の改善及び必要な方策等について」(平成28年12月21日)の次の記述である。すなわち，育成を目指すべき資質・能力についてのこれまでの議論で，国語力，数学力などのように，伝統的な教科等の枠組みを踏まえながら，社会の中で活用できる力としての在り方について論じているものと，言語能力のように，教科等を越えた全ての学習の基盤として育まれ活用される力について論じているものと，今後の社会の在り方を踏まえて，子供たちが現代的な諸課題に対応できるようになるために必要な力の在り方について論じているものがあると，まず指摘する。答申は続けて，いずれかの特定の考え方に基づいて議論するのではなく，全てを視野に入れて必要な資質・能力が確実に育まれるように議論し，それを教育課程での枠組みの中で実現できるようにしていくことが必要であると説明している。こうして「生きて働く『知識・技能』の習得」など3つの資質・能力の育成が大事であると結論づけている。このような答申の記述を意識しながら〔資質・能力の3つの柱〕の育成が必要であることを社会人としての経験を踏まえて考察したい。

また，論点2と3は「コミュニティ・スクール」に関する出題である。この論点は新学習指導要領の大事なキーワードの1つである「社会に開かれた教育課程」と関係する。この「社会に開かれた教育課程」について，前述の答申は次の3つの内容を示している。その3つは「①社会や世界の状況を幅広く視野に入れ，よりよい学校教育を通じてよりよい社会を創るという目標を持ち，教育課程を介してその目標を社会と共有していくこと」,「②　これからの社会を創り出していく子供たちが，社会や世界に向き合い関わり合い，自らの人生を切り拓いていくために求められる資質・能力とは何かを，教育課程において明確化し育んでいくこと」,「③　教育課程の実施に当たって，地域の人的・物的資源を活用したり，放課後や土曜日等を活用した社会教育との連携を図ったりし，学校教育を学校内に閉じずに，その目指すところを社会と共有・連携しながら実現させること」である。コミュニティ・スクールは保護者等で組織される学校運営協議会が設置された学校である。学校運営協議会は校長が作成する学校運営の基本方針を承認したりするなどの権限を持つので，学校の教育目標や育成を目指す資質・能力の設定に大きく関わることになる。こうしたことを踏まえ，コミュニティ・スクール導入で期待できる成果を子供たちの資質・能力を育成するという視点から考察し，またその仕組みを活用して教員として自ら取り組んでみたいことを考察したい。問題文には求められていないが，この考察においても自らの社会人としての経験を踏まえると，論述に深みが増すであろう。

●作成のポイント

1200字の字数制限，3段落構成で，各段落にそれぞれ1つの指定の論点で論じるとある。各段落400字程度で論じることになる。しかし，論点1～3をそれぞれ別に考えるのではなく，内容について相互の関連性を意識しながら論構成を行いたい。

1段落では，資質・能力の三つの柱の育成が必要な理由を，社会人経験を踏まえて述べる。これらの力の育成は，自らの人生を切り拓いていくために求められるものである。社会人として仕事や自身の能力の育成に力を注いだ経験などを含めて述べるとよい。自分の得意又は専門とする教科を通して，その中で児童生徒が協力し対話をしながら問題を解決する学習を展開し，主体的・対話的で深い学びの推進を図りながら力を育成していけるよう尽力するなども含めて述べる。

2・3段落では，コミュニティ・スクールの仕組みを活用し，子供たちの資質・能力を育成することなどについて述べていく。学校と地域住民が力を合わせて学校の運営に取り組むことが可能となるこの仕組みを生かし，変化する社会の動きを取り込み，世の中と結び付いた授業を通じて，子供たちがこれからの人生を前向きに考えていけるようにすることや，地域や社会と関わり様々な職業に出会い，社会的・職業的自立に向けた学びを積み重ねていくことなどに，自身の社会人としての経験を例に挙げ，具体的に述べていくことができると思う。自分の経験を生かしながら児童生徒の資質・能力の育成に尽力したい旨を添えてまとめる。

2018年度　論作文実施問題

【社会人特別選考・1次試験】80分

●テーマ

平成29年3月に，小学校，中学校等の教育課程の基準となる学習指導要領を改訂する告示が文部科学大臣から公示された。今回の学習指導要領は，2030年の世の中を想定した上で，児童生徒に育成すべき資質・能力を明らかにして作成されたものである。

次の図は，新学習指導要領で示された，児童生徒に対して育成を目指す資質・能力である。

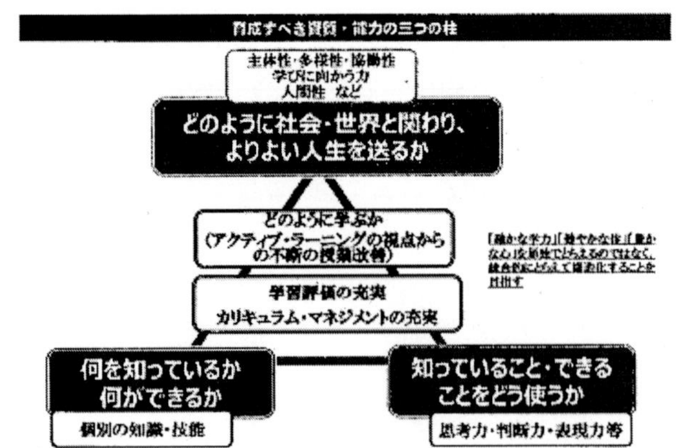

また，教職員には，これら，生きて働く「知識・技能」，未知の状況にも対応できる「思考力・判断力・表現力等」，学びを人生や社会に生かそうとする「学びに向かう力・人間性など」の3つの資質・能力を明確にしながら，日々の教育活動に取り組むことが求められる。

大分県教育委員会では，平成23年度から，未来を創造する児童生徒の育成を目指し，以下のような「求められる教職員像」を示し，教師自身の豊かな人間性等も求めている。

①　専門的知識をもち，実践的指導力のある人
②　使命感にあふれ，高い倫理観と豊かな人間性をもつ人
③　柔軟性と創造力をそなえ，未知の課題に立ち向かう人
④　学校組織の一員として考え行動する人

この②の，着眼点としては，

・強い責任感や思いやりの心

・教育公務員としてのより高度な規範意識

・円滑に教育活動を進めることのできる対人関係能力等

があげられている。

以上を踏まえ，次の3点について論述しなさい。

【論点】

○AI(人工知能　artificial intelligence)などの急激な技術革新が進む変化の激しい時代にあって，これからの社会を生き抜くために子どもたちに必要な人間性とは，どのようなものだと考えるか。具体的に論述すること。

○上記の人間性が必要であると考える理由を自身の社会人としての経験から論述すること。

○子どもたちの人間性の涵養を目指し，教師として取り組みたいことを具体的に論述すること。

ただし，次のことに留意すること。

1　1200字以内で記述すること。論題は字数に含めるものとする。

2　三段落構成とし，一段落目に論点の1つ目，二段落目に論点の2つ目，三段落目に 論点の3つ目について記述すること。

●方針と分析

(方針)

示された資料及び「求められる教職員像」②などをもとに，【論点】として挙げられている3の内容について，自身の考えを具体的に論述する。

(分析)

「大分県公立学校教職員の人材育成方針」では，今回の課題である「使命感にあふれ，高い倫理観と豊かな人間性をもつ人」について，「人間性」を着眼点として，「強い責任感や思いやりの心」，「教育公務員としてのより高度な規範意識」，「円滑に教育活動を進めることのできる対人関係能力等」が示されている。これを【論点】と重ねて考えていく必要がある。まず，技術革新が急激に進む中で，子どもたちがもたなければならない人間性とは何かを考える。機械が主流になりつつあるが，人と人とが直接話すということがなくなるということはあり得ない。むしろ，こういう時代だからこそ，コミュニケーション能力は必要となるだろう。受験者は，そういった体験を社会人として経験したことがあるだろう。電話やメールではなく，直接会って会話するということで一歩進むことができたこともあるのではないだろうか。そのような実体験を，指導の場でどのように活かすことができるのかを考えてほしい。

●作成のポイント

1200字内の字数制限，3段落構成で，1段落に1つの論点を論じることが指定されている。各段落400字程度で記述することになる。とはいえ，3段落目にまとめを述べて，教員として決意を書くことを忘れてはならない。それをしなければ，まとめとして体裁が整わないからである。

1段落目には，「これからの社会を生き抜くために子どもたちに必要な人間性」について，自身の考えを論じよう。この際，自分の主張がより明確になるように，児童生徒を取り巻く環境についても論じるとよい。「技術革新」がテーマになっているので，それについて論じるのが適切であろう。

2段落目では，1段落目で述べた自身の意見について，なぜそのような意見をもったのかという理由を述べるところである。ただし，ここでは「自身の社会人としての経験」をもとにした理由を述べる必要がある。社会人としての体験の中で，「使命感」や「倫理観」に関連することに遭遇したことを中心に具体的に述べること。1段落目と2段落目は関連していなければならない。それを確認しながら述べることが重要である。

3段落目では，子どもたちの人間性の涵養のために，教師として取り組みたいことを論じ，最後に今までの内容を簡潔にまとめ，教師としての決意を述べて仕上げる。ただし，取り組みたいことにある程度の字数が割かれると予想されるので，まとめは簡単に述べること。ここでは，今までの社会人経験をもとにして，それがどのように活かされるのかを具体的な取り組みを通して示すものである。社会人として出会ったことをそのまま学校に落とし込むことは難しい。学校という環境で活かせる取り組みを考える必要がある。

2017年度　論作文実施問題

【社会人特別選考・1次試験】80分

●テーマ

次の論点について，1200字以内で記述しなさい。

ただし，論題は字数に含めるものとします。

〈論点〉

大分県教育委員会では，「求められる教職員像」を次のとおり示している。

<求められる教職員像>

1　専門的知識をもち，実践的指導力のある人

2　使命感にあふれ，高い倫理観と豊かな人間性をもつ人

3　柔軟性と創造力をそなえ，未知の課題に立ち向かう人

4　学校組織の一員として考え行動する人

上記の4つの教職員像のうち，「3　柔軟性と創造力をそなえ，未知の課題に立ち向かう人」について，次の3点に留意して論述しなさい。

○なぜ，「3　柔軟性と創造力をそなえ，未知の課題に立ち向かう人」が，これからの学校現場に求められるのか，社会状況の変化や最近の教育情勢を踏まえて論述すること。

○「柔軟性と創造力をそなえ，未知の課題に立ち向かう」とは，具体的にどのようなことだと考えるか，これまでの社会人としての経験に触れながら論述すること。

○あなたの「柔軟性と創造力をそなえ，未知の課題に立ち向かう人」としての資質・能力を高めるために，今後どのようなことに取り組んでいきたいか具体的に論述すること。

●方針と分析

(方針)

「柔軟性と創造力をそなえ，未知の課題に立ち向かう人」について，提示された3つの条件に留意しながら具体的に論述する。

(分析)

「大分県公立学校教職員の人材育成方針」(平成28年3月改訂，大分県教育委員会)では，大分県が求める教師像を示す前提として，「教職生活の全体を通じた教員の資質能力の総合的な向上方策について(答申)」(平成24年8月，中央教育審議会)の「これからの教員に求められる資質能力」が引用されている。そこには，「教職に対する責任感，探究力，教職生活全体を通じて自主的に学び続ける力(使命感や責任感，教育的愛情)」，「専門職としての高度な知識・技能」「総合的な人間力(豊かな人間性や社会性，コミュニケーション力，同僚とチームで対応する力，地域や社会の多様な組織等と連携・協働できる力)」という3つの要素が示されている。そして，前出の方針を見ると，「3　柔軟性と創造力をそなえ，未知の課題に立ち向かう人」は着眼点として「社会性・創造性・たくましさ」が示され，これは具体的に「広い視野，柔軟な発想，企画力」，「困難なときにこそ常に創造力を発揮し，新しい課題に果敢に取り組む姿勢」等とされている。これらのものから，今回の課題の論点である「柔軟性」「創造力」「未知の課題に立ち向かう」という内容につながるキーワードとしては，「向上心」，「教材解釈の力」，「豊かな人間性」などが浮かんでくるだろう。これらに関連のあるものは何かを考えてみることで，自身の考えもまとまってくると思われる。これらの資料を熟読の上で，文章を書いてみるとよい。

●作成のポイント

序論・本論・結論の3段落構成で論じるとよい。本問で大事になってくるのは，3つの条件をどこで書くかを意識したうえで論を展開することであろう。条件の最初の2つは自分の考えを明らかにする序論で合わせて書き，残り1つは取り組みをあげる部分で書くとわかりやすい。

序論では，課題に対する自分の意見を述べる。ここで書く内容が，本論で述べる具体的な取り組みと矛盾がないように気を付けること。また，本論が中心となるので，あまり多く書き過ぎないように注意する必要がある。

本論では，実際に取り組んでいきたいことを具体的に述べる。ハプニングというものはいつ起こるか分からない。それに対しては画一的な方法で解決することは難しいであろう。臨機応変に対応できる力が必要である。また，指導に関しても同様のことがいえる。準備してきたとおりに授業が進むとは限らない。強引に進めたところでいいことはない。そのような場合もやはり，その場その場にふさわしいものを適宜作り変えていかなければならない。上記の人材育成方針を熟読し，どのようなことをしていく必要があるのかを考えてみるとよい。

結論では，今までの内容を簡潔にまとめ，最後に教師としての決意を書いて仕上げるとよい。ただし，本論までで述べた内容と異なることを書いてはいけない。序論から結論まで一貫した考え方を示すことが大事になってくる。

2016年度　論作文実施問題

【社会人特別選考・1次試験】80分

●テーマ

次の論点について，1200字以内で記述しなさい。ただし，論題は字数に含めるものとします。

〈論点〉

大分県教育委員会は，平成27年度の重点方針における「各分野別の重点項目　II子どもの挑戦や自己実現を支える学校教育の推進」の中で，「学びに向かう力と思考力・判断力・表現力を育成する教育の推進」を掲げています。

「学びに向かう力」とは，文部科学省の「育成すべき資質・能力を踏まえた教育目標・内容と評価の在り方に関する検討会ー論点整理ー」(H26.3.31)において，今後育成が求められる資質・能力を考える上で重要視されている能力の一つであり，具体的には，意欲・集中力・持続力(根気強く取り組む力)・協働する力などとされています。

なぜ，今，「学びに向かう力」の育成が求められるのか，子どもの状況や社会の状況等を踏まえて述べるとともに，具体的にどのような取り組みをして子どもの「学びに向かう力」を育成していくのか，社会人としての経験に触れながら論述しなさい。

●方針と分析

(方針)

「学びに向かう力」の育成が現在求められる理由を子どもの状況や社会の状況等を踏まえて述べるとともに，具体的にどのような取り組みをして子どもの「学びに向かう力」を育成していくのか，社会人としての経験に触れながら論述する。

(分析)

提示された文部科学省資料では，「グローバル化や情報通信技術の進展など今後の社会の変化も見据えながら，自立した人間として，他者と協働しながら，新しい価値を創造する力を育成する観点から求められる資質・能力」の1つとして「学びに向かう力」をあげており，大分県教育委員会の「新大分スタンダード」(平成26年11月)でも，この力の養成を重視している。

こうした指導に力を入れているのは，各種調査によって，次のような結果が得られたことがある。言うなれば，十分な学びの姿勢が育たない生徒の存在と，これからの社会に対応可能な能力を育む授業になっていない現状が指摘されている。特に中学校では，国語の記述する問題について挑戦したり粘り強く取り組んだりすることができていない。こうした問題は，児童生徒がインターネット等を通じて，多種多様で大量の情報を即時的かつ容易に獲得できる機会に恵まれる半面，答えのない問いを自ら設定し，それについて粘り強く考える機会が少なくなりがちな子どもを取り巻く状況によって生まれている。また，言葉や数字では伝えきれない力である「学びに向かう力」は，身近な大人たちの「雰囲気」や「感覚」にあこがれを抱き，学びを深化させる意欲の中で育つ。しかし，インターネットが普及し，核家族化が進み，地域コミュニティが失われた地域も多い現代社会においては，この身近な大人たちから何かを学ぶ機会は激減している。そのため，児童生徒は，生きる中で得られる学びや楽しみを見出すのは難しい。

こうした状況の中で，教員はより時間と手間のかかる学習指導を求められている。しかし，現状では大分県内の学校では言語活動が充実した授業や問題解決的なプロセスの授業は十分ではなく，受け身の授業が多いという問題点がある。このために，知識の機械的な暗記が中心になり，思考力を養う発言や活動の機会が少ない事態になっている。一方，社会からは，生涯にわたって学び続けるための基盤となる力の育成と，世界に挑戦し，多様な価値観をもった人と協働する基となる力の育成を一層期待されている。そのためには，自らが抱いた問いを出発点としながら目的意識を持って何かを追究するような学びの姿勢が必要になろう。そういう姿勢は，基礎的な知識を修得するにとどまらず，何かを体得した経験を積み，自分は何者で何をしたいのかということを自問自答し，それについて自信を持って答えられるようなレベルを目指す学びによって育てられる。

大分県教育委員会は，各教科の特色に応じた問題解決的な課題，児童生徒が学びたくなる学習課題の設定を重視する。そして，教え込みの授業からの脱却をして，自己決定の場を与えて，児童生徒の学びに向かう力の向上を図ること，自己存在感を与える場を増やすことの重要性を述べている。

●作成のポイント

全体を4段落に分けて考えるとよいだろう。1段目は，キーワードである「学びに向かう力」の定義を説明する。すなわち，意欲，集中力，持続力，協働する力とは何かについて，補足説明をする。文字数は200字程度を目安とする。

2段目は，子どもの状況や社会の状況等を説明しながら，「学びに向かう力」が求められる理由について説明する。3段目以降の記述の基盤となる部分なので，400字前後で特に注力して記述したい。

3段目は，「学びに向かう力」を具体的にどのように育てていくのか，自分なりの方策を示す。理科の実験レポートの作成，社会科学上の論作文の作成や集団討論を例にとってもよい。自己決定の場を与えて，児童生徒の学びに向かう力の向上を図ること，自己存在感を与える場を増やすことの重要性を述べる。この部分で，これまでの社会人経験を踏まえた内容と関わらせて論じたい。文字数は，400字程度でまとめる。

4段目はまとめである。大分県の教員として，児童生徒の学びの意欲を引き出すことに携わる自身の意気込み，理想的な学びの姿の展望について，200字程度でまとめたい。

2015年度 論作文実施問題

【社会人特別選考・1次試験】　80分

●テーマ

次の文章を読んで後の論点について，1200字以内で記述しなさい。ただし，論題は字数に含めるものとします。

グローバル人材の育成及び活用について

<グローバル人材とは>

○　「グローバル化」とは，今日，様々な場面で多義的に用いられるが，総じて，(主に前世紀末以降の)情報通信・交通手段等の飛躍的な技術革新を背景として，政治・経済・社会等あらゆる分野で「ヒト」「モノ」「カネ」「情報」が国境を越えて高速移動し，金融や物流の市場のみならず人口・環境・エネルギー・公衆衛生等の諸課題への対応に至るまで，全地球的規模で捉えることが不可欠となった時代状況を指すものと理解される。

○　我が国がこれからのグローバル化した世界の経済・社会の中にあって育成・活用していくべき「グローバル人材」の概念を整理すると，概ね，以下のような要素が含まれるものと考えられる。

要素Ⅰ：語学力・コミュニケーション能力

要素Ⅱ：①主体性・積極性，②チャレンジ精神，③協調性・柔軟性，④責任感・使命感

要素Ⅲ：⑤異文化に対する理解と日本人としてのアイデンティティー

○　このほか，「グローバル人材」に限らずこれからの社会の中核を支える人材に共通して求められる資質としては，⑥幅広い教養と深い専門性，⑦課題発見・解決能力，⑧チームワークと(異質な者の集団をまとめる)リーダーシップ，⑨公共性・倫理観，⑩メディア・リテラシー等を挙げることができる。

(「グローバル人材育成推進会議　中間まとめ」2011.6.22　より)

〈論点〉

上の文章では，グローバル人材に求められる資質・能力が幅広く述べられている。小中学校において，グローバル人材の素地を養うとき，あなたが最も重要視したい資質・能力を①～⑩から二つ選び，それらを選んだ理由と，それらを育成するための具体的な取組について，社会人としての経験に触れながら論述しなさい。

●方針と分析

(方針)

「グローバル人材の育成及び活用について」に関する文章を読み，小中学校において，グローバル人材の素地を養うとき最も重要視したい資質・能力を文章中から二つ選び，それらを選んだ理由と育成するための具体的な取組について，社会人としての経験に触れながら論述する。

(分析)

国の「グローバル人材育成推進会議　審議まとめ」(2012年6月4日)は，若者の海外留学者数が2004年以降減少傾向にあり，諸外国特に近年成長著しい中国やインドが海外留学生数を大きく増加させていることと比較すると，日本の若者の意識が「内向き指向」になっていると指摘している。そして，海外留学を促進するためや，海外留学生を就職などで受け入れて行くための条件整備を様々に提言しているが，教育の分野では「グローバル人材の育成」を求め，「グローバル人材の資質・能力」についてまとめている。

そして，「グローバル人材の育成」とは，一握りのトップエリートを育てることではなく，「様々な分野で中核的な役割を果たす厚みのある中間層」を「21世紀型市民」として形成することだとしている。つまり，「まとめ」は，グローバル化の進行する現在において，どのような人間が求められているのかという「人間像」を提出しているのである。

本問は，大分県のグローバル人材育成推進会議がまとめた「中間まとめ」からの出題であり，これをもとに2014年11月に「大分県グローバル人材育成推進プラン」が策定されている。また，大分県では「大分県海外戦略」の改定版を作成し，「戦略4　国際人材の育成」で，世界に通用する青少年の育成，外国の児童生徒等との交流拡大などについて，現状と課題，今後の方針を示している。こうした県の施策を理解しているかが問われているので，どれだけ「中間まとめ」あるいは現時点では「大分県グローバル人材育成推進プラン」を理解しているかを踏まえた論述とすることが大切である。

●作成のポイント

論題は字数に含めるので，本論のエッセンスとなる簡潔な論題とするのがよいだろう。

序論では，①～⑩の中から選んだ二つの項目を示すことと同時に，なぜ二つを選んだのかを論題を含めて200字程度で，簡潔に述べるとよいであろう。

本論は，大きく二つの項目についての構成をとると，採点者にも論点が明確に分かるであろう。　まず，一つめの項目を掲げ,それを選んだ理由と，育成のための具体的取り組みを述べる。理由については，なぜその資質・能力がとりわけて大切だと考えるのかを述べなければならない。この部分で，各自の社会人としての経験に触れるなかで，大切だと考える理由を述べるのがやりやすいだろう。育成のための具体的取り組みについては，教科指導・学級活動など，様々な学校教育活動の場面を想定して述べなければならない。次に二つめの項目を掲げ，同じように，理由と具体的取り組みについて述べるが,偏りのないようにすることが大切である。900字程度をさいてもよいであろう。

結論では，自分の熱意が伝わるように簡潔に100字以内でまとめるようにしたい。

2014年度　論作文実施問題

【社会特別選考・1次試験】

●テーマ

近年，急激に変化している社会，児童生徒，保護者などのニーズに対し，学校として適切に対応していくことが大切です。
そこで，あなたなら児童生徒や保護者などのニーズに適切に対応するためにどのような取組をしますか。児童生徒や保護者などのニーズを例示するとともに，社会人としての経験を生かした対応方法に触れながら具体的に論述しなさい。
※1200字，試験時間80分。

●方針と分析

(方針)

近年，急激に変化する社会や児童生徒，保護者などのニーズに対して，学校として適切な対応をとることが重要である。そのために，自分は教員として児童生徒や保護者に対してどのような取組を行うか，児童生徒や保護者のニーズを例示するとともに，社会人としての経験を生かした対応方法に触れながら具体的に論述する。

(分析)

最近全国的に社会人を採用する傾向にあり，大分県の場合も同様である。しかし民間企業や官公庁における正規の職員として3年以上の勤務経験が要求されること，社会人特別選考という募集枠を設けていても合否は一般選考受験者などと合わせて行うこと，筆記試験を免除し論作文と面接などを課していることが本県だけの特徴である。したがって論作文や面接の合否の比重が一般選考受験者に比べて高くなっていることを意味している。文字数も一般的なものより多く，文章力も試されるため，かなり合格のハードルが高いと考えて対処する必要がある。

急激に変化する社会などのニーズを理解し，それらを踏まえ，教職に生かすことができる社会人としてのどんな経験を持っている人物かということを把握するために本テーマが設定されている。

●作成のポイント

作成にあたって，1200字の80％以上となる約1000字以上を論述する場合，項目立てをして読みやすくすることが必須である。さらには作文調にならないこと，評論家のような文章ではなく教師としての取組の論述となるように留意する。

テーマはニーズを例示してそのニーズに適切に対応するための「私」の教員としての取組を論述することであるが，社会人としての経験を生かした対応策に触れながら具体的に論述する。

序論は300字程度で，自分が社会人から教員を志望するに至った動機と近年急激に変化している社会，児童生徒，保護者の学校に対するニーズとは何であると思うかなどがそれに続く。ニーズも例えば「たくましく生きる力や能力」，「豊かな心」，「グローバル社会に生きる人間」，「確かな学力」など一般的なものでもよいが，社会人経験の中で感じた「こんなことがあったらいいのにな」ということを設定できれば，独自の視点が盛り込め，なおよい。子どもがいてもいなくても，普段の生活の中でしっかりと考えておくことが差をつけるポイントであろう。幾つかの考えられるニーズを挙げその理由を論述する。

本論は700字程度で，序論で取り上げた幾つかのニーズのうち，2～3のニーズを項目的に挙げて自分の取組を論述する。その際，テーマに設定されている「社会人としての経験を生かした対応策」に自分が最も論述出来るものを挙げる。例えば自分の外国での勤務経験を生かせることとグローバル社会に生きる人間を育てるということを考慮するということである。

このようなテーマにおいては，どのようなニーズを挙げるにしても社会人としての経験をいかに教育や指導に生かそうとするかという内容面と方法及びそれを論述できる力量がポイントである。

結論は，社会人から教員を志望するに至った動機に再度触れ，今，学校に求められているニーズに対して社会人としての経験を武器に大分県の教員として全力で対応する決意を述べる。

2013年度　論作文実施問題

【社会人特別選考・1次試験】

●テーマ

次の論点について，1200字以内で記述しなさい。ただし，論題は字数に含めるものとします。

教育課題の解決に当たっては，学校全体で組織的に取り組むことが重要であり，機能する学校組織の確立が求められています。

そこで，大分県教育委員会は「大分県公立学校教職員の人材育成方針」を平成23年10月に策定し，求める教職員像の1つとして，「学校組織の一員として考え行動する人」を掲げました。

あなたは，組織の一員として学校現場でどのように考え行動していくかを，外部から見た学校現場の課題及びあなた自身の社会人としての経験に触れながら具体的に論述しなさい。

●方針と分析

(方針)

まず「学校全体で組織的に取り組むことの重要性」について，自身の意見を述べる。教員を取り巻く環境も併せて書くことも考えられる。その後に，実際にどのようなことに取り組んでいくかを，「外部から見た学校現場の課題」，「社会人としての経験」を踏まえて書くのである。

(分析)

年々，学校を取り巻く環境は複雑化してきている。子どもの対応だけでなく，その親への対応も多岐にわたっている。そのような状況の中，個々の仕事だけをしていればいいのではなく，常に全体を見渡す教師というものが必要不可欠になる。そのような立場になるのは，教務主任や学年主任が主であるだろうが，そのような位置付けではない教師であっても，常に情報の共有を意識しなければならない。今までの社会人経験の中で，チームで動いてきたこともあるはずである。それらの行動が，教員としてどのように活かされるのかを考えてみるとよい。

●作成のポイント

序論では，「学校全体で組織的に取り組むことの重要性」について，自分の考えを述べる。複雑化する学校運営，多岐にわたる保護者等の要望など，個人では対処しきれない部分も存在する。学校教育の現状というものを，「課題」とともに書くと，本論につながりやすい。200字から250字ぐらいでまとめること。

本論では，実際に学校現場でどのようなことをしていくかを述べる。行いたいことだけを書くのではなく，なぜ，そのことに取組みたいのか，「外部から見た学校現場の課題」と「自身の社会人経験」との関連性に触れながら論じること。そうでなければ，説得力のない文章になってしまうので注意が必要である。700字程度書けるので，取組むことは2点ほど用意するとよい。

結論では，今までの内容を簡潔にまとめ，今後教員としてどのような姿勢で取組んでいくか，決意という形で文章をまとめるとよい。序論・本論と全く異なった意見を書かないように，最後まで気を抜かずに書いてほしい。全体の250字程度を要する。

2012年度　論作文実施問題

【社会人特別選考・1次試験】

●テーマ

今，学校では「確かな学力」「健やかな体」「豊かな心」をバランスよく身に付けた「生きる力」の育成が求められています。
そこで，学校教育において「豊かな心」の育成が求められている理由を現在の子どもたちの様子に触れながら述べなさい。
また，「豊かな心」の育成について学校現場でどのように取り組んでいくかを，あなた自身の社会人としての経験に触れながら具体的に論述しなさい。(1200字以内)

●回答例

「体験活動を通した豊かな心の育成」

学校教育で豊かな心の育成が求められる背景として，まず子どもたちの生命尊重に対する意識の希薄さがあげられる。相手に向かって「死ね」「消えろ」といった存在自体を否定する心ない言葉を投げつけたり，小動物を平気で傷つけたりといった「命」を軽々しく扱う姿が見られる。

これは，ボタン一つで簡単に相手が生き返るゲームや，バーチャルな情報の氾濫により，子どもたちに「命」というものが実感として捉えられないことが要因だと考える。

また核家族化により，祖父や祖母と同居するという経験の不足から，「老い」に対する意識の薄さや「死」というものが身近に感じられないことも要因だと考える。

また，少子化の影響で，兄弟で助け合うとか，一つのものを仲良く分け合うといった，助け合いや譲り合い，我慢する心も育ちにくくなっている。わたしの家の近くに公園があり，よく子どもたちが遊びに来ているが，同じ空間にいても，それぞれが黙々と一人でゲームをしている姿を見かけることがあり，とても気になっていた。わたしもそうだが，昔は，たくさんの友達と公園や空き地で遊びながら，集団の中で，協調性や我慢すること，事の善悪を学んだものである。

私は今まで，自動車部品工場で製品の組み立て業務に従事していた。ライン上の単調な仕事であったが，顧客の安全を担っている大切な仕事だという自覚と誇りをもって取り組んできた。安全性を高めるためには，部品の精度を上げることが大切であり，そのためには多くの人が，自らの職責をしっかりと果たし，協調して職務を遂行することが必要である。

自分たちが作った部品をメーカーに納入し，その部品を搭載した車が，走っているのを見ると，自分たちの仕事が報われたような達成感を感じることができた。

私は，こうした経験を踏まえ，子どもたちに「豊かな心」を育成するために，奉仕体験活動として年間を通して，通学路や学校周辺のボランティア清掃を行う。通学路や学校周辺が自分たちの手できれいになっていき，またその姿を見た地域の方からの励ましを受けることで，子どもたちは自分たちの行動に価値を見いだし，そのことが達成感につながると考えるからである。また清掃活動は，一人だけではできない。学級や学年の仲間と協働で一緒に汗水流しながら，一つのことに取り組むことで，自己存在感や所属感を実感させることができる。何より，自分たちがきれいにした場所であれば，決して不用意に汚したり，ゴミを捨てたりすることはせず，規範意識の醸成にもつながると考える。暑い日も寒い日も継続して取り組むことで，我慢する心や責任感も醸成させることができると考える。私は，「豊かな心」の育成のために全力で取り組む覚悟である。

●方針と分析

(方針)

「『豊かな心』の育成が求められている理由」を「現在の子どもたちの様子に触れながら」説明し，社会人経験に触れながらどのように取り組んでいくかを述べる。

(分析)

本論題文にあるように「豊かな心」は「確かな学力」「健やかな体」とともに，「生きる力」を構成する要素としてとりあげられている。豊かな心の定義について，学習指導要領解説 道徳編では「他人を思いやる心や社会貢献の精神，生命を大切にし人権を尊重する心，美しいものや自然に感動する心，正義感や公正さを重んじる心，他者と共に生きる心，自立心や責任感」を例にあげている。豊かな心の育成については本来，家庭で教育するものと位置づけられていたが，「家庭や地域の実態(教育力の低下)」によって徳育(道徳)教育の1つとして組み込まれている。

●作成のポイント

序論では，豊かな心の定義づけ，およびまず，豊かな心の育成を学校で行う必要があるのかについて，述べるとよい。本論題文では「現代の子どもたちの様子に触れながら」とあるので，事件性のあるもの，社会問題になっていることを取りあげると読み手も理解しやすいだろう。

本論では，社会人としての経験に触れながら，実際に取り組んでいくことを述べる。社会人としての経験がどのようなものであり，そこで自身が得たもの，現代の子どもたちに欠けているものを明確にするとよい。具体例としては他人への思いやり，協力することの大切さ等があげられる。本論の前半で論点を明確にしたら，実際に取り組む活動を述べる。具体性が必要なので，自分が思いつく範囲でよい。そして，取り組みのメリットは1つではなく，複数あげるとよい。直接の評価にはならない可能性があるが，いろいろな面でメリットがあることを強調すれば説得力が増すことがある。

結論では，序論と本論に関連した自身の考えの中で，最も強調したいことをまとめること。最後に，自分の決意を書いて文章を仕上げるとよい。

●論文執筆のプロセス例

序論

・豊かな心の定義づけと課題に対しての自身の考えを述べる
・豊かな心の定義は客観的，自身の考えは主観的でもよい

本論

・自身が社会人として，どのような経験をしてきたか述べる
・経験と取り組むことに関連性があるかを確認すること

結論

・まとめと自分の決意を書く
・最後に定義，子どもたちの現状，自身の考え，社会人としての経験，取り組む内容とメリット，結論に一貫性があるか確かめる

2011年度　論作文実施問題

【社会人特別選考①】

●テーマ

今，学校では「キャリア教育」の必要性が求められています。キャリア教育をとおして，あなたが児童生徒に身につけさせたい力は何か，経験した職場の実態にも触れながら具体的に論述しなさい。

●回答例①

「コミュニケーション能力を高めるキャリア教育」

職場体験等の授業をとおして，つけたい力の一つがコミュニケーション能力である。

今勤めている職場でも職場内でのコミュニケーション，接客時のコミュニケーションの重要性が求められている。望ましい人間関係を築く上でも，迅速な情報交換を行う上でも言葉によるキャッチボールは大切である。

コミュニケーションの基盤となるのが，「返事やあいさつをする」「ありがとうございます。すみませんでした。がきちんと言える」ことである。体験をとおして，実践できるようにしておきたいことである。また，道徳の授業や教育活動全体で「思いやり・親切・感謝」等の道徳心をはぐくむことが大事である。

自分の仕事を進めていく上でも，自分の思いや考えを，場に応じた態度で適切に伝えることは大切である。さらに，相手の考えをよく聞いて，相手の気持ちや考えを理解しようとする，受け止める力も身につけてほしい。それは，一方通行のコミュニケーションに陥りがちな人が多いからだ。私の職場でも顧客のニーズにどれだけ応えられるかが重要視されている。

キャリア教育をとおして，コミュニケーションの能力・意欲を高めることは，これからの未来を担う児童生徒にとって不可欠なことであると考える。

●回答例②

「将来の生き方や進路を考え，実現に向けて実行していくキャリア教育」

子どもたちは，学校行事や委員会活動，集会活動等で中心となって活動する機会があると思う。また，その役割や責任を果たすことができると，人の役に立つ喜びも大きいと思う。こういった日常における教育活動の延長上に職場体験を位置づける。

そして，職場体験では，失敗を恐れずにより高い目標を掲げ，様々な役割を担うことへ挑戦しようとする態度を育てたい。子どもが困難を乗り越えて目標を達成できる経験，また，それが周囲から認められる経験を積み重ねていくことが，その子の自信となり，自己肯定感を高めていくことにつながる。

私の職場では，各自，短期目標・長期目標を立て，その目標へ向けて努力をしている。失敗することもあるが，自分の役割や責任を果たしていくことが重要である。

また，自分の将来について前向きな気持ちをもつためには，人と関わり合いながら生き方について学ぶ職場体験の果たす役割は大きい。その意味でも，子どもが働くことや自分の将来を考えることの大切さに気づき，自分の夢や希望をふくらませるキャリア教育は重要である。

授業をとおして，夢や目標に向かって，諦めずに努力すること，困難や失敗にくじけずに努力を続けることの大切さを学んでほしい。そして，実社会で生きていくためには必要な力をはぐくんでいきたい。

●テーマの分析

「キャリア教育」とは，望ましい勤労観や職業観を育む教育だ。この教育は子どもたちが働く意義や目的を探究し，一人一人が自分なりの職業観・勤労観を形成・確立していく過程で指導や援助をする。その際，多様性を大切にしながらも，それらに共通する要素として，職業の意義についての基本的な理解・認識，自己を価値あるものとする自覚，夢や希望を実現しようとする意欲的な態度など，「望ましさ」を備えたものをめざすことが求められる。

この「キャリア教育」は，対象が小学生と高校生とでは，めざすものを異にする。前者の目的は勤労観育成が中心で，担当する係活動をきちんと果たすことであるし，後者は自分に向いた職業を模索しはじめることが目的となるからだ。

ところで「経験した職場の実態にも触れ」とあるが，これは単に思い出話をするのではないことに留意したい。解答例にあるように経験で得たことを具体的に示し，それを教師としてどのように活かすかのプランを書くのである。

●論点

まず，「キャリア教育」の定義と，あなたは志望校種の子どもたちにこの教育でもってどのような力を身に付けさせたいか，その結論を述べる。これが前文となる。

本文では，前文で述べた結論を2つ以上の観点から掘り下げる。個に応じた指導でもよいし，学級全体の集団指導でもよい。具体的に書くことが求められているので，「私だったら□□の経験を活かして○○を△△する」と述べようにしたい。この本文の字数は，メインとなる大事な箇所なので全体の3分の2程度をあてる。

最終段落は，このテーマに対するあなた自身の課題を挙げ，解決にどのように取り組むかを簡潔に述べる。「中学生では学校行事となっている職場体験の目的を，どのように果たさせるか」や「発達段階を踏まえた，勤労観や職業観を育む教育方法」などだろう。

【社会人特別選考②】

●テーマ

次の事例について，あなたが担任ならどのように具体的な対応をしますか。問題解決への留意点と児童及び保護者への対応に分けて論述しなさい。

〈事例〉A小学校では，6年生を中心に携帯電話を利用したメールの交換が流行するようになった。深夜までメールの交換を行うなど日常生活は乱れ，メールで友だちの悪口を言い合うなどの人間関係のトラブルにまで発展してしまった。そんな中，保護者の一人から，子どもがネット上でいじめにあっているという相談があった。

●回答例

まず，保護者の理解を得て，児童の携帯電話の使用状況を正確に把握し，問題点を整理する。携帯電話の保有率，使われ方の実態と問題点などをデータとして，また，具体的な事例として整理し，学校としての方針を明確にすることが大切である。

保護者に対しては，調査して得られた携帯電話の所持の実態，その使用状況の問題点などを具体的に伝える。その後，生活習慣の乱れや学習に及ぼす影響等について触れ，他人になりすまして特定の人に悪口のメールを書いたり，掲示板に他人の誹謗中傷を書き込んだりすることが人間関係のトラブルまでに発展し，深刻化していることを伝える。保護者にこれらに対する問題意識をもってもらい，保護者と協力して一丸となって適切に対応していく必要があることをうったえる。

児童に対しては，学年全体の子どもに対し，ネットいじめがいかに深刻な事態をもたらすかを指導する必要がある。

「なりすましメール」や「迷惑メール」などへの具体的な対応について授業したり，携帯電話やインターネットの正しい使い方についても指導するなどの情報モラル教育を推進していくことが必要である。また，ネットいじめの被害者は，大きな心の痛手を受けている。担任だけでなく，スクールカウンセラーなどの協力も得て，被害者の心のケアをしていくことも大切である。

●テーマの分析

近年，このような事例に対する意見を問う設問が多くなった。小学生に携帯電話を持たせること自体が問題という意見もあるが，持っている・持っていないに関係なく「いじめ」に利用して楽しむ流行がある。これは一種のゲーム化で，児童に罪の意識は薄い。そんな前提をまず理解しておきたい。

これに対しての一連の指導の流れの例をまとめておく。ネット上でのいじめがあると相談があった当該児童を中心に実態把握をする。次に，携帯電話を持っている児童名を調べる。そして児童間でどのようなメールの交換が行われているかを個別に調べる。ここで保護者の協力が必要になるだろう。そして，いじめの対象になった児童を十分にケアしてから，全体討議等で指導の徹底を図るようにするのだ。

●論点

最初に児童が携帯電話を持つことに，あなたはいかなる意見を持っているかを述べる。そして，今回の事例に対し，教師としてあなたはどのように対応するか，その信念を明らかにするようにする。

本文では，前文で示した信念をどのように実践するか，2つの観点から具体策を挙げる。相手は「小学校6学年児」なので，その発達段階を踏まえながら，丁寧かつ具体的に「私だったらこうする」と実践方法を述べる。気をつけたいのは，決して大上段に構えた評論であってはならないということだ。

最終段落は，いじめは相談者(犯人)探しやそれに対する報復がよくありがちである。裏でのさらなるいじめの防止策など，自分が行うべき課題を挙げてその解決策を記していく。

2010年度　論作文実施問題

【社会人特別選考】

●テーマ

企業経営においては，企業が顧客に提供したサービスに対する満足度(顧客満足度)を重視しています。

公立小・中学校においても，児童生徒や保護者に十分満足のいく質の高い教育を提供すべきだと考えられます。

そこで，あなたならどのように取り組みますか。今の学校教育を外から捉えての現状を記述し，これから目指す教師像・授業像を述べなさい。

次に保護者等の満足度を把握し，学校改善を進めるために，具体的にどのようなことに取り組むことが考えられますか，あなたの考えを述べなさい。　(80分，1200字以内)

●テーマの分析

このテーマが問うているのは，

① 現在，質の高い教育が行われているかを，学校外から見た評価。

② 質の高い教育を行える理想の教師像。

③ 保護者の満足する学校改善への取り組み。

の3点である。

学校評価は校長名で，学校として取り組むもので，それに協力するのは当然である。学校評価の結果を筆者はどのように受け止めて，担当の教科指導や学級経営にどのように活かすかである。この「活かす」とは，筆者の意志と実践である。解答文が評論になったり，校長権限にまで踏み込んではならない。

●論点

前文は上記の①と②を述べるとよい。

本文は，①としての③を具体的に述べるのであるが，そこに筆者の努力を示す。担当教科の授業の充実や，子ども個人とどのように向き合うかなどである。この本文の字数は，全体の3分の2を当てる。

最終段落は，テーマに関する筆者の研修課題を挙げ，課題解明にどのように努力するかを簡潔に述べるとよい。学校評価が自分の指導方法の改善につながるかなどであろうか。

2009年度　論作文実施問題

【全校種】

●テーマ

子どもたちの「生きる力」をはぐくむことの必要性について，①確かな学力 ②豊かな心 ③健やかな体の3つの視点から，あなたの考えを述べなさい。

●テーマの分析

現行学習指導要領の理念は『「生きる力」を育む』である。この「生きる力」とはどのような力であろうか。「生きる力」は平成8年の中央教育審議会答申にある。その「生きる力」は設問の3点からなっている。

この「生きる力」の①と②そして③を育む必要性は，次のことから考えられる。

① 今日の変化の激しい社会にあっては知識の陳腐化が早まり，生涯学習時代が到来した。

② いかなる場面でも他人と協調しつつ，自律的に社会生活を送っていかなければならない。その実践的な力が必要である。

③ 健康や体力は，たくましく生き抜くための基盤である。

健康でしかも体力が備わっていないところに，「確かな学力」も「豊かな心」も存在しない。

設問では「3つの視点から」であって，3点それぞれについて述べるのではない。また「あなたの考え」とは，「あなたならどのように育むかを具体的に述べなさい」と問うているのである。

●論点

前文では，「生きる力」の定義付けと，なぜこの力を育むことが求められるかの理由を述べる。さらに「生きる力」を育むのに，あなたならどうするのか，その結論を述べる。

本文では結論に対する具体的な方策，必要だからどうするかを述べるのである。「生きる力」を育む場はあらゆる学校教育活動の中にある。そこから2例を挙げる。教科と道徳の授業もよいであろう。特別活動でもよい。そこで教師としてどのように関わるかである。

また小学生といっても，低学年児と高学年児とを同一視することはできない。発達段階を踏まえた育成の仕方を述べるのである。この本文の字数は全体の3分の2ほどがよい。

最終段落では，この設問に関するあなたの研修課題を挙げる。中学年児童がギャングエイジと言われているがその児童理解が十分とはいえないなどである。その課題解明にどのように努力するかを簡潔に述べるのである。

【社会人特別選考】

●テーマ

次の2つの論点について，1,600字以内で記述しなさい。ただし，論点1については1,000字程度，論点2については600字程度とし，あわせて1,600字以内とします。また，論題も字数に含めるものとします。

[論点1]

以下に示す子どもに関する問題の内，一つを選択し，その問題の要因と，学校が果たすべき問題解決の在り方，さらに社会人として学校外の職を経験したあなたが貢献できることを論述しなさい。

○子どもの学力低下

○子どもの規範意識の希薄化
○子どもの体力低下

[論点2]

あなたは，使命感をもって学校という組織の一員になろうと志望しました。次に，社会人としての経験を，学校組織の活性化にどのように活かそうと考えているのか，学校の組織上の問題を指摘した上で，論述しなさい。

●テーマの分析

今日の子どもを取り巻く家庭や社会を直視すると，子どもの学力低下も規範意識の希薄化も，また体力低下となった原因も見えてくる。子どもは白紙から始まる。白紙の子が学力低下になっていくのは，大人がそのような色をつけたからである。色のつく原因と思われる事項を列挙する。

① 少子化により高校全入と大学定員割れ時代が到来する。こうなれば子どもらは，点数の取り合い競争を必要としなくなる。

② ほとんどの子が個室を持つなど衣食住すべてが充足し，生活に満足している。これ以上の生活を，苦労してまで得ようとはしないのである。

③ 個性尊重が叫ばれ，自己主張を明確にとの教育が浸透している。これがために自己中心的言動が目立ち，コミュニケーションの必要性を認めなくなる。自己満足で終わってしまうのである。

④ 世の中は急激に変動し，それに触発された子どもは考えるという過程より結果を求める。それが努力せずに成果の上がる方策の選択となる。

⑤ 近未来も読めない時代であれば，明日のことより今を楽しむことを求める。

⑥ 世の中の規範が揺れ動いている。親がはっきりした規範意識を持たなければ，その背を見て育つ子は迷ってしまう。

これらの諸課題を抱えた子を迎える学校である。このような状況の

環境の中で，考えさせることである。経験の貴さを教えることである。社会人としての貴重な経験を活かして「経験に無駄はない」ことを教えていく。設問は「あなたが(教育者として)貢献できること」を求めている。

[論点2]はこのことを受けて，「あなたならどうするか」と問うている。校種を明示し，その発達段階をふまえた導き方を述べる。

経験を活かすとは思い出話をすることではない。また自画自賛になってはならない。「何をしたか」ではなく，「何ができるか」を述べるのである。

●模範回答例

[論点1]　子どもの規範意識の希薄化

子どもの規範意識の希薄化をもたらす要因としては，現代人の人間関係の変化があると考える。その点で，少子化の進行による子どもの人間関係の変化に着目し考察したい。

子どもの数が減ってきたことで，保育園や幼稚園での，子ども遊びは変わってきたのではないか。私たちが，子どもだった頃は，遊具で遊ぶ時に，列を作って順番を待っていた。早く遊びたくても，我慢して順番を待ち，自分の番になれば，思いきり遊ぶ，その日常の繰り返しではなかったか。「順番を守ること」はルールであり，順番を守らなければ，小さなトラブルが発生する。遊びを通し，規範意識が芽生えたのではないか。しかし，今は，順番を待つまでもなく，遊具はいきわたり，また，幼い頃から一人で遊ぶことになれ，順番があることやその意味，我慢することの大切さを体験する機会はきわめて少なくなっている。また，順番を守らなければ，人間関係を損なう体験，また，それを修復する体験も経ないまま，無自覚で成長している。

小1プロブレムも，このような幼児期の体験不足に原因の一端があるのではないか。とは言え，そのような子どもたちを受け入れ，望ましい体験を準備し，規範意識を醸成することが学校の使命である。

では，幼児期の体験の不足を小学校や中学校でどのように補えばよいのだろうか。

私は，電子機器メーカーで働いていた。ライン上で，時間内に，決められた手順で部品を組み立てる，単純な作業工程の連続であったが，精度の高い仕事を遂行するため，職場の就労環境を常に清潔に整えた。使命を帯び，他との協調を通して仕事を遂行し，職業人としての自覚と資質を身に付けた。

さて，学校で行われ，日常的で，共同的な活動には，清掃がある。清掃は，用具を独占したり，楽な場所にこだわるなど，子ども同士のわがままがぶつかりやすい活動でる。子どもの数が少なくなり，作業量が増えればなおのことである。だから，わがままを抑え，自分たちで相談して，清掃場所や用具を割り当て，与えられた場所は責任をもってやり遂げていく大切な活動であることを子どもたちに教え，体験を積み重ねさせるべきである。また，器具の後片付けも含めて，公共物を大切にする心も育まれるもので，規範意識の醸成につながるものであると考える。

[論点2]　学校組織の改善に貢献する視点

学校は，危機管理について，組織的に弱いのではないか。私は，消防団員として，地域防災の一端を担った経験があるが，それを踏まえて，危機対応について考えてみたい。

消防団が出動するとき，意思伝達系統の調整がその後の速やかな活動につながり，それによって地域住民の生命財産が守られるばかりか，出動した団員の安全も確保されることになる。各部署で収集された情報の報告により，本部は全体像を把握し，安全で効率的な対応を即座に判断し，それぞれに命令する。また，刻々と状況が変化しても，それは一貫されている。　これを学校に置き換えると，担任等が学級の子どもの様子を逐次管理職に報告し，管理職は，問題や解決すべき課題を把握し，解決策を速やかに判断し，教職員に組織的に対応させることになると思う。

しかし，昨今，学校に寄せられる苦情処理という危機管理において，その後に，問題が複雑化長期化する例が多い。情報収集の甘さ，報告の怠り，判断の遅さなどが連鎖し，苦情主への誠意ある対応が滞ってしまうのである。教師のフラットな組織意識が，問題の抱え込みや連絡の怠りを生むのではないか。

私は，学校内のスピードのある意思伝達系統の確立を進言し，校長のリーダーシップの強化により迅速に対応できる組織確立のために貢献したい。

2008年度　論作文実施問題

【全校種】

●テーマ

下記の事例は，ある生徒(児童)の保護者から担任について，学校に寄せられた相談内容を示したものです。この事例における担任の言動にふれながら，「教師の使命」に関するあなたの考えを具体的に述べなさい。

娘の担任の先生のことで相談します。

4月にこの先生が担任になったのですが，最近，先生がいやだといっています。友だち同士でも，「先生の授業はさっぱり分からない。」とか，「毎日のホームルーム(学級指導)でも，みんなざわざわしてまとまりがない。はっきり悪いことは悪いって叱ってほしい。」という話をよくしているということです。

そこで，学校が主催する公開授業に出席してみると，一方的に教科書を読んで，黒板に向かって板書をしているだけで，子どもに質問したり，机間指導をしたりするなどの取り組みがなく，子どもを生き生き活動させようとする気持ちが全く感じられませんでした。

また，その時，授業と全く関係のないことをしている子どもが何人かいたのですが，先生は注意するでもなく，一方的に授業を進めていました。

何人かの保護者と一緒に，先生にこれまでの経緯を説明し，しっかり子どもたちへの指導や授業の工夫をお願いしましたら，「子どもたちとコミュニケーションをしっかりとって，授業も工夫していきます。」と言いました。

しかし，その後もいっこうに先生の姿勢は変わりませんでした。ある日の授業で先生は子どもたちに,「君たちは,私の授業が分からないと親に言っているようだが,予習・復習が足りないからついてくることができないんだ。君たちの努力が足りない。」と言ったそうです。

親に話すことと,子どもに話すことが全然違うので,先生が信用できません。このままではとても心配です。先生に思い直していただくよい方法はないものでしょうか。

●テーマの分析

※記述する上での留意点に注意し取り組む。

現状,どの学校でもこの様な問題は大なり小なり存在する。学級生徒も担任教師も教科担当もそれぞれ互いに選べないのが現実である。学級担任を任される場合,担任教師として,経験を有するベテラン担任の補佐(副担任)として学級運営のあり方を勉強する必要がある。

教科担当としては特に文系志向の学校(中学・高校)の理数系に同様の問題を多く抱えている学校があるのが現状である。習熟度別学級をとりいれて教科指導をしている学校もあるが,現在入学試験の点数により,1学年の総数に対し,40人学級を均等に振り分け,学級編成を行い,学年が上がる度に,学力試験の成績結果・学年終了時の成績結果・学級内での生活態度・男女共学の場合,男女の比率等を考慮し学級編成会議なるものが行われ,編成されている学校がその多くを占めている。教科担当に於いても,持ち時間の偏りが無い様,授業時間が平均化され教務が担当時間を決定する。

問題が起こる前に,何かしらの方法で生徒各自が抱える現在の学校生活の不満を入手する担任側の落ち度は否定できない。現代の親は子どもを通して学校の状況を知るだけの一方通行の状態で,子どもの意見が正当と判断し問題をぶつけてくる傾向にある。

また,同様の問題を抱える学校は,若い教師の多い学校に比べ,年配の講師を多く抱える学校にその特徴が目立つ傾向にある。非常勤講師の場合,その多くの先生方は進学校から転職され,生徒指導に携わりが少ない先生が多く,授業の有り方も学年会議で問題となるケースが多い。それらを打開するには，学年ごと，工夫を凝らし，空き時間を利用しローテーションを組み，各学級の授業状況を確認しメモをとり，毎回目に付く授業風景は，学年会議の議題として定期的に取り込み，学年の意見として学年主任は教頭に相談をし，教科担当に問題の改善を図るよう注意をして頂くよう努める義務がある。それでも現状を改めず改善がみられない場合は，指導力不足ということで，最終的に学校側の判断にゆだねられる。

●論点

これらの問題は，担任であれば最初の保護者会等の学級会で，自己の教育方針を客観的に且つ具体的に説明し，保護者に理解を求め納得して頂く。後に指摘を受けてもそれに対処できる状況をそろえておく必要と同時に，保護者と生徒とのコミュニケーションを頻繁にとるよう努める事が絶対に必要不可欠である。一歩前を見た早目の対処と現在の自分の教育指導に自問自答しながら，信頼される教師になるよう努力を惜しまない人物であることの必要性が要求されてくる。

2007年度　論作文実施問題

【全校種】

●テーマ

児童生徒を取り巻く教育課題を踏まえ，今，大分県が取り組んでいる教育改革にあなたはどのように取り組んでいこうと考えていますか，具体的に述べなさい。

●テーマの分析

「児童生徒を取り巻く教育課題」と問われれば，「生命に関わる問題行動」がまずあがるであろう。これに対して大分県が取り組んでいる教育改革は，新大分県総合教育計画(大分県教育改革プラン)に，次のようにある(大分県教育委員会ホームページより)。

1　多様な教育の推進と未来を拓く青少年の育成

①「生きる力」をはぐくむ学校教育の推進

②信頼と協働による学校づくりの推進

③生涯学習社会の形成と社会教育の推進

④青少年の健全育成

以上のことから，①の「他人を思いやる心」など「生きる力」や，④の「生命の尊重」などをいかに教えるかであろう。

●論点

前文(字数は全体の6分の1程度)で，まず今日的教育課題を挙げる。その教育課題に対して大分県教育委員会どのような姿勢で臨んでいるかを述べる。それを受けて，書き手(受験者)は教師としてどうするか，まずここに結論を述べる。

本文(字数は全体の3分の2程度)では，結論に至るまでの具体的方策を述べる。そのためには，志望校種と指導する場を明らかにする。学級活動やHLとか問題発生後の指導等である。テーマが求める具体的とは発達段階をふまえた配慮等で，書き手の個性を示すことを忘れてはならない。

結文(字数は全体の6分の1程度)では，このテーマに関する書き手の研修課題を挙げ，その課題解明にどう努力するかを簡潔に述べる。今回はカウンセリング・マインドの心得が問われる。この課題解明にどう取り組むかを簡潔に述べるとよい。

2006年度　論作文実施問題

【全校種】

●テーマ

児童生徒や保護者，広く社会から信頼される学校づくりのために，あなたは教師としてどのように実践していきますか，具体的に述べなさい。

●テーマの分析

教育は信頼の上に構築されるものである。児童生徒からはもちろん，保護者を含む地域住民からも信頼されなければならない。学校が信頼されるためには，開かれた学校にすることである。信頼するしないは相手が決めることで，いくら「学校を信頼しなさい」と叫んでも信頼が得られるものではない。こちらが胸襟を開かないで，何で信頼を得ることができるであろうか。

信頼される学校にするには，一人一人の教師が信頼されなければならない。その一人としてどうするかを問われているのである。すなわち学級担任として，あるいは教科担当としての具体的取り組み方である。

●論点

まず，なぜ学校は信頼されなければならないのかの理由を述べる。次に，学校が信頼を得るため教師の一人として，何をするかその基本的な考えを述べる。そこまでが前文である。

本文では，基本的な考えの具体的な取り組み方を述べる。「私はこのような考えで，こうして努力する」である。起承転結の承と転の2例を挙げる。一つが学級経営上のことであれば，もう一つは授業に関することなどである。子どもにとって成就感あふれる授業をするならば，子どもも親も，そして地域住民も信頼を寄せてくれるのである。

最後の段落には己の抱えた多くの研修課題のうちからこのテーマに関する課題を一つ取り上げ，どう研修に取り組むかを簡潔に述べる。

2005年度　論作文実施問題

【全校種】

●テーマ

教員としての使命観と実践的指導力について具体的に述べよ。

●テーマの分析

「教師の使命感」をどのように考えているかと問うている。これは人それぞれであるといえる。また「教師としての実践的指導力」とは「教師の使命感」を現実の教育現場でどのように実践していくかと解するとよい。別の解釈として，「使命感」と「実践力」を2問と読み分けることもできる。

●論点

前文(全体の6分に1程度の字数)では，まず志望校種を明らかにしその発達段階をふまえて「教師の使命感」をどのように考えるかを述べる。小学校と高校では全く同じとはいえないであろう。小学校教育の基本理念は「仲間づくり」であり，高校教育は「自立」である。それらから教師の役割を考えるのである。その使命感をどのように実践の場で具体化させるか，その基本的な考えを述べる。

本文(全体の3分の2程度の字数)では，前述の基本的な考えの具体的な実践方法を2例挙げる。その一つが教科指導であれば，他方は健全育成とするのもよい。高校なら進路指導もよい。「実践的指導力」であるから，書き手の個性あふれる取り組み方が求められている。

結文(全体の6分の1程度の字数)では自己評価をする。「教師としての使命感」であるから，プロ教員としてのはっきりした意識を持ち合わせていなければならない。ただの決意表明で片づけてしまわずに，今後の努力の一端をのぞかせるのがよい。

面接試験　実施問題

2024年度

◆実技試験(2次試験)

▼小学校教諭　面接官2人　2分

試験当日提示するテーマに基づいた，英語表現(スピーキング)テスト

※課題を配布され30秒構想，1分スピーチの流れ

【テーマ例】

□今年初めて日本に来たALTに，日本の伝統的な食べ物を1つ取り上げ，4文以上の英語で紹介しなさい。

□オンラインの国際交流で初めて会う外国の方に，自分が行ってみたいと思う国や地域を1つ取り上げ，4文以上の英語で紹介しなさい。

□あなたの学校に赴任してきたALTに，大分県内のおすすめの観光スポットを1つ取り上げ，4文以上の英語で紹介しなさい。

□今年初めて日本に来たALTに，日本の伝統的な文化を1つ取り上げ，4文以上の英語で紹介しなさい。

□オンラインの国際交流で初めて会う外国の方に，世界で活躍する日本人を1人取り上げ，4文以上の英語で紹介しなさい。

□あなたの学校に赴任してきたALTに，あなたが住む地域の魅力を1つ取り上げ，4文以上の英語で紹介しなさい。

□今年初めて日本に来たALTに，大分県の魅力を1つ取り上げ，4文以上の英語で紹介しなさい。

□オンラインの国際交流で初めて会う外国の方に，日本の四季の中から自分が好きな季節を1つ取り上げ，4文以上の英語で紹介しなさい。

□今年新しくあなたの学校に赴任したALTに，あなたが尊敬する人物を1人取り上げ，4文以上の英語で紹介しなさい。

□今年初めて日本に来たALTに，日本のおすすめの観光地を1つ取り上げ，4文以上の英語で紹介しなさい。

〈評価の観点〉

内容	評価の観点	評価点	
		配点	計
英語表現	パフォーマンス	５点	２０点
	発音，声量，流暢さ	５点	
	内容の選択と構成	５点	
	語彙，文法の正確性	５点	

▼小中学校連携教諭(英語)・中高英語

□英語による個人面接

【質問内容例】

○小中学校連携教諭

1　Do you think English should be taught from the first grade in elementary school?
学校では，小学1年生から英語を教えた方がいいと思いますか。

2　Do you think that digital textbooks are effective in improving students' English proficiency?
デジタル教科書は，生徒の英語力向上に効果があると思いますか。

3　Do you think having classes on Saturdays is a good idea?
土曜日に授業をするのは，良い考えだと思いますか。

4　What can we do to build good relationships with parents?
保護者とよい関係を築くために，私たちにできることは何でしょうか。

○中学英語

◎パターンA

1　Do you think learning English will not be needed because of AI?

AIによって，英語を学ぶ必要はなくなると思いますか。

2　Do you think it would improve academic performance for students to take their tablets home from school?

生徒が端末を学校から家に持ち帰ることは，学力向上につながると思いますか。

3　Do you think raising consumption tax is a benefit to our lives?

消費税を上げることは，私たちの生活にメリットがあると思いますか。

4　What can we do to protect our mental health?

心の健康を保つために，私たちにできることは何でしょうか。

◎パターンB

1　Do you think ALTs are important for getting students to like English?

生徒が英語を好きになるようにするために，ALTは大切だと思いますか。

2　Do you think junior high school students should be allowed to bring their smartphones into school?

中学生の学校への携帯電話持ち込みを許可すべきだと思いますか。

3　Do you think it would be better to charge for all garbage bags?

ゴミ袋は，全て有料化されるほうが良いと思いますか。

4　What can we do to build good relationships at work?

職場で良い人間関係を築くために，私たちにできることは何でしょうか。

◎パターンC

1　Do you think it would be better if there was an English speaking question for high school entrance exams?

高校入試では，英語のスピーキング問題があった方がよいと思いますか。

2　Do you think school rules are necessary?

校則は必要だと思いますか。

3　Do you think the four-day workweek system should be introduced in

Japan?
日本でも，週休3日制を導入すべきだと思いますか。
4　What can we do to reduce overtime work?
超過勤務を縮減するために，私たちにできることは何でしょうか。

○高校英語
◎パターンA
1　Why do you want to teach English to high school students?
2　There are four communication skills in English such as listening, reading, speaking and writing. What do you think is an effective integrated language activity which combine these skills to develop students' communicative competencies?
3　Do you think students should study abroad during high school years? Why, or why not?
4　Do you think people in Japan should work from home more often? Why, or why not?
◎パターンB
1　Why do you want to teach English to high school students?
2　There are four communication skills in English such as listening, reading, speaking and writing. What do you think is an effective integrated language activity which combine these skills to develop students' communicative competencies?
3　Do you think high school students should have part time jobs? Why, or why not?
4　Do you think we should introduce online education more in high schools? Why, or why not?

〈評価の観点〉

項目	評価の観点	評価点		
		配点	小計	合計
個人面談	態度，表現力	5点	20点	50点
	発音，声量，流暢さ	5点		
	内容，発話の適確性	5点		
	語彙，文法の正確性	5点		

▼中学技術

□完成図にある木製品を完成させなさい。製作にあたっては，以下の条件を守ること。

① 準備・後片付けは監督者の指示で行いなさい。

② 準備された材料以外のものは使用できない。材料の予備はないので，無駄のないように使いなさい。

③ 木材は以下に示す寸法を基本としているが，多少の誤差かある。
木材の寸法〔mm〕：(厚さ×幅×長さ)
12×150×1200　　1枚

④ 実施要項に記載された工具は各自のものを使用しなさい。また，実施要項に記載された工具以外は使用できない。

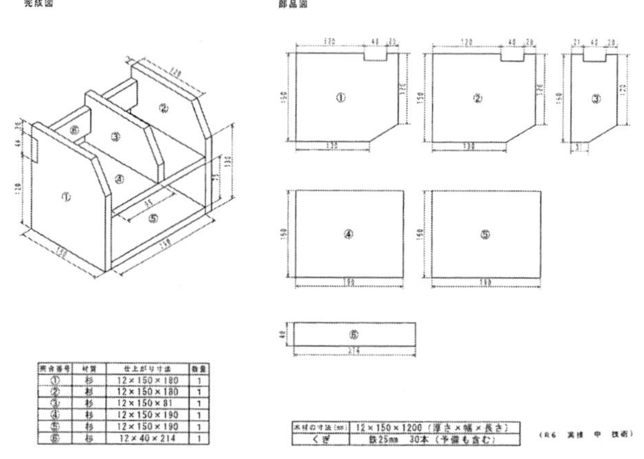

部品番号	材質	仕上がり寸法	数量
①	杉	12×150×180	1
②	杉	12×150×180	1
③	杉	12×150×81	1
④	杉	12×150×190	1
⑤	杉	12×150×190	1
⑥	杉	12×40×214	1

木材の寸法〔mm〕	12×150×1200（厚さ×幅×長さ）
くぎ	鉄25mm　30本（予備も含む）

（R6　実技　中　技術）

〈評価の観点〉

項目	評価の観点	評価点		
		配点	小計	合計
態度	服装・準備・安全管理	６点	６点	５０点
技能１	各作業の的確さ	２４点	２４点	
技能２	製作品の完成度	２０点	２０点	

〈携行品〉

実技のできる服装，タオル，筆記用具(けがき用)，木工用具一式(さし金，両刃のこぎり，平かんな，四つ目きり，のみ，げんのう，釘抜き，木づち，すじけびき)

▼中学家庭

【被服実技】20分

□下の図を参考にして，ポケット付き巾着袋を作りなさい。但し，手縫いについての糸は1本どりとし，縫い始めと縫い終わりの玉結びと玉どめは，布の表裏から見えない状態としなさい。ミシン縫いについての縫い始めと縫い終わりは，返し縫いをしなさい。それぞれの布端の始末はしなくてもよい。糸始末は，時間外にしてよい。

1　布Aでポケットを作り，ポケット口から1.5cm下の中心にボタンをつけなさい。

○ポケット口は，2cm幅の三つ折りにし，まつり縫いをする。

○まつり縫いの針目の間隔は1cm程度とする。

○ボタンには，糸足をつける。

2　布Bに示してあるポケット位置にポケットをミシンで縫いつけなさい。

○ポケットの縫い代は，1cmとし，口止めミシンは，拡大図の通りにかける。

3　次の指示に従って，高さ25cm，よこ幅20cmの巾着袋を作りなさい。

① 布Bを中表に折り，布端①は端から1.5cmのところを，口あき止まりまで縫う。縫い目にアイロンをかけ，縫いしろを割る。

② 布端②を下の図のように3cm幅の三つ折りにする。折山から0.2～0.3cmのところをミシンで三つ折り縫いする。

③ 袋を表に返して全体にアイロンをかける。

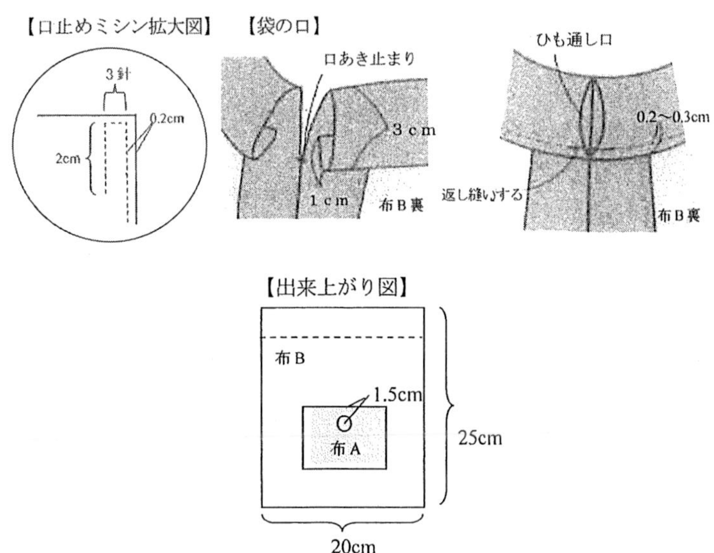

〈裁縫道具〉

ミシン(上糸・下糸準備されているもの)，手縫い糸，縫い針，しつけ糸，針山，まち針，糸切りばさみ，裁ちばさみ，糸通し，リッパー，目打ち，20cmものさし，アイロン，アイロン台，仕上げ馬，チャコペンシル

※ミシンの針目は3cmに16針程度である。

【調理実技1】

□たまねぎ，きゅうりを，指示に従って切りなさい。

① きゅうりを厚さ0.2cmの輪切りにしなさい。(制限時間　30秒)

② たまねぎを0.3cm以下のみじん切りにしなさい。(制限時間 3分30秒)

・①，②を切り方別にまとめてそれぞれ指定の器に入れ，提出しなさい。きゅうり，たまねぎの残りについても，それぞれの器に入れて一緒に提出すること。

・たまねぎのみじん切りは，【調理実技2】で大さじ1杯分を用います。提出分から取り分け，手元に残しておくこと。

【調理実技2】

□次の材料・分量で，ハンバーグステーキ(1個)を作り，盛り付けた後，調理台を片付けなさい。(制限時間 16分)

＜材料＞	＜分量＞
あいびき肉	80g
たまねぎ	大さじ1(【調理実技1】でみじん切りにしたもの)
パン粉	8g
牛乳	10ml
塩	1g
上白糖	1.5 g
こしょう	少々
卵	25g
サラダ油	5ml

・あいびき肉，パン粉，牛乳，塩，卵，サラダ油は計量しています。全部使うこと。

・たまねぎ，上白糖，こしょうは各自で計量すること。

・たまねぎは炒めずにそのまま用いること。

・上白糖は，使用した2倍の分量を指定の器に入れて提出しなさい。

・出来上がったハンバーグは，指定の器に入れて提出しなさい。

〈調理器具等〉

包丁，まな板，ボール，フライパン，フライパンのふた，菜箸，ゴムべら，フライ返し，竹串，計量スプーン(大)，計量スプーン(小)，す

りきり棒，器(5)，キッチンペーパー，紙製生ゴミ入れ

〈評価の観点〉

	評価の観点	評価点		
		配点	小計	合計
被服	まつり縫い	5点	25点	50点
	ボタン付け	5点		
	ポケット付け	6点		
	巾着袋のできばえ	8点		
	道具の扱い方	1点		
調理	野菜の切り方	10点	25点	
	ハンバーグステーキの調理	14点		
	準備・片付け	1点		

〈携行品〉

調理実習着(白衣又はかっぽう着)，三角巾，手ふきタオル，布巾2枚

▼小中学校連携(音楽)・中高音楽

【課題1】

□弾き歌い

下記課題曲のうち，当日指定の2曲をピアノ伴奏しながら歌唱する。

〈小中連携(音楽)〉

□「われは海の子」(文部省唱歌)

□「花」(作詞：武島　羽衣　　作曲：滝　廉太郎)

〈中学校音楽〉

□「赤とんぼ」(作詞：三木　露風　　作曲：山田　耕筰)

□「荒城の月」(作詞：土井　晩翠　　作曲：滝　廉太郎)

□「早春賦」(作詞：吉丸　一昌　　作曲：中田　章)

□「夏の思い出」(作詞：江間　章子　　作曲：中田　喜直)

□「花」(作詞：武島　羽衣　　作曲：滝　廉太郎)

□「花の街」(作詞：江間　章子　　作曲：團　伊玖磨)
〈高校音楽〉
□「早春賦」(作詞：吉丸　一昌　　作曲：中田　章)
□「花の街」(作詞：江間　章子　　作曲：團　伊玖磨)
【課題2】
□楽曲の演奏
　声楽，ピアノ又は他の楽器(ただし，電子・電気楽器は除く)による任意の楽曲の演奏(暗譜，伴奏なし)
※演奏時間は2分以上とし，楽曲のはじめから演奏を開始すること。
〈評価の観点〉

1　内訳

弾き歌い	楽曲の演奏	合　計
４０点	１０点	５０点

2　観点
（１）弾き歌い

弾き歌いの技能	創意工夫して表現する能力	合　計
２０点	２０点	４０点

（２）楽曲の演奏

表現の技能	創意工夫して表現する能力	合　計
５点	５点	１０点

〈携行品〉
　楽曲の演奏に必要な楽器等

▼中学美術　180分
□下記の課題1及び課題2を時間内に完成させなさい。
　その際，課題1及び課題2の時間配分・取りかかり順序は，各自で判断して決めなさい。

【課題1】
□鉛筆デッサン…白画用紙の上に置いた紙コップを描きなさい。
※整理番号は，画用紙裏の所定の位置に記入しなさい。
〈注意〉
※モチーフの置き方は自由とする。
※画用紙は縦画面でも，横画面でもよい。
※画用紙の整理番号を記載していない面に表現するものとする。
【課題2】
□水彩画…カラーボールと箱ティッシュを配置して描きなさい。
※整理番号は，画用紙裏の所定の位置に記入しなさい。
〈注意〉
※モチーフの配置の仕方は自由とする。
※画用紙は縦画面，横画面どちらでもよい。
※画用紙の整理番号を記載していない面に表現するものとする。
〈配付物〉
8つ切り描画用白画用紙(3枚)，紙コップ(1個)，カラーボール(1個)，箱ティッシュ(1個)，ねり消しゴム(1個)(※モチーフの固定，もしくは消しゴムとして使用してよい)，美術実技問題(1枚)
〈評価の観点〉
（1）内訳

鉛筆デッサン	水彩画	合計
２５点	２５点	５０点

（2）観点
鉛筆デッサン

構図	形態感・量感・空間感の表現	色・質感の表現	材料・用具の活用	描き込み	合計
５点	５点	５点	５点	５点	２５点

水彩画

構図	形態感・量感・空間感の表現	色・質感の表現	材料・用具の活用	描き込み	合計
５点	５点	５点	５点	５点	２５点

〈携行品〉

画用鉛筆，水彩用具一式(アクリルガッシュ，ポスターカラーも可，水彩色鉛筆は不可)，画板，画板に紙を固定するもの(クリップ等)，制作に適した服装

▼小中学校連携(保体)・中高保体

【共通課題】

□体つくり運動(体力を高める運動)

【選択課題1】

□ダンス(創作ダンス，現代的なリズムのダンスから選択)

【選択課題2】

□水泳(クロール，平泳ぎから選択：50m)

※選択1及び2については出願時に1種目を選択すること。なお，出願後の種目変更は認めない。

〈試験の内容と評価の観点〉

実技試験の内容と評価の観点総括表

【小中連携・中学校・高等学校保健体育の実技点について】
小中連携・中学校・高等学校保健体育の実技点は３０点満点を５０点に換算し、その内訳及び評価の観点は下記のとおりとする。

選択	領域	種目等	実技試験の内容	評価の観点	評価点	
					配点	満点
共通	体つくり運動	体力を高める運動	力強い動きを高めるための運動及び巧みな動きを高めるための運動との組み合わせ	力強い動きを高めるための運動と巧みな動きの運動の組み合わせ方	３段階〔２、６、１０点〕	１０点
選択１	ダンス	創作ダンス	テーマに沿った創作及び表現	テーマの理解と構成	３段階〔１、３、５点〕	１０点
				表現力	３段階〔１、３、５点〕	
		現代的なリズムのダンス	リズム系ダンス（ロック）	変化のある動きの組み合わせ	３段階〔１、３、５点〕	１０点
				リズムに乗って全身で踊る	３段階〔１、３、５点〕	
選択２	水泳	クロール	選択した泳法で５０ｍを泳ぐ	フォーム	３段階〔１、３、５点〕	１０点
				タイム	５段階〔１、２、３、４、５点〕	
		平泳ぎ		フォーム	３段階〔１、３、５点〕	１０点
				タイム	５段階〔１、２、３、４、５点〕	

〈携行品〉

運動に適した服装，水着，水泳帽，体育館シューズ，靴入れ

▼高校家庭

◎パターンA

【被服課題】20分

□次の指示に従いなさい。但し，1，2の順序は問わない。手縫いについての糸は1本どりとし，縫い始めと縫い終わりの玉結びと玉どめは，布の表裏から見えない状態としなさい。ミシン縫いについての縫い始めと縫い終わりは，返し縫いをしなさい。それぞれの布端の始末はしなくてもよい。糸始末は，時間外にしてよい。

1　2枚のフェルトをブランケットステッチで縫い合わせなさい。

○0.8cm程度の等間隔で進み，縦の針目は0.4cm程度とする。

2　次の指示に従って，浴衣の右そでを製作しなさい。

(そで下の袋縫いまでしています。)

①　ミシンを使って，そで下・そで口下を縫いなさい。

○ふりのほうから縫い始め，そで口どまりまで縫う。

②　そでの丸みのしまつをしなさい。

○そで下・丸み・そで口下の縫いしろを，0.2cmのきせをかけて前そで側に折り，角を前そで側にとめておく。

○ぐし縫いをし，ひだ山を返し針でとめておく。

③　そで口くけをしなさい。

○三つ折りにし，1cm間隔の針目で三つ折りぐけをする(全てせずに，そで口どまりから「わ」までの長さを縫う)。

〈裁縫道具〉

ミシン(上糸・下糸準備されているもの)，手縫い糸，縫い針，しつけ糸，針山，まち針，糸切りばさみ，裁ちばさみ，指ぬき，糸通し，リッパー，目打ち，20cmものさし，アイロン，アイロン台，チャコペンシル

※ミシンの針目は3cmに16針程度である。

【調理課題1】

□ににんじん，きゅうりを指示に従って切りなさい。

①　にんじんを長さ4～5cm，幅1.5cm，厚さ0.2cmの短冊切りにしな

さい。(制限時間　30秒)

○配布しているにんじんは，皮はむかずそのまま短冊切りとすること。

② きゅうりを蛇腹切りにしなさい。(制限時間　1分30秒)

・①，②を切り方別にまとめて指定の器に入れ，終わらなかった場合は，残りも一緒に提出しなさい。

【調理課題2】

□次の材料・分量で，ホワイトソースを作り，提出後，調理台を片付けなさい。(制限時間　18分)

＜材料＞	＜分量＞
バター	20g
薄力粉	18g
牛乳	200ml
塩・こしょう	少々

・バター，牛乳は計量しています。全部使うこと。

・薄力粉，塩・こしょうは各自で計量すること。薄力粉は使用した分量を指定の器に入れて提出しなさい。

・できあがったホワイトソースは指定の器に入れて提出しなさい。

〈調理器具等〉

包丁，まな板，片手鍋，フライパン，菜箸，割り箸，スプーン，木べら，ゴムべら，ボール，計量カップ，計量スプーン(大)，計量スプーン(小)，すりきり棒，器(4)，キッチンペーパー，紙製生ゴミ入れ

〈評価の観点〉

	評価の観点	評価点		
		配点	小計	合計
被服	ブランケットステッチ	５点	２５点	５０点
	浴衣のそでできばえ	１９点		
	道具の扱い方	１点		
調理	野菜の切り方	１０点	２５点	
	ホワイトソースの調理	１２点		
	準備・片付け	３点		

◎パターンB

【被服課題】20分

□次の指示に従いなさい。但し，1～3の順序は問わない。手縫いについての糸は1本どりとし，縫い始めと縫い終わりの玉結びと玉どめは，布の表裏から見えない状態としなさい。ミシン縫いについての縫い始めと縫い終わりは，返し縫いをしなさい。それぞれの布端の始末はしなくてもよい。糸始末は，時間外にしてよい。

1　布Aの布端①を三つ折りにして三つ折りぐけをしなさい。

○三つ折りの出来上がり幅は，1cm程度とする。

○三つ折りぐけの針目は0.1cm程度，針目の間隔は1cm程度とする。

2　布Aに示してある点アに凹スナップボタンをつけなさい。

○かがり縫いではなく，ボタンホールステッチでつける。

○1つの穴に3回糸をかける。

3　材料Bを用いてシャツカラーブラウスのえりを製作しなさい。

①　2枚のえりを中表にして重ね，えりの外周りの布端をそろえてまち針を打つ。

○接着芯がはられているものを裏えりとする。

②　裏えりのしるし通りにミシンをかける。

③　えり先の角を美しく出すため，また表に返したときに落ち着くように，縫い代を切りそろえる。

④　表に返し，アイロンをかけて形を整える。

〈裁縫道具〉

ミシン(上糸・下糸準備されているもの)，手縫い糸，縫い針，しつけ糸，針山，まち針，糸切りばさみ，裁ちばさみ，指ぬき，糸通し，リッパー，目打ち，20cmものさし，アイロン，アイロン台，チャコペンシル

※ミシンの針目は3cmに16針程度である。

【調理課題1】

□にんじん，きゅうりを指示に従って切りなさい。

①　きゅうりを厚さ0.2cm以下の輪切りにしなさい。(制限時間　30秒)

② にんじんを切ってねじ梅を1枚以上作りなさい。(制限時間 3分30秒)

○厚さは0.8～1cm程度とする。

○にんじんの皮はむかず，そのまま使うこと。

・①，②を切り方別にまとめて指定の器に入れ，終わらなかった場合は，残りも一緒に提出しなさい。

【調理課題2】

□次の材料・分量で，マヨネーズソースを作り，提出後，調理台を片付けなさい。(制限時間 16分)

＜材料＞	＜分量＞
卵黄	1個
サラダ油	適量
酢	15ml
塩	3g
こしょう	少々
上白糖	1.5g

・卵黄，酢は計量しています。全部使うこと。

・サラダ油，塩，こしょう，上白糖は各自で計量すること。塩と上白糖は使用した分量と同量を指定の器に入れて提出しなさい。

・できあがったマヨネーズソースは指定の器に入れて提出しなさい。

〈調理器具等〉

包丁，まな板，ボール(2)，泡立て器，スプーン，ゴムべら，計量カップ，計量スプーン(大)，計量スプーン(小)，すりきり棒，菜箸，器(5)，キッチンペーパー，紙製生ゴミ入れ

〈評価の観点〉

	評価の観点	評価点		
		配点	小計	合計
被服	三つ折りぐけ	8点	25点	50点
	スナップボタン付け	6点		
	シャツカラーのできばえ	10点		
	道具の扱い方	1点		
調理	野菜の切り方	10点	25点	
	マヨネーズの調理	12点		
	準備・片付け	3点		

▼高校美術　180分

□下記の課題1及び課題2を時間内に完成させなさい。

その際，課題1及び課題2の時間配分・取りかかり順序は，各自で判断して決めなさい。

【課題1】

□鉛筆デッサン…白画用紙の上に置いたトイレットペーパーを描きなさい。

※整理番号は，画用紙裏の所定の位置に記入しなさい。

〈注意〉

※モチーフの置き方は自由とする。

※画用紙は縦画面でも，横画面でもよい。

※画用紙の整理番号を記載していない面に表現するものとする。

【課題2】

□水彩画…やわらか硬式ボールと箱ティッシュを配置して描きなさい。

※整理番号は，画用紙裏の所定の位置に記入しなさい。

〈注意〉

※モチーフの配置の仕方は自由とする。

※画用紙は縦画面，横画面どちらでもよい。

※画用紙の整理番号を記載していない面に表現するものとする。

〈配付物〉

8つ切り描画用白画用紙(3枚)，トイレットペーパー(1個)，やわらか硬式ボール(1個)，箱ティッシュ (1個)，ねり消しゴム(1個)(※モチーフの固定，もしくは消しゴムとして使用してよい)，美術実技問題(1枚)

〈評価の観点〉

(1) 内訳

鉛筆デッサン	水彩画	合計
25点	25点	50点

(2) 観点

鉛筆デッサン

構図	形態感・量感・空間感の表現	色・質感の表現	材料・用具の活用	描き込み	合計
5点	5点	5点	5点	5点	25点

水彩画

構図	形態感・量感・空間感の表現	色・質感の表現	材料・用具の活用	描き込み	合計
5点	5点	5点	5点	5点	25点

〈携行品〉

画用鉛筆，水彩用具一式(アクリルガッシュ，ポスターカラーも可，水彩色鉛筆は不可)，画板，画板に紙を固定するもの(クリップ等)，制作に適した服装

▼高校書道(120分)

毛筆，硬筆

□次の問1～問7について，作品を揮毫し，それぞれ1枚提出しなさい(各問の図版及び語句は全て書くこと)。なお，提出作品には，用紙右下に黒の水性ボールペンで整理番号(1文字1cm角程度)を記入しなさい。

【課題1】

□次の古典を漢字用半紙に臨書しなさい。

(1)

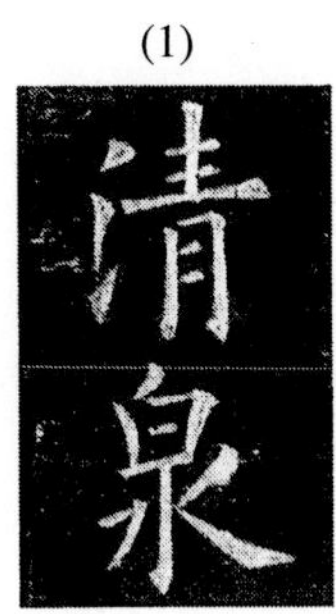

(2)

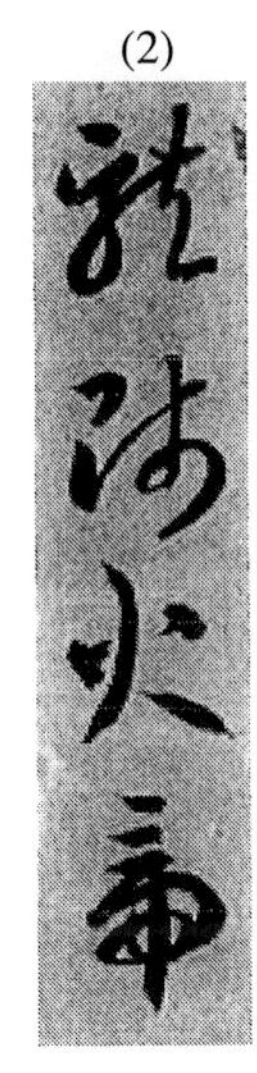

(3)

【課題2】

□次の古筆を仮名用の半紙に原寸大で臨書しなさい。なお，半紙は縦に利用し，その半紙を縦 $\frac{1}{2}$ に折り，右半分の中央部に臨書しなさい。

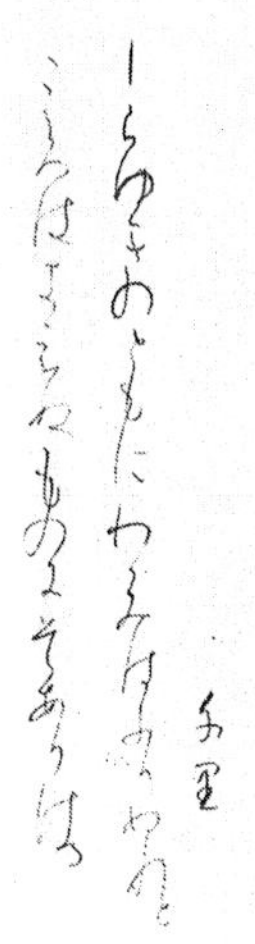

【課題3】

□次の古典を半切縦に体裁よく臨書しなさい。なお，落款は「和美臨」として揮毫し，押印場所に赤のラッションペンで適切な大きさに□を記入すること。

【課題4】

□書道Ⅰ「漢字の書」を指導する場合，古典を生かした表現となるよう，次の語句(20字句)を半切に創作しなさい。書体は自由とする。なお，落款は「夏生書」として揮毫し，押印場所に赤のラッションペンで適切な大きさに□を記入すること。＊旧字体，書写体への変換可。

林端鴉陣横　烟外樵歌起　疲驢緩緩行　斜陽在渓水

【課題5】

□次の俳句を，行書を生かした表現となるように工夫し，原文のまま半切$\frac{1}{3}$の用紙に揮毫しなさい。揮毫に当たっては，漢字を仮名に，仮名を漢字に書き改めないこととし，作者名も記すこととする。用紙の縦横は自由である。なお，落款は「一郎書」として揮毫し，押印場所に赤のラッションペンで適切な大きさに□を記入すること。＊旧字体，書写体への変換可。

暗く暑く　大群衆と　花火待つ　　西東三鬼

【課題6】

□次の内容を掲示用ポスターとして横書きで体裁よく毛筆で書きなさい。

中国語初級講座
中国語の基本から説明します。読み・書き・発音を中心に学びます。
日程　5月18日～9月21日(16回)
　　　木曜日10:00～11:30
受講料　7,200円
講師　　柚　子胡

【課題7】

□次の文の全てを縦罫用紙に黒の水性ボールペンで楷書または行書で体裁よく書きなさい。用紙のすべての行が埋まらなくてもよい。

豊後梅は，徳川初期の書物にその名が見られ，当時から広く世に知られていました。豊後杵築藩主から毎年将軍家に大梅の砂糖漬が献上され，その美味なことと，果実の大きいこと，花の優美なことで非常に珍重されました。

〈評価の観点〉

課題		評価内容	配点
課題1	古典を漢字用半紙に臨書	特徴をとらえて正しく書けているか。	12
		半紙に体裁よく書けているか。	
課題2	古筆を仮名用半紙に臨書	特徴をとらえて正しく書けているか。	4
		半紙に体裁よく書けているか。	
課題3	古典を半切に臨書	筆脈を意識し、表現できているか。	8
		古典の特徴をとらえた造形で表現できているか。	
		半切に体裁よく書けているか。	
課題4	古典を生かした表現となるように、半切に創作（書体は自由）	古典を生かした表現ができているか。	8
		前後左右の文字と調和（大きさ・墨量など）しているか。	
		半切に体裁よく書けているか。	
課題5	漢字仮名交じりの書を半切 $\frac{1}{3}$ の用紙に揮毫（用紙の縦横は自由）	古典を生かした表現ができているか。	8
		漢字と仮名が調和（大きさ・墨量など）しているか。	
		半切 $\frac{1}{3}$ に体裁よく書けているか。	
課題6	ポスターの様式に、指定の語句を体裁よく揮毫	整った読みやすい造形で書けているか。	4
		掲示用ポスターとして体裁よく書けているか。	
課題7	縦罫用紙に黒のボールペンで体裁よく揮毫	整った読みやすい造形で書けているか。	6
		用紙に体裁よく書けているか。	
合計			50

〈携行品〉

毛筆：筆(最大半切作品が書けるものから，仮名小字が書けるものまで)，墨，硯，墨池，毛氈，文鎮，水滴，定規，雑巾，制作に適した服装。ただし，用紙，字典を持ち込むことはできない。

硬筆：試験室に用意された用具を使用する。

▼養護教諭

【課題】

□応急手当と救命処置の実技に関する試験

〈課題例〉

□頭部外傷

小学校3年男子が，床に落ちた消しゴムを拾うためにしゃがんで立ち上がろうとした際に，机の角で頭頂部を打ってしまいました。 頭皮の傷口から出血があります。頭頂部には何か刺さっているものはありません。 この児童に対し，必要な言葉かけやアセスメントをしながら対応してください。 また，こちらにあるものと三角巾を使用し，応急手当を行ってください。

□アキレス腱の断裂　の疑い

高校1年女子が，体育の時間にバスケットボールをしていて，滑って右足を痛めました。右足を動かすことができず，立てません。また，アキレス腱の部分の部分に痛みを訴えています。 この生徒に対し，必要な言葉かけやアセスメントをしながら対応してください。 また，こちらにあるものと三角巾を使用し，応急手当を行ってください。

□一次救命処置

> 小学6年女子が，体育の時間にドッチボールをしていて，相手が投げたボールが胸に強くあたり，その場に倒れたため，すぐに同じクラスの生徒が保健室に養護教諭を呼びに来ました。駆けつけたところ，倒れた生徒は声をかけても反応しない状況です。
>
> 必要な連絡をしながら，倒れた生徒への対応を行ってください。

□膝の靱帯損傷・断裂と膝の骨折の疑い

> 中学2年女子が，部活動でバレーボールの練習をしていました。ジャンプしてアタックを打ち，着地した瞬間にすべって膝が思わぬ方向に曲がり，膝から「プチッ」と音がし，倒れました。
>
> この生徒に必要な言葉かけやアセスメントをしながら対応してください。
>
> また，こちらにあるものと三角巾を使用し，応急手当を行ってください。

〈評価の観点〉

項目	評価の観点	評価点		
		配点	小計	合計
知識	応急手当を行うための知識	３０点	３０点	８０点
技能	応急手当の技能	３０点	３０点	
態度	応急手当時の態度	２０点	２０点	

◆模擬授業(場面指導)及び面接Ⅰ(個人面接)(2次試験)

※事前に提示するテーマによる模擬授業(養護教諭志望者は場面指導)を行う。面接Ⅰは，模擬授業(場面指導)等に関することを問う。

〈留意事項〉

1　受験者は，志望する試験区分教科・科目等の別紙「テーマ用紙」に記載された内容の授業を構想し，模擬授業(場面指導)行う。ただし，一般選考で併願をしていた場合は，第1次試験で合格した試験区分教科・科目等とする。

　小学校教諭については，「国語」・「算数」のどちらか一方の模擬授業を行うこととし，模擬授業開始前に選択した教科を試験委員に告げることとする。

2　受験者は，上記1の「テーマ用紙」を事前に印刷し，持参すること。

3　模擬授業(場面指導)の時間は，10分間とする。5分未満であった場合は，減点を行う。10分を過ぎた場合は，試験委員の指示に従うこと。

4　試験室には黒板，教卓，生徒机があり，黒板には白・黄・赤色のチョークが用意されている。ICT機器，ピアノ等は用意されていないが，使用する想定で模擬授業(場面指導)を行ってもよい。

5　受験者が試験室に持ち込める物は，A4サイズの「テーマ用紙」1枚(高等学校教諭英語のみテーマ本文と合わせて2枚)と時計(計時機能だけのもの)だけとし，「テーマ用紙」を見ながら模擬授業(場面指導)を行ってもよいこととする。ただし，「テーマ用紙」を教材や教具に見立てて使用することはできない。持ち込んだ「テーマ用紙」は，必ず持ち帰ること。

6「テーマ用紙」は，評価の対象としない。

7　受験者は，試験委員を児首・生徒に見立てて模擬授業(場面指導)を行うが，試験委員を指名して回答させることはできない。ただし，児童・生徒を指名し回答させる想定で模擬授業(場面指導)を行うことはできる。また，机間指導をしてもよいが，試験委員の近くまで行くことはできない。

8　模擬授業(場面指導)の後に同じ試験室内で面接Ⅰを実施する。面接Ⅰでは，模擬授業(場面指導)に関する内容等，教員として必要な専門性を判断するための質問を行う。

〈評価項目〉

○模擬授業

①授業プランニング力１（本時授業展開の構想力） ・どのように授業を行おうとしているかが整理されており，１時間の授業展開の構想が明確であるか ・授業の展開が，説明，問いかけ，児童生徒の学習活動によりバランス良く構成されているか
②授業プランニング力２（本時授業目標設定力） ・授業を見終わった時に，本時１５分間の学習のねらいが何であったかが理解できるか ・授業を通して，どのような力が身についたのか，評価の視点がわかるか
③教科指導の理論及び学習指導要領の動向の理解 ・児童生徒に考えさせたり，表現させたり，繰り返し練習をさせる等，児童生徒の学習の様子があらわれているか ・教師一人が教材の内容（考え方や正解の導き方など）を一方的に説明するだけの授業になっていないか
④教科そのものの知識や技能の高さ，教材の理解の深さ ・授業から，教師が教科内容を十分理解していることや，教科に関する技能をもっていることがわかるか ・授業から，教材の内容を児童生徒に理解させるために，何通りかの提示の仕方を持っていることをうかがえるか
⑤授業パフォーマンス力 ・テンポ良く，メリハリのある授業で，教師と児童生徒とのかかわりが見えて，適切な説明・指示・承認・賞賛・激励・助言等が行われているか ・児童生徒の理解を促すよう，例を適切に用いたり，板書を見やすくしたりする等の工夫ができているか

○場面指導

評価項目	配点
①態度，表現力 ・態度や身だしなみに好印象を受けるか。 ・言動・態度・表現から人間性の豊かさを感じるか。 ・質問に対し的確に対応できるコミュニケーション能力を備え，話がわかりやすく，内容に一貫性があるか。	１０点
②使命感，積極性 ・教職に対して意欲，信念を持っているか。 ・前向きな意見や考え方，向上心を持っているか。 ・教育者としての責務をわきまえ，学び続けようとする姿勢がみられるか。	１０点

③倫理観，責任感 ・教育者として必要な倫理観を持っているか。 ・誠実で信頼できるか。 ・児童生徒に対する理解があるか。 ・最後までやり遂げるタイプか。	１０点
④創造力，柔軟性 ・自ら課題を見つけ，考え行動できるか。 ・問題意識を持って物事を深く考えられるか。 ・経験や他者から学んだ事を生かそうとしているか。	１０点
⑤協調性，職場適応性 ・組織の一員として協調してやっていける職場適応性はあるか。 ・自分自身の理解に基づき，ストレスに前向きに対応しているか。 ・うまく気持ちの切り替えができるか。	１０点
合　　計	５０

○面接Ｉ

評価項目	配点
①教科実践力 ・明確な授業のねらい ・適切な児童生徒観，教材観，指導観の設定	１０
②教科実践力 ・授業構築の理論・指導方法の理解 ・適切な評価規準の設定	１０
③教科専門力 ・模擬授業では判断できない専門的知識の豊かさ ・教科の専門的知識に基づく考えの有無	１５
④教科専門力 ・教科指導の理論や学習指導要領の理解 ・様々な教科指導方法の習得	１５
合　　計	５０

評価項目	配点
①教科実践力 ・明確な場面指導のねらい ・児童生徒の様々な生育環境への配慮	１０
②教科実践力 ・場面指導に必要とされる知識の有無 ・場面指導構築の理論・指導方法の理解	１０
③教科専門力 ・場面指導では判断できない専門的知識の豊かさ ・保健の専門的知識に基づく考えの有無	１５
④教科専門力 ・疾病等に関する対応	１５
合　計	５０

▼小学校教諭

【模擬授業課題】

□国語

国語科の学習指導要領解説には，「B 書くこと」に第3学年及び第4学年の言語活動例として，「調べたことをまとめて報告するなど，事実やそれを基に考えたことを書く活動」が示されている。

そこで，第4学年の授業として，「事実を分かりやすく報告する新聞を作ろう」という単元(全7時間)を構想した。

第3時までは，新聞の特徴を確かめ，どんな新聞を作るか話し合い，「○○○」について取材をする学習を行っている。

※「○○○」は，授業者自身が考えること。

模擬授業は，第4時「新聞の構成」について話し合う場面の授業をしなさい。

ただし，授業の実施に当たっては，以下の点に留意すること。

① 単元指導計画を踏まえて，本時の授業を行うこと。

② 本時の「めあて(課題)」は模擬授業中に板書し，導入と学習展開の中心となる場面を行うこと。なお，本時の「まとめ(振り返り)」までは行わなくてよい。

③ 本時の評価の観点は，思考・判断・表現とする。

〈面接Ⅰ質問例〉

○模擬授業の内容について

○5年生で理科の授業を行う際の留意点について

○特別活動の学級活動の留意点について

○模擬授業の内容について

○高学年の社会科で地域教材を扱った授業を行う際の留意点について

○生活科の飼育栽培活動で動物を飼育する際の留意点について

○模擬授業の内容について

○高学年の体育で水泳運動の授業を行う際の留意点について

○音楽科の授業で鑑賞の授業を行う際の留意点について

○模擬授業の内容について
○図画工作科で鑑賞の授業を行う際の留意点について
○総合的な学習の時間の学習展開について

○模擬授業の内容について
○理科の授業における言語活動の充実を意識した授業構想について
○総合的な学習の時間における教科等横断的な学習について

○模擬授業の内容について
○道徳の授業を行う際の留意点について
○3年生の外国語活動を行う際の留意点について

○模擬授業の内容について
○家庭科で実習を行う際の留意点について
○体育科における道徳教育の視点について

○模擬授業の内容について
○外国語の授業を行う際の留意点について
○生活科における1人1台端末の効果的な活用について

○模擬授業の内容について
○社会科で見学等の具体的な体験を伴う学習の留意点について
○生活科の授業での合科的・関連的な指導について

○模擬授業の内容について
○低学年の図画工作科で造形遊びの授業を行う際の留意点について
○特別活動の係活動を行う際の留意点について

□算数

第3学年算数科において，「分数」(全8時間)を構想し，その第5時「分数のたし算」について話し合う場面の授業をしなさい。

なお，第4時までは，分数の意味や表し方，分数で数を比べることについて考える学習を行っている。

ただし，授業の実施に当たっては，以下の点に留意すること。

① 単元指導計画を踏まえて，本時の授業を行うこと。

② 本時の「めあて(課題)」は模擬授業の始めに板書し，学習展開の中心となる「話し合い」の場面を行うこと。なお，「導入」と「振り返り」の場面は行わなくてよい。

③ 下に示す問題で模擬授業を行い，児童の様々な考えを想定して授業を展開すること。

④ 本時の評価の観点は，「思考・判断・表現」とする。

[問題]
あきさんのバケツには，$\frac{1}{5}$Lの水が入っています。
のりこさんのバケツには，$\frac{2}{5}$Lの水が入っています。
合わせると水は何Lになるでしょう。

〈面接Ⅰ質問例〉

○模擬授業の内容について
○5年生で理科の授業を行う際の留意点について
○特別活動の学級活動の留意点について

○模擬授業の内容について
○高学年の社会科で地域教材を扱った授業を行う際の留意点について
○生活科の飼育栽培活動で動物を飼育する際の留意点について

○模擬授業の内容について
○高学年の体育で水泳運動の授業を行う際の留意点について
○音楽科の授業で鑑賞の授業を行う際の留意点について

○模擬授業の内容について
○図画工作科で鑑賞の授業を行う際の留意点について
○総合的な学習の時間の学習展開について

○模擬授業の内容について
○理科の授業における言語活動の充実を意識した授業構想について
○総合的な学習の時間における教科等横断的な学習について

○模擬授業の内容について
○道徳の授業を行う際の留意点について
○3年生の外国語活動を行う際の留意点について

○模擬授業の内容について
○家庭科で実習を行う際の留意点について
○体育科における道徳教育の視点について

○模擬授業の内容について
○外国語の授業を行う際の留意点について
○生活科における1人1台端末の効果的な活用について

○模擬授業の内容について
○社会科で見学等の具体的な体験を伴う学習の留意点について
○生活科の授業での合科的・関連的な指導について

○模擬授業の内容について
○低学年の図画工作科で造形遊びの授業を行う際の留意点について
○特別活動の係活動を行う際の留意点について

▼小中学校連携

【模擬授業課題】

□算数・数学

次に示す内容に即した授業をしなさい。ただし，留意点に従うこと。

内容　小学校6年　並べ方や組み合わせ方

赤，白，緑，黄の4枚の折り紙から，2枚を選びます。 折り紙の選び方は，全部で何通りあるか説明する授業をしなさい。

〈留意点〉

① 単元指導計画を踏まえて本時の授業を展開すること。

② 本時は単元指導計画において「まとめ」にあたる時間とすること。

③ 本時の「導入の場面」と「選び方を説明する場面」の授業をすること。

④ 本時の評価の観点は「思考・判断・表現」とすること。

□理科

「小学校学習指導要領　第2章　第4節　理科〔第5学年〕B生命・地球(3)流れる水の働きと土地の変化」において，流れる水の働きと土地の変化との関係について，予想や仮説を基に，解決の方法を発想し，表現する授業をしなさい。ただし，下記の留意点に従うこと。

〈留意点〉

① 単元指導計画を踏まえて本時の授業を行うこと。

② 模擬授業は，導入と，考察から「まとめ」までの2場面を行うこと。

〈面接Ⅰ質問例〉

○模擬授業の内容について

○電気の利用について

○問題解決の力について

□音楽

「Believe」(杉本竜一　作詞・作曲)について，児童が歌詞の内容や曲想を味わい，曲の特徴にふさわしい表現を工夫しながら歌う授業(二部合唱)

※小学校学習指導要領　音楽　A表現領域　歌唱分野

※小学校第5学年対象

※本時は，全4時間扱いの3時間目とする。

■模擬授業の実施に当たっては，以下の点に留意すること。

● 本時の「めあて(課題)」は必ず板書し，導入と展開を中心に行うこと。

〈面接Ⅰ質問例〉

○模擬授業の内容について

○鑑賞の授業について

○言語活動の充実について

□保健体育

【保健】

小学校学習指導要領解説「G保健」の(3)病気の予防(イ)病原体が主な要因となって起こる病気の予防についての授業をしなさい。

・病原体が主な要因となって起こる病気として，インフルエンザ，麻疹，風疹，結核などがあること，その予防には，病原体の発生源をなくしたり，移る道筋を断ち切ったりして病原体が体に入るのを防ぐこと，また，予防接種や適切な運動，食事，休養及び睡眠をとることなどによって，体の抵抗力を高めておくことが必要であることを理解できるようにすることをねらいとする。(小学校第6学年対象)

・ただし，次の項目を取り入れた授業とすること。

① 児童への発問やグループで意見を出し合う場面を設定する。

② 最後に授業のまとめを行う。

・模擬授業は，1時間の授業を集約したものにすること。

〈面接Ⅰ質問例〉

○模擬授業の内容について
○教科指導におけるICT機器の効果的な活用について
○学習指導要領の目標の達成のための指導方法に関する受験者の考えについて

□英語

以下に示す教科書の一部を使って，小学校第6学年を対象に授業をしなさい。ただし，①～③の点に留意すること。

① 本単元は，全8時間の学習である。第1時で，児童は数字や動作を表す言葉の英語表現について学んでおり，本時は第2時であること。

【第1時で学んだ英語表現】

one, two, three...sixty／get up, eat breakfast, go to school, go home, do my homework, take a bath, watch TV, go to bed

② 本時では，以下に示す教科書を扱うとともに，「何時に何をするのかを尋ね合う活動」を行うこと。

③ 模擬授業では，本時の「めあて(課題)」を板書に位置づけるとともに，1時間の授業を集約したものを行うこと。その際，導入と学習展開の中心となる活動は必ず行うこととし，「振り返り」の場面までは行わなくともよい。

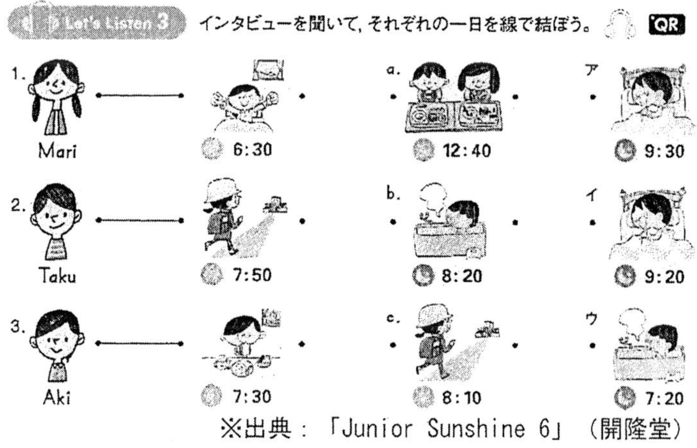

※出典：「Junior Sunshine 6」（開隆堂）

〈面接Ⅰ質問例〉
○模擬授業の内容について
○学習者用デジタル教科書の活用
○学習指導要領の目標を達成するための指導方法

▼中学国語
【模擬授業課題】
□学習指導要領第1学年国語「B　書くこと」の指導事項には，「ウ　根拠を明確にしながら，自分の考えが伝わる文章になるように工夫すること。」がある。
　これを踏まえて，「読み手を意識した意見文を書こう～SDGs○の目標に対する私の意見～」という単元(全5時間)を構想した。(※サブタイトルの○には17の目標のうちの1つが入る。)第2時までは，①意見文のテーマ　②テーマについて読み手に伝えたいこと　を各自で決めるとともに，必要な資料について学校図書館等を利用して集める活動を行っている。模擬授業は，第3時の授業をしなさい。
　授業を行う際は，以下の点に留意すること
・本時の「めあて(課題)」は模擬授業中に必ず板書し，「B　書くこと」の指導事項をどのように具現化しているかが分かるよう，導入と学習展開の中心となる活動を必ず行うこと。
〈面接Ⅰ質問例〉
○模擬授業の内容について
○書写に関する指導について
○書くことに関する指導について

○模擬授業の内容について
○語彙に関する指導について
○話すこと・聞くことに関する指導について

▼中学社会

【模擬授業課題】

□学習指導要領公民的分野「B　私たちと経済」の「(1)市場の働きと経済」において,「市場における価格の決まり方について」の授業をしなさい。ただし,次の項目を取り入れた授業とすること。

①　単元指導計画(6～7単位時間)を踏まえて,本時の授業を行うこと。

②　本時は,市場における価格の決まり方について多面的・多角的に考察し,表現させる授業を行うこと(評価の観点は,思考・判断・表現とする)。

③　本時の「めあて(課題)」は模擬授業中に必ず板書し,導入と本時の学習展開の中心となる活動は必ず行うこと。なお,「振り返り(まとめ)」の場面までは行わなくともよい。

④　必要と考えられる資料を二つ以上自ら想定し,模擬授業中に扱うこと。

〈面接Ⅰ質問例〉

○模擬授業の内容について

○地理的分野「世界の諸地域」に関する受験者の考えについて

○学習指導要領の目標の達成のための指導方法に関する受験者の考えについて

○模擬授業の内容について

○地理的分野「日本の諸地域」に関する受験者の考えについて

○学習指導要領の目標の達成のための指導方法に関する受験者の考えについて

○模擬授業の内容について

○歴史的分野における主権者教育の在り方に関する受験者の考えについて

○学習指導要領の目標の達成のための指導方法に関する受験者の考えについて

○模擬授業の内容について
○歴史的分野における考察したり説明したりする力の育成に関する受験者の考えについ
て
○学習指導要領の目標の達成のための指導方法に関する受験者の考えについて

▼中学数学
【模擬授業課題】
□次に示す内容に即した授業をしなさい。ただし，留意点に従うこと。
内容　1年　文字式の利用

同じ長さの棒を使って，次のような図形をつくり，棒の総数について考えます。

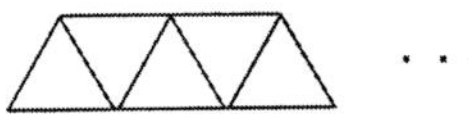

例えば，右の図のように，
一番下の棒の数が1本のとき，図形の棒の総数は3本，
一番下の棒の数が2本のとき，図形の棒の総数は7本，
となります。

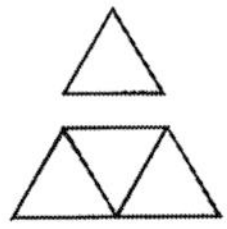

一番下の棒の数がn本のとき，図形の棒の総数の求め方を説明する授業をしなさい。

〈留意点〉
① 単元指導計画を踏まえて本時の授業を展開すること。
② 本時は単元指導計画において「まとめ」にあたる時間とすること。
③ 本時の「導入の場面」と「求め方を説明する場面」の授業をすること。

④　本時の評価の観点は「思考・判断・表現」とすること。

〈面接Ⅰ質問例〉

○模擬授業の構想及び内容について

○「データの活用」領域の授業について

○学習指導要領の内容を踏まえた指導方法について

○模擬授業の構想及び内容について

○「図形」領域の授業について

○学習指導要領の内容を踏まえた指導方法について

▼中学理科

【模擬授業課題】

□中学校学習指導要領　第2章　第4節　理科〔第1分野〕(4)化学変化と原子・分子(ウ)化学変化と物質の質量　イ　質量変化の規則性」において，金属の質量と結び付く酸素の質量との関係について，実験で得られた結果を分析して解釈し，規則性を見いだして表現する授業をしなさい。ただし，下記の留意点に従うこと。

〈留意点〉

①　単元指導計画を踏まえて本時の授業を行うこと。

②　模擬授業は，導入と，考察から「まとめ」までの2場面を行うこと。

〈面接Ⅰ質問例〉

○模擬授業の内容について

○動物の分類について

○理科の探究の学習過程について

○模擬授業の内容について

○圧力について

○科学的に探究する力について

○模擬授業の内容について
○光の進み方について
○理科の見方・考え方について

▼中学音楽

【模擬授業課題】

□「Let's Search For Tomorrow」(堀　徹作詞・大澤徹訓　作曲)について，生徒が音楽の特徴に気を付けながら，表現を工夫して歌う授業(混声三部合唱)をしなさい。

※中学校学習指導要領音楽A表現領域歌唱分野

※中学校第1学年対象

※本時は，全5時間扱いの4時間目とする。

■模擬授業の実施に当たっては，以下の点に留意すること。

●本時の「めあて(課題)」は必ず板書し，導入と展開を中心に行うこと。

〈面接Ⅰ質問例〉

○模擬授業の内容について
○鑑賞の授業について
○言語活動の充実について

○模擬授業の内容について
○鑑賞の授業について
○表現及び鑑賞の指導について

○模擬授業の内容について
○鑑賞の授業について
○音楽的な見方・考え方について

▼中学美術

【模擬授業課題】

□本題材は中学校学習指導要領「美術」の「A表現」の学習である。題材名は，「生活の中にある模様のデザイン」(全5時間)である。本時は第1時であり，作品例を用いて模様のデザイン制作における，形や色彩の構成の工夫について考えさせる授業をしなさい。なお，第2時は主題を生み出す授業である。

〈授業を行うに当たって次の点に留意すること〉

① 対象は中学校第1学年とする。

② 本時は導入と学習の展開の中心となる場面の授業を行うこと。なお，評価の観点は「思考・判断・表現」とする。

③ 作品例は試験会場の黒板にA3サイズ(カラー)を掲示している。

〈作品例〉

①麻の葉文様　　②青海波文様

〈面接Ⅰ質問例〉

○模擬授業の内容について

○個別指導について

○学習指導要領の内容について

▼中学保体

【模擬授業課題】

□【保健】

中学校学習指導要領解説「保健分野」の(1)健康な生活と疾病の予防(ア)健康の成り立ちと疾病の発生要因についての授業をしなさい。

・健康は，主体と環境を良好な状態に保つことにより成り立っていること，また健康が阻害された状態の一つが疾病であることを理解できるようにする。また，疾病は，主体の要因と環境の要因とが相互に関わりながら発生することを理解できるようにすることをねらいとする。(中学校第1学年対象)

・ただし，次の項目を取り入れた授業とすること。

① 生徒への発問やグループで意見を出し合う場面を設定する。

② 最後に授業のまとめを行う。

・模擬授業は，1時間の授業を集約したものにすること。

〈面接Ⅰ質問例〉

○模擬授業の内容について

○教科指導におけるICT機器の効果的な活用について

○学習指導要領の目標の達成のための指導方法に関する受験者の考えについて

▼中学技術

【模擬授業課題】

□中学校学習指導要領　第2章　第8節　技術・家庭　第2各分野の目標及び内容　技術分野　2内容　Cエネルギー変換の技術(1)アにおいて，電気機器の安全な利用について理解させる授業をしなさい。ただし，次の項目を取り入れた授業とすること。

①　題材を見通して，題材指導計画を踏まえた本時の授業として行うこと。

②　基本的な用語として「漏電」「トラッキング現象」について理解させること。

③　本時のねらいに即した具体的な評価規準を設定して授業を行うこと。評価の観点は「知識・技能」とする。

④　本時の授業は「導入」と「展開」の場面を行うこと。

〈面接Ⅰ質問例〉

○模擬授業の内容について

○計測・制御システムの学習内容について

○エネルギー変換の技術に関する指導方法について

▼中学家庭

【模擬授業課題】

□学習指導要領　技術・家庭編の「C　消費生活・環境(1)金銭の管理と購入」において，「計画的な金銭の管理」について考えさせる授業をしなさい。ただし，以下の項目に留意すること。

① 「新大分スタンダード」を踏まえた授業展開を行うこと。
② 振り返りの中で，本時の学習を踏まえ，自分に合った金銭管理の方法やその理由を考えるように促すこと。
③ 1時間の授業を集約したものとすること。

〈面接Ⅰ質問例〉

○模擬授業の内容について
○内容A「家族・家庭生活」の授業における配慮すべき点について
○「生活の課題と実践」の学習の進め方の留意点について

▼中学英語

【模擬授業課題】

□以下に示す教科書の一部を使って，中学校第3学年を対象に授業をしなさい。ただし，①～③の点に留意すること。

① 本単元は，全8時間の学習である。第1時で，生徒は仮定法(if)の特徴やきまりについて簡単に確認しており，本時は第2時であること。
② 本時では，以下に示す教科書本文を導入する活動を行うとともに，「もしもタイムマシーンがあったら，どの時代で何がしたいかを友だちに伝える活動」を行うこと。
③ 模擬授業では，本時の「めあて(課題)」を板書に位置づけるとともに，1時間の授業を集約したものを行うこと。その際，導入と学習展開の中心となる活動は必ず行うこととし，「振り返り」の場面までは行わなくともよい。

※出典：「NEW CROWN English Series３」（三省堂）

〈面接Ⅰ質問例〉

○模擬授業の内容について
○主体的・対話的で深い学びの実現
○学習指導要領の目標を達成するための指導方法

○模擬授業の内容について
○ALTとの連携
○学習指導要領の目標を達成するための指導方法

○模擬授業の内容について
○文法事項の指導
○学習指導要領の目標を達成するための指導方法

▼高校国語
【模擬授業課題】
□学習指導要領「言語文化」における「A　書くこと」の指導事項には,「イ　自分の体験や思いが効果的に伝わるよう,文章の種類,構成,展開や,文体,描写,語句などの表現の仕方を工夫すること。」がある。
　これを踏まえて「日常の小さな感動」というテーマで生徒が表現をする授業をしなさい。授業の実施に当たっては,以下の点に留意すること。
① 言語活動を踏まえた「主体的・対話的で深い学び」となる授業を構想すること。
② 10分間の授業では,学習展開の中心となる上記①の場面を行うこと。なお,「導入」や「振り返り(まとめ)」は必ずしも行わなくてもよい。
③ 想定する時期は1年生の2学期とする。
〈面接Ⅰ質問例〉
○模擬授業の内容について
○「現代の国語」の「話すこと・聞くこと」の領域における授業展開の見通しについて
○生涯にわたって読書に親しみ自己を向上させる態度を持つ生徒を養う指導について

○模擬授業の内容について
○「現代の国語」の「書くこと」の領域における授業展開の見通しについて
○言葉を通して他者や社会に関わろうとする態度を持つ生徒を養う指導について

▼高校地歴(世界史)

【模擬授業課題】

□学習指導要領「世界史探究」の大項目Ｄ「諸地域の結合・変容」・中項目(2)「世界市場の形成と諸地域の結合」・小項目(イ)「世界市場の形成とアジア諸国の動向」のうち，「イギリスを中心とした自由貿易体制」についての授業をしなさい。

ただし，生徒への「問い」を入れること。また，1時間の授業を集約したものとし，始めに「本時の目標」を示し，最後に「本時のまとめ」をすること。

〈面接Ⅰ質問例〉

○模擬授業の内容について
○科学革命と啓蒙思想について
○学習指導要領の内容について

○模擬授業の内容について
○宋代の中国社会について
○学習指導要領の内容について

▼高校地歴(日本史)

【模擬授業課題】

□学習指導要領「日本史探究」大項目Ｃ「近世の日本と世界」の中項目(3)「近世の国家・社会の展開と画期」は2つの小項目から構成されている。

これを踏まえて，小項目(イ)で示された「飢饉や一揆の発生」を基に「幕藩体制の変容」や「近代化の基盤の形成」を理解させる授業をしなさい。

授業の実施に当たっては，以下の点に留意すること。

① 「日本史探究」の学習全般において求められている「諸資料を活用し，課題を追究したり解決したりする活動」を入れること。

② 1時間の授業を集約したものとし，始めに「本時の目標」を示し，最後に「本時のまとめ」をすること。

〈面接Ⅰ質問例〉

○模擬授業の内容について

○大日本帝国憲法下における議会政治の展開について

○学習指導要領の内容について

○模擬授業の内容について

○GHQによる占領政策について

○学習指導要領の内容について

▼高校地歴(地理)

【模擬授業課題】

□学習指導要領「地理総合」の大項目A「地図や地理情報システムで捉える現代世界」・中項目(1)「地図や地理情報システムと現代世界」の「国家間の結び付き」における「貿易による国家間の結び付き」について授業をしなさい。

ただし，生徒への「問い」を入れること。また，1時間の授業を集約したものとし，始めに「本時の目標」を示し，最後に「本時のまとめ」をすること。

〈面接Ⅰ質問例〉

○模擬授業の内容について

○地球的課題と国際協力の単元について

○学習指導要領の内容について

○模擬授業の内容について

○人口，都市・村落の単元について

○学習指導要領の内容について

▼高校公民

【模擬授業課題】

□科目「政治・経済」で扱う市場経済の機能について授業をしなさい。
ただし，以下の条件を踏まえること。

① 次の内容に触れるとともに，下の図を活用して思考させること。
(内容)「市場機構」「市場の失敗」

② 生徒への「問い」を入れること。

③ 1時間の授業を集約したものとし，始めに「本時の目標」を示し，最後に「本時のまとめ」をすること。

(1) 需要・供給曲線の移動と均衡価格の変化

［図1］

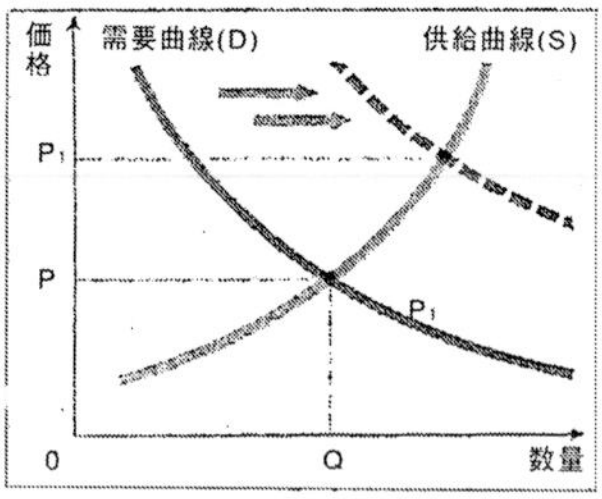

価格
需要曲線(D)
供給曲線(S)
P₁
P
P₁
0
Q
数量

［図2］

価格
需要曲線(D)
供給曲線(S)
P
P₂
0
Q
数量

(2) 需要の価格弾力性

［図3］

価格
D₂
D₁
P₁
価格弾力性は
小さい
価格弾力性は
大きい
P₂
0
数量

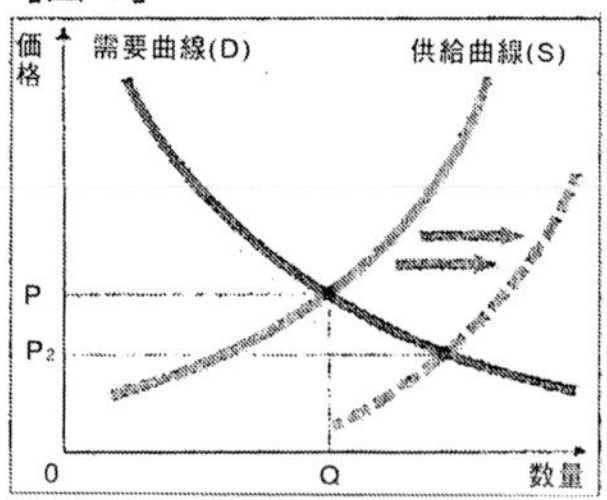

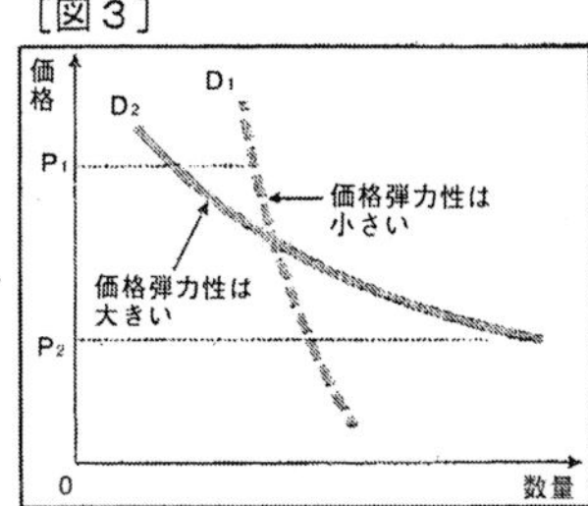

※出典：「高等学校　改訂版 政治・経済」
(第一学習社)

〈面接Ⅰ質問例〉
○模擬授業の内容について
○倫理「カント」について
○学習指導要領の内容について

○模擬授業の内容について
○倫理「経験論と合理論」について
○学習指導要領の内容について

▼高校数学
【模擬授業課題】
□本時は，数学Ⅱ『三角関数』における「加法定理」の第6時間目である。次の枠の囲みの内容について，下記の記す留意点を踏まえて授業をしなさい。

$$a\sin\theta + b\cos\theta = \sqrt{a^2+b^2}\sin(\theta+\alpha)$$

ただし，$\cos\alpha = \dfrac{a}{\sqrt{a^2+b^2}}$ ，$\sin\alpha = \dfrac{b}{\sqrt{a^2+b^2}}$

〈留意点〉
○「加法定理」において，正弦・余弦の加法定理，2倍角の公式について学んだ。
○必要に応じて，具体的な問題を提示してもよい。
○本時以前に学習した内容(中学校での学習内容を含む)と関連付けながら，生徒の体系的な理解を促すこと。
○生徒の関心・意欲や数学的な見方や考え方を高めるために，発問内容や数学的活動を充実させる場面の設定などに工夫すること。
○適切な板書により，生徒の学習活動を支援すること。

○模擬授業は，導入から公式の導出までの場面を行うこと。なお，公式の導出後の「展開」や「振り返り」の場面は，必ずしも行わなくもよい。

〈面接Ⅰ質問例〉

○模擬授業の内容について

○定積分について

○対話的な学びについて

○学びに向かう力・人間性等について

○模擬授業の内容について

○定積分について

○主体的な学びについて

○数学的な見方について

▼高校理科(物理)

【模擬授業課題】

□高等学校学習指導要領「物理」の(1)様々な運動(エ)万有引力㋑万有引力において，「万有引力の大きさ」を導出する授業をしなさい。

ただし，次の項目に留意して授業をすること。

① 高等学校学習指導要領「物理」の(1)様々な運動(エ)万有引力㋐惑星の運動(ケプラーの法則を含む)までは既に学習しているものとする。

② 本時に育成を目指す資質・能力(目標)を授業の中で示すこと。

③ 本時の学習課題(主たる問い)を授業の中で示すこと。

④ 生徒が主体的に考え，見いだすように，探究的な授業を展開すること。

⑤ 10分の授業構成は以下のいずれかにすること。

・導入，展開，まとめ(振り返り)を全て行い，1時間の授業を10分に集約した授業

・導入と本時の学習の中心と考える部分など，1時間のうち見せた

い一部の場面の授業

〈面接Ⅰ質問例〉

○模擬授業の内容について

○物理において，生徒のもつ素朴な概念に対する指導方法について

○1人1台端末の活用方法及び観点別学習状況の評価の方法について

▼高校理科(化学)

【模擬授業課題】

□高等学校学習指導要領の大項目(1)物質の状態と平衡には，

> 物質の状態と平衡についての観察，実験などを通して，次の事項を身に付けることができるよう指導する。
>
> ア　物質の状態とその変化，溶液と平衡について，次のことを理解するとともに，それらの観察，実験などに関する技能を身に付けること。
>
> イ　物質の状態と平衡についで,観察，実験などを通して探究し，物質の状態とその変化，溶液と平衡における規則性や関係性を見いだして表現すること。

と記載されている。

これを踏まえて，凝固点降下についての授業をしなさい。

ただし，次の項目を取り入れた授業とすること。

①　授業は，導入と本時の学習の中心と考える部分とすること。

②　探究の過程を踏まえた授業とすること。

③　本時で付けたい力を示すとともに，評価場面と評価方法を想定しておくこと。

〈面接Ⅰ質問例〉

○模擬授業の内容について

○芳香族化合物の単元に関する受験者の考えについて

○学習指導要領の目標の達成のための指導方法に関する受験者の考えについて

▼高校理科(生物)

【模擬授業課題】

□「生物」において，以下に示す18塩基からなる鋳型DNAヌクレオチド鎖と遺伝暗号表を用いて，生徒が突然変異と生物の形質の変化との関係を見出す授業をしなさい。なお，この鋳型DNAヌクレオチド鎖の塩基配列は仮想的なものであり，イントロンは含まれていないものとする。

授業の実施に当たっては，次の5項目に留意すること。

① タンパク質合成のしくみについては「生物基礎」で学習済みである。

② 1時間の授業の一部分を実施するものとするが，導入と，展開の中心となる活動は必ず行うこと。なお，振り返りの場面は行わなくてよい。

③ 本時の目標は必ず板書すること。

④ 深い思考や気づきを促す効果的な発問により，生徒が主体的に学ぶことを主眼に置いた授業を展開すること。

⑤ 鋳型ＤＮＡヌクレオチド鎖の塩基配列および遺伝暗号表は，すでに黒板に貼っている。

	1	2	3	4	5	6	7	8	9	10	11	12	13	14	15	16	17	18
鋳型ＤＮＡヌクレオチド鎖	T	A	C	T	G	G	A	T	A	G	T	C	C	T	A	A	C	T

		2番目の塩基				
		U	C	A	G	
1番目の塩基	U	UUU, UUC フェニルアラニン UUA, UUG ロイシン	UCU, UCC, UCA, UCG セリン	UAU, UAC チロシン UAA, UAG 終止コドン	UGU, UGC システイン UGA 終止コドン UGG トリプトファン	U C A G
	C	CUU, CUC, CUA, CUG ロイシン	CCU, CCC, CCA, CCG プロリン	CAU, CAC ヒスチジン CAA, CAG グルタミン	CGU, CGC, CGA, CGG アルギニン	U C A G
	A	AUU, AUC, AUA イソロイシン AUG メチオニン (開始コドン)	ACU, ACC, ACA, ACG トレオニン	AAU, AAC アスパラギン AAA, AAG リシン	AGU, AGC セリン AGA, AGG アルギニン	U C A G
	G	GUU, GUC, GUA, GUG バリン	GCU, GCC, GCA, GCG アラニン	GAU, GAC アスパラギン酸 GAA, GAG グルタミン酸	GGU, GGC, GGA, GGG グリシン	U C A G
						3番目の塩基

〈面接Ⅰ質問例〉
○模擬授業の内容について
○植物の環境応答の単元に関する専門性と生物群集と生態系の単元に関する受験者の考えについて
○学習指導要領の目標の達成のための指導方法に関する受験者の考えについて

○模擬授業の内容について
○生物群集と生態系の単元に関する専門性と遺伝情報の発現と発生の単元に関する受験者の考えについて
○授業改善の視点に関する受験者の考えについて

▼高校保体
【模擬授業課題】
□【保健】
高等学校学習指導要領解説「科目保健」の(3)生涯を通じる健康(イ)労働と健康イ働く人の健康の保持増進についての授業をしなさい。
・その際，働く人の日常生活においては，積極的に余暇を活用するなどして　生活の質の向上を図ることなどで健康の保持増進を図っていくことが重要であることを理解できるようにすることをねらいとする。
・ただし，次の項目を取り入れた授業とすること。
　①　生徒への発問やグループで意見を出し合う場面を設定する。
　②　最後に授業のまとめを行う。
・模擬授業は，1時間の授業を集約したものにすること。
〈面接Ⅰ質問例〉
○　模擬授業の内容について
○　教科指導におけるICT機器の効果的な活用について
○　学習指導要領の目標の達成のための指導方法に関する受験者の考えについて

▼高校音楽

【模擬授業課題】

□「野ばら」(J.W.v.ゲーテ作詞・F.シューベルト作曲)について，生徒が歌詞の意味を理解し，ドイツ語の語感を生かして独唱する授業をしなさい。

※高等学校学習指導要領　芸術音楽　A表現領域・歌唱分野

※音楽Ⅰ対象

※本時は，全3時間扱いの2時間目とする。

※本時は，ドイツ語で歌唱する授業とする。

■模擬授業の実施に当たっては，以下の点に留意すること。

●　本時の「目標(めあて)」は必ず板書し，導入と展開を中心に行うこと。

〈面接Ⅰ質問例〉

○模擬授業の内容について

○西洋音楽史について

○言語活動の充実について

▼高校美術

【模擬授業課題】

□本題材は高等学校学習指導要領「美術」の「B鑑賞」の学習である。上村松園の作品「月蝕の宵」について学習指導要領の〔共通事項〕を踏まえ，美術作品のよさや美しさ等を生徒に感じ取らせ，味わわせる授業をしなさい。

〈授業を行うに当たって次の点に留意すること〉

①　対象は高等学校第一学年とする。

②　本時は導入と学習展開の中心となる場面の授業を行うこと。
　なお，評価の観点は「思考・判断・表現」とする。

③　作品例は試験会場の黒板にA3サイズ(カラー)を掲示している。この作品を模擬授業では活用すること。

〈鑑賞作品〉

上村松園「月蝕の宵」
大分県立美術館　所蔵品検索システムで閲覧可能
〈面接Ⅰ質問例〉
○模擬授業の内容について
○表現と鑑賞の関わりについて
○学習指導要領の内容について

▼高校書道
【模擬授業課題】
□高校1年生を対象にした　書道Ⅰ　漢字の書　楷書の教材でこれまでに「初唐の三大家」の書の学習を終えた後，学習指導要領　2内容　A表現(2)漢字の書　とB鑑賞　の視点を考慮し，本授業では「牛橛造像記」と「鄭羲下碑」の2つの古典の比較を効果的に取り入れた臨書の授業をしなさい。
　授業の実施に当たっては，以下の点に留意すること。
①「主体的・対話的で深い学び」につながる活動をいれること。
②　学習指導要領　2内容　A表現(2)漢字の書　とB鑑賞の視点を考慮し，評価場面と評価方法を想定しておくこと。
③「目標」は模擬授業中に必ず板書し，導入と学習展開の中心となる活動は必ず行うこと。また，ペアやグループで意見を出し合う場面を取り入れること。
　なお，「振り返り(まとめ)」の場面までは必ずしも行わなくともよい。
〈面接Ⅰ質問例〉
○模擬授業の内容について
○A表現とB鑑賞の授業構想について
○学習指導要領の目標の達成のための指導方法に関する受験者の考え
○模擬授業の内容について
○仮名の書について
○学習指導要領の目標の達成のための指導方法に関する受験者の考え

▼高校英語

【模擬授業課題】

□提示された教科書本文(別紙「模擬授業(テーマ本文)」)の内容についての授業をしなさい。ただし，以下の項目に留意すること。

① 授業は原則英語で行うこと。

② 学習指導要領の目標や内容，「内容のまとまり(五つの領域)ごとの評価規準」の考え方を踏まえること。

③ 文法事項，単語・熟語については指導済みであるが，本文の内容理解は未習であること。

④ 生徒が情報や考えなどを聞いたり読んだりして理解し，話したり書いたりして伝え合うことを実践するように，コミュニケーションの目的・場面・状況に応じた言語活動を行うこと。

⑤ 「振り返り(まとめ)」の場面は，必ずしも行わなくてもよい。

〈模擬授業(テーマ本文)〉

CREATIVE English Communication 1 (第一学習社)

Lesson 4 A Healthy Planet

There is an interesting survey. One thousand people were asked to donate some money for endangered animals.Almost all the people answered that they would be interested in donating. What kinds of animals did they want to make a donation to help?

According to the survey, 43 percent of the people would donate for the endangered animals that they liked, such as pandas and koalas. On the other hand, they would not donate for animals they didn't like, such as snakes and lizards. Most of them answered that it was not fair to help only attractive animals, though.

It seems that people like to protect animals that they find attractive or cute. Some companies tend to use such animals in advertisements to raise their sales. It is true that we are making efforts to protect endangered animals. However, the animals that receive our protection are often decided by our personal preferences.

Why do we think that bears and pandas are cute? First, they have human-like characteristics. Second, they live in a family setting, like bears and their babies. Lastly, we like larger animals. Most smaller species, such as insects, tend to be ignored. Some people say that conservation today is for "beautiful and useful species only." Is it good for us to protect only those species?

〈面接Ⅰ質問例〉

○模擬授業の内容について
○ICTの活用について
○学習指導要領(平成30年告示)の内容について

○模擬授業の内容について
○教師の英語使用について
○学習指導要領(平成30年告示)の内容について

▼高校家庭

【模擬授業課題】

□学習指導要領の家庭総合「A　人の一生と家族・家庭及び福祉(3)子供との関わりと保育・福祉」において,「子供を取り巻く社会環境の変化や課題」について考えさせる授業をしなさい。ただし,以下の項目に留意すること。

① 子供を取り巻く社会環境の変化を理解させ,変化に伴って生じた課題の解決について考えさせるような授業展開とすること。

② 生徒が主体的・協働的に学べる学習活動を取り入れるようにすること。

③ 1時間の授業を集約したものとすること。

〈面接Ⅰ質問例〉

○模擬授業の内容について
○消費生活の「生活における経済と社会との関わり」の授業で心がけたいことについて

○学習指導要領の目標実現のための指導方法について

○模擬授業の内容について
○家庭総合「子供との関わりと保育・福祉」の内容の授業における ICT活用について
○問題解決的な学習を充実するための指導方法について

▼高校農業(作物・園芸)
【模擬授業課題】
□科目「農業と環境」において1年生を対象として，以下の点をふまえて「作物のたねと発芽・たねまき」について授業をしなさい。
　模擬授業では，学習展開の基礎となる知識を習得させる場面を行うこととし，説明の中で生徒への発問を行うこと。なお，「導入」と「振り返り」の場面は行わなくてよい。
(1)　たねのつくりと働きを説明すること。
(2)　発芽に必要な環境条件について説明すること。
〈面接Ⅰ質問例〉
○模擬授業の内容について
○安全な食料・食品にういて
○プロジェクト学習について

▼高校工業(機械)
【模擬授業課題】
□「鋳鉄」について次の項目を取り入れて授業をしなさい。
①　本時の「めあて(課題)」は模擬授業の始めに板書し，学習展開の中心となる「話し合い」の場面を行うこと。なお，「振り返り」の場面は行わなくてよい。
②　授業の導入ではまとめや振り返りを意識して「目標」を示すこと。
③　炭素鋼についてはすでに学習したものとする。
〈面接Ⅰ質問例〉

○模擬授業の内容について
○鋳鉄の切削加工にういて
○教科の専門性について

▼高校工業(電気)
【模擬授業課題】
□直流回路の電流と電圧において,「電圧降下」について授業を行いなさい。

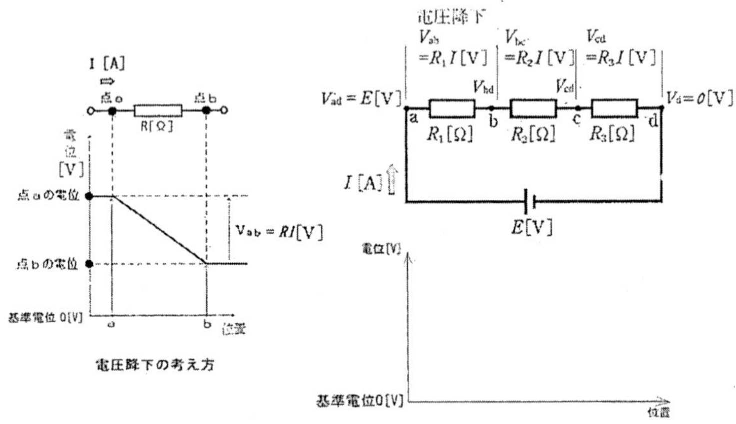

① 模擬擬授業は,1時間の授業を集約したものにすること。
② 生徒の思考を促す発問を取り入れること。
③ 適切な説明と効果的な板書にすること。
〈面接Ⅰ質問例〉
○模擬授業の内容について
○授業において「主体的に学習に取り組む態度」を評価するための具体的な取り組み手段,方法について
○「工業教育」と「ものづくり」について

▼高校工業(土木)
【模擬授業課題】

□図1のように，集中荷重が作用している片持ちばりにおいて，せん断力図および曲げモーメント図を描き，説明する授業をしなさい。ただし，次の項目を取り入れた授業とすること。

① 授業の導入と学習展開の中心となる活動は必ず行うこと。

② 「振り返り(まとめ)」の場面までは，必ずしも行わなくてもよい。

③ 図または表は，必要に応じて板書して授業を進める。

④ 適切な説明と効果的な板書をする。

⑤ 生徒の思考を促す問いかけや発問をする。

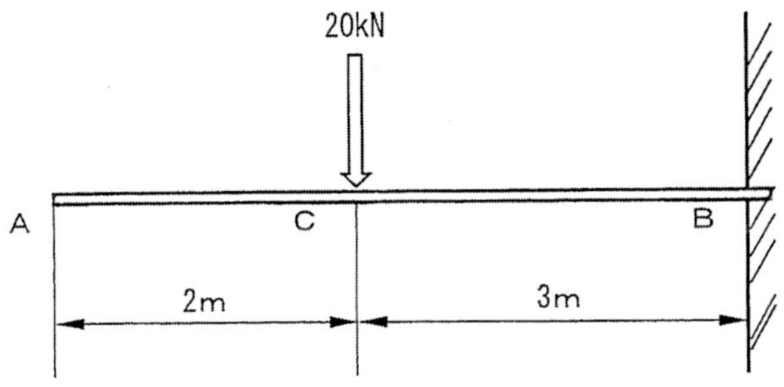

図1

▼高校工業(建築)

【模擬授業課題】

□集合住宅の住棟の通路・住戸形式による分類についての授業をしなさい。ただし，次の項目を取り入れた授業とすること。

① 模擬授業は，1時間の授業を集約したものにすること。

② 各自で考えた後にグループワークやペアワークの場面を設定すること。

③ 適切な説明と効果的な板書をすること。

〈面接Ⅰ質問例〉

○模擬授業の内容について

○教科の専門的事項(住宅形式の概要)の理解や知識に関して
○授業計画について

▼高校工業(工業化学)
【模擬授業課題】
□Cu^{2+}，Zn^{2+}，Na^{+}の3種のイオンを含んだ溶液がある。これらのイオンを分離する手順を理解させる授業をしなさい。ただし，以下の項目に留意すること。
① どのような実験器具，試薬を用いて行うのかを示すこと。
※ここでは試薬を分族試薬という。分族試薬とは何か説明すること。
② 操作手順について具体的に説明すること。
③ 適切な説明と効果的な板書をすること。
④ 1時間の授業を集約したものにすること。
〈面接Ⅰ質問例〉
○模擬授業の内容について
○教科の専門的事項(化学分野の法則等)の理解や知識について
○教科指導の理論・学習指導要領の理解について

▼高校水産(航海)
【模擬授業課題】
□初めて「航海・計器」の授業を受ける生徒に対して，方位の読み方のうち，360°方式と90°方式の関係を説明し，次の例題1，2を用いて理解させる授業をしなさい。
　本時の目標は模擬授業の始めに板書し，学習展開の基礎となる知識を習得させる場面を行うこと。
　なお，説明の中で発問するなど，生徒に考えさせる場面を取り入れ，授業後半では振り返りを行うこと。
　＜例題1＞223°を90°方式で読みなさい。
　＜例題2＞S67°Eを360°方式で読みなさい。

〈面接Ⅰ質問例〉

○模擬授業の内容について

○航海計器について

○船舶の設備について

▼高校商業

【模擬授業課題】

□現代市場に創造的にマーケティングを適用させるには，情報環境の変化を的確にとらえる必要がある。中でも消費者間(CtoC)の取引は，情報通信技術の発展と普及により年々活発になっている。

近年のインターネットを活用した様々な消費者間取引(CtoC)とその動向について授業(1時間の授業を集約したもの)をしなさい。

ただし，次の項目を取り入れた授業とすること。

(1) インターネットを活用した消費者間取引(CtoC)のビジネスにはどのようなものがあるか具体的事例を扱うこと。

(2) 消費者間取引(CtoC)が活発になっている理由について多面的に捉え，なおかつ，生徒の思考を深められる問いをたて，グループで話し合う場面を設定すること。

(3) 生徒の話し合いの場面においては話し合いが進むよう，適切なアドバイスの工夫をすること。

〈面接Ⅰ質問例〉

○模擬授業の内容に関する受験生の考えについて

○協働的な学びにおける教師の役割に関する受験生の考えについて

○学習指導要領の目標を達成する具体的な指導方法に関する受験生の考えについて

▼高校情報

【模擬授業課題】

□学習指導要領「情報Ⅰ」の内容「(3)コンピュータとプログラミング」において，身に付けるべき思考力，判断力，表現力等に「目的に応じたモデル化やシミュレーションを適切に行うとともに，その結果を踏まえて問題の適切な解決方法を考えること。」とある。

このことを踏まえて，「モデル化とシミュレーション」に関する授業をしなさい。授業の実施に当たっては，以下の点に留意すること。

① 授業の導入と学習展開の中心となる活動は必ず行うこと。

② 「振り返り(まとめ)」の場面までは，必ずしも行わなくてもよい。

〈面接Ⅰ質問例〉

○模擬授業の内容について

○統計量とデータの尺度について学習する単元に関する受験者の考えについて

○学習指導要領の目標の達成のための指導方法に関する受験者の考えについて

▼高校福祉

【模擬授業課題】

□学習指導要領「介護福祉基礎」の「指導項目(4)介護における安全確保と危機管理」において，「介護における事故対策について考えさせる」授業をしなさい。ただし，以下の項目に留意すること。

① 主体的・協働的な学びから生徒が理解を深められる授業展開とすること。

② 生徒の気付きを促す発問をすること。

③ 最後に授業のまとめと振り返りを行うこと。

(1時間の授業を集約したものとすること)

〈面接Ⅰ質問例〉

○模擬授業の内容について

○授業におけるICTの活用について

○学習指導要領の目標の実現のための指導について

▼特別支援(小学部)

【模擬授業課題】

□学習指導要領算数科データの活用2段階では「イ(ア) ア ものとものとを対応させることによって，ものの同数や多少がわかること」とある。

これを踏まえて，『学校生活場面や日常生活において「多い」「少ない」「同じ」が判断できるようになる』という題材目標を設定して題材計画を立てた。

前時までにお盆と牛乳を使って組になる身の回りのものの多少を比べる学習を行っている。次の学習として，お盆と牛乳以外を使い，一対一に対応させて個数の「多い」「少ない」「同じ」の判断ができることをねらいとした授業をしなさい。

模擬授業では本時の「めあて」を必ず示し，学習の導入と本時の学習の中心と考える展開部分を授業すること。なお，「振り返り(まとめ)」の場面までは必ずしも行わなくてもよい。

※知的障がい特別支援学校　小学部　3年生

※単一障がい学級　4名在籍

〈面接Ⅰ質問例〉

○模擬授業の内容について

○体育科の体力の向上を図るための受験者の考えについて

○学習評価の充実に関する受験者の考えについて

○模擬授業の内容について

○生活科の内容の取扱いに関する受験者の考えについて

○道徳教育を推進する上での留意点に関する受験者の考えについて

▼特別支援(中学部)

【模擬授業課題】

□特別支援学校学習指導要領　中学部・外国語科の内容に「ゆっくり話される簡単な質問に，英語の語など又は身振りや動作などで応じる活動」とある。

このことを踏まえて，英語で好きなもの等について簡単な質問をしたり，答えたりすることを通して，意欲的に表現し，相手との意思疎通を図っていく授業をしなさい。

※知的障がい特別支援学校　中学部2年生

※単一障がい学級　5名

授業の実施に当たっては，以下の点に留意すること。

① 導入と学習展開の中心となる活動は必ず行うこと。なお，まとめの場面までは必ずしも行わなくともよい。

② 本学級の生徒は，これまでに食べ物，動物など身近な事物を表す英語について学習を行なっていることとする。

〈面接Ⅰ質問例〉

○模擬授業の内容について

○特別支援教育におけるICT活用に関する受験者の考えについて

○道徳教育に関する受験者の考えについて

○模擬授業の内容について

○「学びに向かう力・人間性等」の育成に関する受験者の考えについて

○自立活動の目標に関する受験者の考えについて

▼特別支援(高等部)

【模擬授業課題】

□学習指導要領解説　第5章　知的障害者である生徒に対する教育を行う特別支援学校　第4節　各学科に共通する各教科　第7　保健体育「Ⅰ保健」の内容には「けがや疾病の予防」がある。

これを踏まえて，題材「けがをしたときの応急処置の仕方について学ぼう」において，擦り傷をしたときの対処の仕方について，応急処置の意味を考えさせながら対処の仕方が身に付けられるように授業をしなさい。

※知的障がい特別支援学校　高等部1年生

※単一障がい学級在籍　6名
※ただし，以下の項目に留意すること。
○「Ⅰ保健」は1段階の内容である。
○前時に，けがの防止については学習している。
○導入と学習展開の中心となる活動は必ず行うこと。
〈面接Ⅰ質問例〉
○模擬授業の内容について
○保健体育科における指導内容に関する受験者の考えについて
○ホームルーム経営に関する受験者の考えについて

○模擬授業の内容について
○家庭科における実践的・体験的な学習に関する受験者の考えについて
○学習評価の妥当性や信頼性を高める取り組みに関する受験者の考えについて

▼栄養教諭
【模擬授業課題】
□小学校4年生の特別活動(学級活動)の授業を想定し，「体によいおやつのとり方を考えよう」をテーマにして，食に関する授業をしなさい。ただし，次の項目を取り入れた授業とすること。
・食育の視点を設定しておくこと。
※導入，展開，まとめ(振り返り)を全て(1時間の授業を集約したもの)
〈面接Ⅰ質問例〉
○模擬授業の内容について
○野菜嫌いの児童からの相談対応について
○学校給食の保存食採取の留意点について

○模擬授業の内容について
○食物アレルギーの生徒からの相談対応について
○学校給食における検収作業について

▼養護教諭

【場面指導課題】

□「歯の大切さ」というテーマで，歯みがき指導を取り入れた保健指導をしなさい。

(小学校3学年　場面：集団)

・ただし，次の項目を取り入れた場面指導とすること。

①　生徒への発問やグループで意見を出し合う場面を設定し，課題解決となる場面を設定する。

②　最後に場面指導のまとめを行う。

・場面指導は，45分間の保健指導を集約したものにすること。

〈面接Ⅰ質問例〉

○場面指導の内容について

○学校において予防すべき感染症についての対応について

○養護教諭としての専門的な知識の説明や対応等について

◆面接Ⅱ(個人面接) (2次試験)

〈評価の観点〉

評価項目	配点
①態度，表現力 ・態度や身だしなみに好印象を受けるか。 ・言動・態度・表現から人間性の豊かさを感じるか。 ・質問に対し的確に対応できるコミュニケーション能力を備え，話がわかりやすく，内容に一貫性があるか。	１０点
②使命感，積極性 ・教職に対して意欲，信念を持っているか。 ・前向きな意見や考え方，向上心を持っているか。 ・教育者としての責務をわきまえ，学び続けようとする姿勢がみられるか。	１０点
③倫理観，責任感 ・教育者として必要な倫理観を持っているか。 ・誠実で信頼できるか。 ・児童生徒に対する理解があるか。 ・最後までやり遂げるタイプか。	１０点

④創造力，柔軟性 ・自ら課題を見つけ，考え行動できるか。 ・問題意識を持って物事を深く考えられるか。 ・経験や他者から学んだ事を生かそうとしているか。	１０点
⑤協調性，職場適応性 ・組織の一員として協調してやっていける職場適応性はあるか。 ・自分自身の理解に基づき，ストレスに前向きに対応しているか。 ・うまく気持ちの切り替えができるか。	１０点
合　　計	５０

▼小学校　面接官3人　20分

【質問内容】

□自己紹介書からの質問(志望動機，教員に向いているところなど)

□理想の教師像は何か

□挫折した経験はあるか。

→どのように乗り越えてきたか。

□教員の不祥事についてどう思うか。

→不祥事を起こさないために何をするか。

□人前で話すことは得意か。

□今日の面接に点数をつけるとしたら何点か。

・自己紹介書の内容を中心に，深掘りされるので，自己分析をしっかりしておいたほうがいい。

▼特支中学　面接官3人　20分

【質問内容】

□なぜ特別支援学級ではなく，特別支援学校を志望したのか。

□(中学校で現在採用されているため)現在正規採用されているが，後悔しないか。

□達成感を感じたことについて具体的に。

□障害のある生徒と接するときにあなたが教師としてできることは何か。

□今までの経験で辛かったことは何か，またそれをどう克服したか。
□ストレスがたまったときはどうするか，また対処法は。
□教員の不祥事についてどう思うか。またどうしたらなくすことができると思うか。
□中学部3年間で生徒に学んでもらいたいことは何か。
□現在勤務をしている中で苦手なことや不得意なことは何か。

◆プレゼンテーション(2次試験)
※特別選考(Ⅲ)の受験者のみに適用される。
【課題】(発表時間15分間)
□生徒の自主的，自発的な参加により行われる部活動については，スポーツや文化及び科学等に親しませ，学習意欲の向上や責任感，連帯感の涵養等に資するものであることとされている。
部活動において，次の2つの方法をテーマとして，プレゼンテーションを行いなさい。
1. 生徒の自主的・自発的な活動を促す方法
2. 生徒間のトラブルを未然に防ぐための手法とトラブルが生じた場合の解決方法

＜留意点＞
① プレゼンテーションには，2つの方法の両方を含めること。
② あなたの運動部活動における指導経験を内容に盛り込むこと。
③ 教員としての立場をふまえて，あなたの最もアピールできる点はどこか，そしてそれをどのように活かすかを考え，プレゼンテーションをすること。
④ 担当する運動部は，全国大会上位入賞を目指す高等学校の運動部であるものとする。

※プレゼンテーションの後，25分程度，試験委員との質疑応答を行う。
〈プレゼンテーションの要領〉
・黒板とチョーク(白・黄・赤色)を使用することができる。

・パソコン等の機器やその他資料の持ち込み，及び使用はできない。
※試験室に持ち込みができるもの
① プレゼンテーション テーマ用紙
② 時計(計時機能だけのものに限る)
③ 整理番号票〈評価の観点〉

評価項目	具体的評価項目	配点
態度 表現力 コミュニケーション力	○態度や身だしなみに好印象を受けるか。 ○言動・態度から人間性の豊かさを感じるか。 ○話が分かりやすく，的確に対応しているか。 ○話の内容に一貫性があるか。 ○自分の思いをしっかりと伝える能力があるか。	5点
使命感 積極性 人間性	○教職に対して意欲，信念を持っているか。 ○児童生徒に対する愛情・理解があるか。 ○前向きな意見や考え方，向上心を持っているか。 ○教育に対する使命感やビジョンを持っているか。 ○人を引きつける強い魅力を持っているか。	5点
責任感 堅実性 自己理解力	○誠実で信頼できるか。 ○最後までやり遂げるタイプか。 ○教師としての責務をわきまえているか。 ○社会人としての一般常識を備えているか。 ○自己分析ができ，自分の優れた能力を生かそうとしているか。	5点
創造力 柔軟性 プランニング力	○自ら課題を見つけ，自分で考え行動できるか。 ○問題意識を持って物事を深く考えられるか。 ○経験や他者から学んだ事を生かそうとしているか。 ○広い視野を持ち，柔軟な発想ができるか。 ○説明，問いかけなど，ねらいに沿っているか。	5点
協調性 職場適応性 将来性	○組織の一員として協調してやっていけるか。 ○考え方に独断的なところはないか。 ○ストレスに前向きに対応しているか。 ○うまく気持ちの切り替えができるか。 ○多くの場面で，活躍が期待できるか。	5点

(スポーツの指導者としての実績に対する評価)

評価項目	具体的評価項目	配点
指導力	○受験資格の実績について，その指導によるものと認められるか。	25点

2023年度

〈昨年度からの変更点〉
・第2次試験で実施していた「口頭試問」に変えて，教科指導に対する考え方や意欲などを含め，より広い観点で評価する「面接Ⅰ」を導入する。なお，第3次試験で実施する「個人面接」の名称は「面接Ⅱ」に変更とする。

◆実技試験(2次試験)

▼小学校教諭　面接官2人　2分

試験当日提示するテーマに基づいた，英語表現(スピーキング)テスト

※課題を配布され1分構想，1分スピーチの流れ

【テーマ例】

□日本や世界で活躍する人物について，4文以上の英語で表現しなさい。

□自分の小学校生活の思い出について，4文以上の英語で表現しなさい。

□自分が行ってみたいと思う国や地域について，4文以上の英語で表現しなさい。

□感謝の気持ちを伝えたい人について，4文以上の英語で表現しなさい。

□子どもの頃にあこがれていた職業について，4文以上の英語で表現しなさい。

□外国の人に紹介したい日本の食べ物について，4文以上の英語で表現しなさい。

□自分の思い出の場所について，4文以上の英語で表現しなさい。

□自分の好きな季節について，4文以上の英語で表現しなさい。

〈評価の観点〉

内容	評価の観点	評価点	
		配点	計
英語表現	パフォーマンス	５点	２０点
	発音、声量、流暢さ	５点	
	内容の選択と構成	５点	
	語彙、文法の正確性	５点	

▼小中学校連携教諭(英語)・中高英語

□英語による個人面接

【質問内容例】

○小中学校連携教諭

1　Please tell me about the appeal of learning a foreign language.
外国語を学ぶことの魅力について教えてください。

2　How would you like to use ICT in your English classes?
ICTを英語の授業でどのように活用しようと思いますか。

3　Please tell me what you think we should do to prepare for a disaster.
災害に備えて準備した方がよいと思うことを教えてください。

4　Do you think school uniforms are necessary for students?
学校の制服は生徒にとって必要だと思いますか。

○中学英語

◎パターンA

1　Do you think the use of digital textbooks will improve children's English skills?
デジタル教科書の活用は，子どもたちの英語力向上につながると思いますか。

2　Do you think it is better for teachers not to teach club activities in junior high schools?
中学校において，教員が部活動を指導しないほうが良いと思いますか。

3　Do you think more people will use cashless payment in the future?
キャッシュレス決済を利用する人が増えると思いますか。

4　What should we do to prevent global warming?
地球温暖化を防ぐために，私たちは何をすべきでしょうか。

◎パターンB

1　Do you think learning grammar is more important than learning conversation in English lessons?

英語の授業では，文法の学習のほうが会話の学習よりも大切だと思いますか。

2 Do you think there will be more online school lessons in the future?

学校でのオンライン授業は，これから増えていくと思いますか。

3 Do you think work-life balance has been achieved in Japan?

日本では，ワークライフバランスが実現できていると思いますか。

4 What should we do to prepare for a disaster?

災害に備えて，私たちは何をすべきでしょうか。

○高校英語

◎パターンA

1 Why do you want to teach English to high school students?

2 What do you think is an effective way of teaching how to write a paragraph in English?

3 If your students in high school tell you that they cannot stop using smartphones at night, what will you suggest to them?

4 How can you reduce your food waste in your daily life?

◎パターンB

1 Why do you want to teach English to high school students?

2 What do you think is an effective way of teaching how to continue conversation in English?

3 What do you think are the advantages of using tablets in lessons?

4 Do you think humans can live with robots happily? Why, or why not?

〈評価の観点〉

項目	評価の観点	評価点		
		配点	小計	合計
個人面談	態度、表現力	5点	20点	50点
	発音、声量、流暢さ	5点		
	内容、発話の適確性	5点		
	語彙、文法の正確性	5点		

▼中学技術

□完成図にある木製品を完成させなさい。製作にあたっては，以下の条件を守ること。

① 準備・後片付けは監督者の指示で行いなさい。

② 準備された材料以外のものは使用できない。材料の予備はないので，無駄のないように使いなさい。

③ 木材は以下に示す寸法を基本としているが，多少の誤差がある。

木材の寸法〔mm〕：(厚さ×幅×長さ)

12×150×1200　　1枚

④ 実施要項に記載された工具は各自のものを使用しなさい。また，実施要項に記載された工具以外は使用できない。

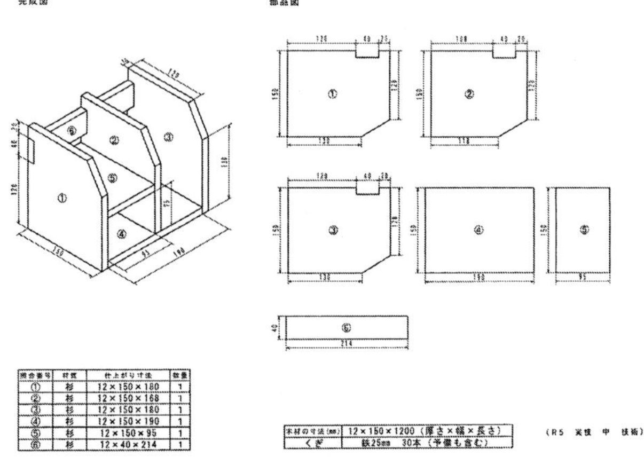

照合番号	材質	仕上がり寸法	数量
①	杉	12×150×180	1
②	杉	12×150×168	1
③	杉	12×150×180	1
④	杉	12×150×190	1
⑤	杉	12×150×95	1
⑥	杉	12×40×214	1

木材の寸法(mm)	12×150×1200（厚さ×幅×長さ）
くぎ	鉄25mm　30本（予備も含む）

（R5　実技　中　技術）

〈評価の観点〉

項目	評価の観点	評価点		
		配点	小計	合計
態度	服装・準備・安全管理	６点	６点	５０点
技能１	各作業の的確さ	２４点	２４点	
技能２	製作品の完成度	２０点	２０点	

〈携行品〉

実技のできる服装，タオル，筆記用具(けがき用)，木工用具一式(さし金，両刃のこぎり，平かんな，四つ目きり，のみ，げんのう，釘抜き，木づち，すじけびき)

▼中学家庭

◎パターンA

【被服実技】20分

□下の図1，2を参考にして，次の指示に従いなさい。但し，製作手順2～4の順序は問わない。

1　布Aの布端①と布Bの布端②を，ミシンを使って1.5cmの縫い代で縫い，縫い代を折りふせ縫いしなさい。

・縫い代は布B側に倒すこと。

・ミシン縫いについて，縫い始めと縫い終わりは，返し縫いをする。

2　布Aの布端③を2cm幅の三つ折りにし，折り山から0.5cm下のところ(ア)を半返し縫いで8cm程度縫いなさい。

・糸は1本どりとする。

・縫い始めと縫い終わりの玉結びと玉止めは，布の裏側に出す。

・裏側に出る針目の大きさは，0.4cm程度とする。

3　2の残りの8cm(イ)にたてまつりをしなさい。
・糸は1本どりとする。
・縫い始めと縫い終わりの玉結びと玉止めは，見えない状態とする。
・布の表側に出る針目の間隔は，1cmとする。

4　図1に示している★に凹スナップボタンを1つ付けなさい。
・糸は1本どりとする。
・玉結びと玉止めは，見えない状態とする。
・1つの穴に3回糸をかける。(丈夫に仕上げる方法でなくてもよい)

《図1》　《図2：完成図(表)》

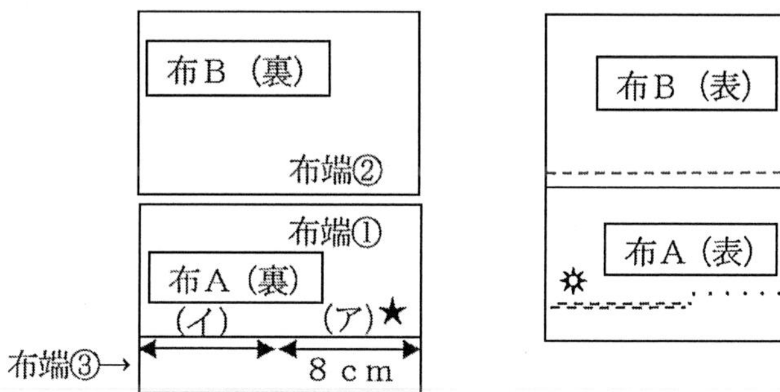

〈裁縫道具〉

ミシン(上糸・下糸準備されているもの)，手縫い糸，縫い針，しつけ糸，針山，まち針，糸切りばさみ，裁ちばさみ，リッパー，目打ち，20cmものさし，アイロン，アイロン台，チャコペンシル

※ミシンの針目は3cmに16針程度である。

【調理実技1】

□きゅうりを指示に従って切りなさい。

①　きゅうりAを厚さ0.2cmの輪切りにしなさい。(制限時間30秒)

②　きゅうりBを厚さ0.2cm，長径4～5cmの斜め薄切りにしてから，幅0.2cmのせん切りにしなさい。(制限時間1分30秒)

※①，②をそれぞれ指定の器に入れ，提出しなさい。きゅうりの残りについても，それぞれの器に入れていっしょに提出すること。

【調理実技2】

□次の材料・分量で，蒸しパン(2個)を作り，盛り付けた後，調理台を片付けなさい。(制限時間18分)

〈材料・分量〉

薄力粉	40g
ベーキングパウダー	2g
さつまいも	50g
卵	30g
上白糖	30g
水	20ml

・蒸し器の下段には，あらかじめ湯を入れています。

・薄力粉，さつまいも，卵は計量しています。全部使うこと。

・さつまいもは皮をむかずに1cmのさいの目切りにし，あく抜きをして用いなさい。

・ベーキングパウダー，上白糖，水は各自で計量すること。

・ベーキングパウダー，上白糖は使用した分量をそれぞれ指定の器に入れて提出しなさい。

・出来上がった「蒸しパン」は2個とも指定の器に盛り付けて提出しなさい。

〈調理器具等〉

包丁，まな板，蒸し器，菜箸，泡立て器，ゴムべら，スプーン(大)，万能こし器，ボール(3)，ざる，布巾(大)，計量スプーン(大)，計量スプーン(小)，すりきり棒，器(5)，竹串(1)，紙カップ(プリンカップ)(2)，キッチンペーパー，紙製生ゴミ入れ

〈評価の観点〉

	評価の観点	評価点		
		配点	小計	合計
被服	たてまつり	8点	25点	50点
	折りふせ縫い	5点		
	半返し縫い	5点		
	スナップ付け	5点		
	道具の扱い方	2点		
調理	野菜の切り方	8点	25点	
	さつまいもの蒸しパン	14点		
	準備・片付け	3点		

◎パターンB

【被服実技】20分

□下の図を参考にして，次の指示に従いあずま袋を作りなさい。但し，製作手順2～4の順序は問わない。布端の始末はしなくてよい。

1　図1の布端①を三つ折りにして，(ア)の部分に8cm程度まつり縫いをしなさい。

・三つ折りの出来上がり幅は，1.5cmとする。

・糸は1本どりとする。

・縫い始めと縫い終わりの玉結びと玉止めは，布の表裏から見えない状態とする。

・布の表側に出る針目の間隔は，1.0cm程度とする。

2　図1のように3等分に折り，ａとａを中表に合わせて，縫い代1.0cmとして，ミシンで縫いなさい。同様に，ｂとｂを中表に合わせて縫い，表に返して形を整えなさい。

・ミシン縫いについて，縫い始めと縫い終わりは，返し縫いをする。

《図1》

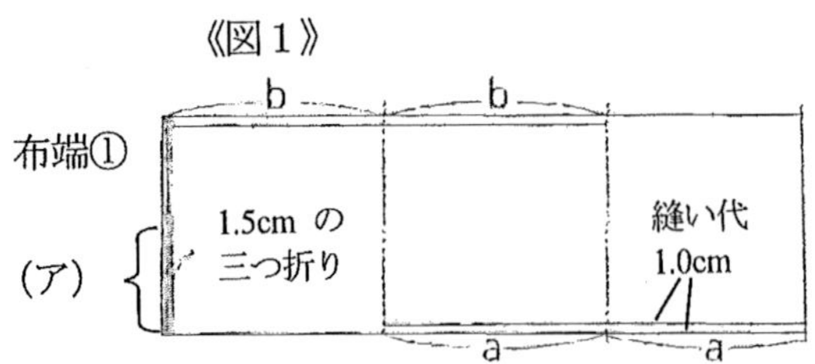

3　図2に示している★1にボタンを付けなさい。

・糸は1本どりとする。

・玉結びと玉止めは，布の表裏から見えない状態とする。

・糸足をつける。

4　図2に示している★2の表側にアップリケをブランケットステッチで付けなさい。

・糸は1本どりとする。

・玉結びと玉止めは，布の表裏から見えない状態とする。

・0.8cm程度の等間隔で進み，縦の針目は0.4cm程度とする。

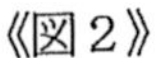
《図2》

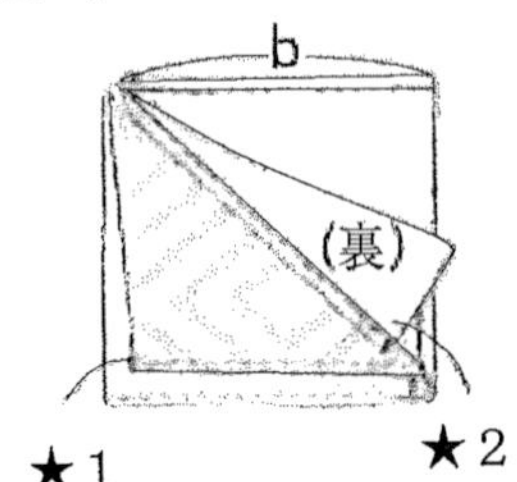

<裁縫道具>

ミシン(上糸・下糸準備されているもの)，手縫い糸，縫い針，しつけ糸，針山，まち針,糸切りばさみ，裁ちばさみ，リッパー，目打ち，20cmものさし，アイロン，アイロン台，チャコペンシル

※ミシンの針目は3cmに16針程度である。

【調理実技1】

□きゅうり，りんごを指示に従って切りなさい。

①きゅうりを厚さ0.2cmの輪切りにしなさい。(制限時間30秒)

②「うさぎりんご」の飾り切りをしなさい。(制限時間1分30秒)

・りんごは配布しているものを2等分にし，2つとも芯を取り，飾り切りすること。

・①，②をそれぞれ指定の器に入れ，提出しなさい。きゅうりの残りについても，①の器に入れていっしょに提出すること。

【調理実技2】

□次の材料・分量で，二人分のかきたま汁を作り，盛り付けた後，調理台を片付けなさい。(制限時間18分)

	＜材料＞	＜分量＞
混合だし（できあがり約300ml）	水	400ml
	こんぶ	3g
	かつおぶし	3g
	卵	25g
	塩	2g
	片栗粉	3g
	水（片栗粉水溶き用）	3ml
	みつば	適量

・こんぶ，かつおぶし，卵，塩，みつばは計量しています。全部使うこと。

・こんぶの浸水時間は，3分とすること。

・片栗粉，水は各自で計量すること。

・片栗粉は使用した分量を指定の器に入れて提出しなさい。

・出来上がった「かきたま汁」は，指定の器(2人分)に盛り付けて提出しなさい。

〈評価の観点〉

	評価の観点	評価点		
		配点	小計	合計
被服	まつり縫い	8点	25点	50点
	ボタン付け	5点		
	ブランケットステッチ	5点		
	あづま袋のできばえ	5点		
	道具の扱い方	2点		
調理	野菜の切り方	8点	25点	
	かきたま汁	14点		
	準備・片付け	3点		

〈携行品〉

調理実習着(白衣又はかっぽう着)，三角巾，手ふきタオル，布巾2枚

▼小中学校連携(音楽)・中高音楽

【課題1】

□弾き歌い

下記課題曲のうち，当日指定の2曲をピアノ伴奏しながら歌唱する。

〈小中連携(音楽)〉

□「ふるさと」(作詞：高野　辰之　　作曲：岡野　貞一)

□「花の街」(作詞：江間　章子　　作曲：團　伊玖磨)

〈中学校音楽〉

□「赤とんぼ」(作詞：三木　露風　　作曲：山田　耕筰)

□「荒城の月」(作詞：土井　晩翠　　作曲：滝　廉太郎)

□「早春賦」(作詞：吉丸　一昌　　作曲：中田　章)

□「夏の思い出」(作詞：江間　章子　　作曲：中田　喜直)

□「花」(作詞：武島　羽衣　　作曲：滝　廉太郎)

□「花の街」(作詞：江間　章子　　作曲：團　伊玖磨)

□「浜辺の歌」(作詞：林　古溪　　作曲：成田　為三)

〈高校音楽〉
□「浜辺の歌」(作詞：林　古渓　　作曲：成田　為三)
□「Caro mio ben」(作詞：不詳　　作曲：G.ジョルダーニ)
【課題2】
□楽曲の演奏
　声楽，ピアノ又は他の楽器(ただし，電子・電気楽器は除く。)による任意の楽曲の演奏(暗譜，伴奏なし)
※2分程度で演奏を止めるので，楽曲の途中から演奏してもよい。
〈評価の観点〉

1　内訳

弾き歌い	楽曲の演奏	合　計
40点	10点	50点

2　観点
（1）弾き歌い

弾き歌いの技能	創意工夫して表現する能力	合　計
20点	20点	40点

（2）楽曲の演奏

表現の技能	創意工夫して 表現する能力	合　計
5点	5点	10点

〈携行品〉
　楽曲の演奏に必要な楽器等

▼中学美術　180分
□下記の課題1及び課題2を時間内に完成させなさい。
　その際，課題1及び課題2の時間配分・取りかかり順序は，各自で判断して決めなさい。
【課題1】

□鉛筆デッサン…白画用紙の上に置いた硬式テニスボールを描きなさい。
※整理番号は，画用紙裏の所定の位置に記入しなさい。
〈注意〉
※モチーフの置き方は自由とする。
※画用紙は縦画面でも，横画面でもよい。
※画用紙の整理番号を記載していない面に表現するものとする。
【課題2】
□水彩画…植木鉢とスコップを配置して描きなさい。
※整理番号は，画用紙裏の所定の位置に記入しなさい。
〈注意〉
※モチーフの配置の仕方は自由とする。
※画用紙は縦画面，横画面どちらでもよい。
※画用紙の整理番号を記載していない面に表現するものとする。
〈配付物〉
8つ切り描画用白画用紙(3枚)，硬式テニスボール(1個)，植木鉢(1個)，スコップ(1個)，ねり消しゴム(1個)(※モチーフの固定，もしくは消しゴムとして使用してよい)，美術実技問題(1枚)
〈評価の観点〉

（1）内訳

鉛筆デッサン	水彩画	合計
２５点	２５点	５０点

（2）観点

鉛筆デッサン

構図	形態感・量感・空間感の表現	色・質感の表現	材料・用具の活用	描き込み	合計
５点	５点	５点	５点	５点	２５点

水彩画

構図	形態感・量感・空間感の表現	色・質感の表現	材料・用具の活用	描き込み	合計
５点	５点	５点	５点	５点	２５点

〈携行品〉

画用鉛筆，水彩用具一式(アクリルガッシュ，ポスターカラーも可，水彩色鉛筆は不可)，画板，画板に紙を固定するもの(クリップ等)，制作に適した服装

▼小中学校連携(保体)・中高保体

【共通課題】

□体つくり運動(体力を高める運動)

【選択課題1】

□ダンス(創作ダンス，現代的なリズムのダンスから選択)

【選択課題2】

□水泳(クロール，平泳ぎから選択：50m)

※選択1及び2については出願時に1種目を選択すること。なお，出願後の種目変更は認めない。

〈試験の内容と評価の観点〉

実技試験の内容と評価の観点総括表

【小中連携・中学校・高等学校保健体育の実技点について】
小中連携・中学校・高等学校保健体育の実技点は３０点満点を５０点に換算し、その内訳及び評価の観点は下記のとおりとする。

選択	領域	種目等	実技試験の内容	評価の観点	評価点	
					配点	満点
共通	体つくり運動	体力を高める運動	力強い動きを高めるための運動及び巧みな動きを高めるための運動との組み合わせ	力強い動きを高めるための運動と巧みな動きの運動の組み合わせ方	３段階〔２、６、１０点〕	１０点
選択１	ダンス	創作ダンス	テーマに沿った創作及び表現	テーマの理解と構成	３段階〔１、３、５点〕	１０点
				表現力	３段階〔１、３、５点〕	
		現代的なリズムのダンス	リズム系ダンス（ヒップホップ）	変化のある動きの組み合わせ	３段階〔１、３、５点〕	１０点
				リズムに乗って全身で踊る	３段階〔１、３、５点〕	
選択２	水泳	クロール	選択した泳法で５０ｍを泳ぐ	フォーム	３段階〔１、３、５点〕	１０点
				タイム	５段階〔１、２、３、４、５点〕	
		平泳ぎ		フォーム	３段階〔１、３、５点〕	１０点
				タイム	５段階〔１、２、３、４、５点〕	

〈携行品〉

運動に適した服装，水着，水泳帽，体育館シューズ，靴入れ

▼高校家庭

【被服課題】20分

□下の図を参考にして，ポケット付きファスナーポーチを作りなさい。但し，手縫いについての糸は1本どりとし，縫い始めと縫い終わりの玉結びと玉どめは，布の表裏から見えない状態としなさい。ミシン縫いの縫い始めと縫い終わりは，返し縫いをしなさい。

(1) 布Aでポケットを作り，ポケット口から1.5cm下の中心にボタンをつけなさい。

・ポケット口は，2cm幅の三つ折りにし，千鳥がけをする。

・千鳥がけの針目の間隔は1cm程度とする。

・ボタンには，糸足をつける。

(2) 布Bの布端から5cmのところにポケット口を合わせてミシンで縫いつけなさい。

・ポーチの中心とポケットの中心を合わせること。

・ポケットの縫い代は，1cmの二つ折りにし，口止めミシンは，拡大図の通りにかけること。

(3) 布Bと布Cの布端★を1cmの二つ折りにし，ファスナーをミシンで縫いつけなさい。

○ファスナー押さえは使わずに縫い付けること。

(4) 布Bと布Cを中表に合わせ，縫い代から1cmの所をミシンで縫い合わせてポーチの形を作り，表に返して形を整えなさい。

《図》

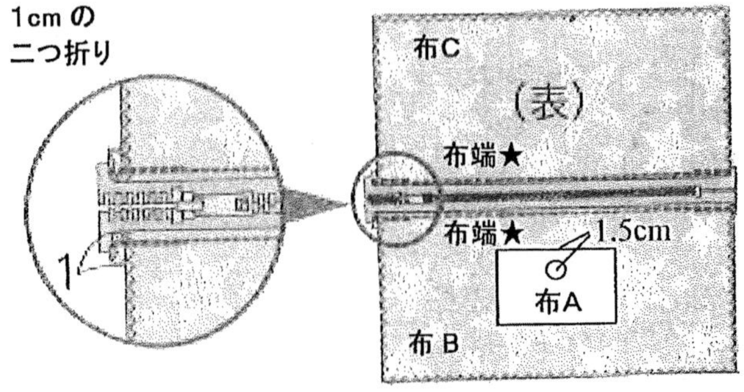

《口止めミシン拡大図》

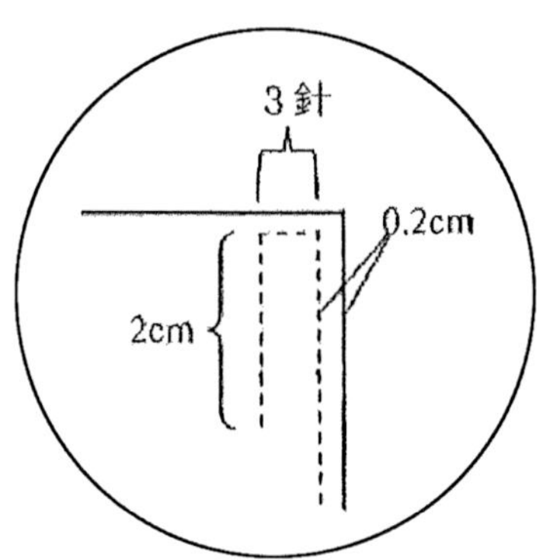

〈裁縫道具〉

ミシン(上糸・下糸準備されているもの)，手縫い糸，しつけ糸，縫い針，まち針，針山，糸切りばさみ，裁ちばさみ，リッパー，目打ち，20cmものさし，アイロン，アイロン台，チャコペンシル

※ミシンの針目は3cmに16針程度である

【調理課題1】

□にんじん，だいこんを指示に従って切りなさい。

① にんじんをシャトー切りにしなさい。(制限時間1分)
- 配布しているにんじんを4等分とし，皮はむかずそのままシャトー切りとすること。

② だいこんをかつらむきにしなさい。(制限時間3分)
- 厚さは0.1cm程度とすること。
- かつらむきした大根の形状は，連続したものとなるようにすること。

※①，②をそれぞれ指定の器に入れ，終わらなかった場合は，残りも一緒に提出しなさい。

【調理課題2】

□次の材料・分量で，2色ゼリー(2個)を作り，盛り付けた後，調理台を片付けなさい。(制限時間16分)

	<材料>	<分量>	
基本のゼラチン液（約100ml）	粉ゼラチン	5g	粉ゼラチンは膨潤済み
	水（粉ゼラチン膨潤用）	30ml	
	水（ゼリー液用）	60ml	
	上白糖	18g	
	ぶどうジュース	20ml	
	グレープフルーツジュース	60ml	

・基本のゼラチン液を，ぶどうゼリー用として30mlを取り分けて用いること。また，ぶどうゼリー用の残りのゼラチン液(約70ml)をグレープフルーツゼリー用として用いること。

・型に流し込む際は，先にぶどうゼリー，次にグレープフルーツゼリーを流し込んで凝固させること。

・冷やし固める際，配布した氷を使用しても構わない。

※粉ゼラチン，ぶどうジュース，グレープフルーツジュースは計量しています。全部使うこと。

※粉ゼラチンはあらかじめ分量の水で膨潤させています。

※水，上白糖は各自で計量すること。

※上白糖は使用した分量を指定の器に入れて提出しなさい。

※完成したゼリーは，2個ともそれぞれ指定の器に盛り付け，提出しなさい。

〈調理器具等〉

包丁，まな板，片手鍋(3)，菜箸，玉じゃくし，木べら，ゼリー型(2)，バット(小)，計量カップ，計量スプーン(大)，計量スプーン(小)，スプーン(大)，すりきり棒，器(5)，キッチンペーパー，紙製生ゴミ入れ

〈評価の観点〉

	評価の観点	評価点		
		配点	小計	合計
被服	千鳥がけ	5点	25点	50点
	ボタン付け	5点		
	ポケット付け	6点		
	ポーチのできばえ	8点		
	道具の扱い方	1点		
調理	野菜の切り方	8点	25点	
	2色ゼリー	14点		
	準備・片付け	3点		

▼高校美術　180分

□下記の課題1及び課題2を時間内に完成させなさい。

その際，課題1及び課題2の時間配分・取りかかり順序は，各自で判断して決めなさい。

【課題1】

□鉛筆デッサン…白画用紙の上に置いた硬式野球ボールを描きなさい。

※整理番号は，画用紙裏の所定の位置に記入しなさい。

〈注意〉

※モチーフの置き方は自由とする。

※画用紙は縦画面でも，横画面でもよい。

※画用紙の整理番号を記載していない面に表現するものとする。

【課題2】

□水彩画…植木鉢と忍者熊手を配置して描きなさい。

※整理番号は，画用紙裏の所定の位置に記入しなさい。

〈注意〉

※モチーフの配置の仕方は自由とする。

※画用紙は縦画面，横画面どちらでもよい。
※画用紙の整理番号を記載していない面に表現するものとする。
〈配付物〉
8つ切り描画用白画用紙(3枚)，硬式野球ボール(1個)，植木鉢(1個)，忍者熊手(1個)，ねり消しゴム(1個)(※モチーフの固定，もしくは消しゴムとして使用してよい)，美術実技問題(1枚)
〈評価の観点〉
（1）内訳

鉛筆デッサン	水彩画	合計
２５点	２５点	５０点

（2）観点
鉛筆デッサン

構図	形態感・量感・空間感の表現	色・質感の表現	材料・用具の活用	描き込み	合計
５点	５点	５点	５点	５点	２５点

水彩画

構図	形態感・量感・空間感の表現	色・質感の表現	材料・用具の活用	描き込み	合計
５点	５点	５点	５点	５点	２５点

〈携行品〉
画用鉛筆，水彩用具一式(アクリルガッシュ，ポスターカラーも可，水彩色鉛筆は不可)，画板，画板に紙を固定するもの(クリップ等)，制作に適した服装

▼高校書道(120分)
毛筆，硬筆
□次の問1～問7について，作品を揮毫し，それぞれ1枚提出しなさい(各問の図版及び語句は全て書くこと)。なお，提出作品には，用紙右下に黒の水性ボールペンで整理番号(1文字1cm角程度)を記入しなさい。

【課題1】

□次の古典を漢字用半紙に臨書しなさい。

(1)

(2)　前半の4文字を臨書しなさい。

(3)

【課題2】

□次の古筆を仮名用の半紙に原寸大で臨書しなさい。なお，半紙は縦に利用し，その半紙を縦1／2に折り，右半分の中央部に臨書しなさい。

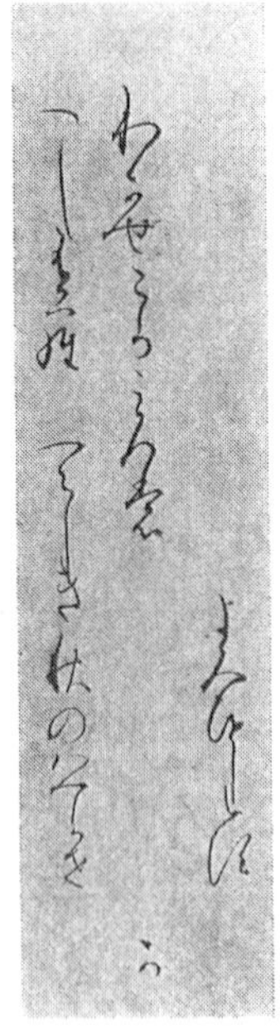

【課題3】

□次の古典を半切縦に体裁よく臨書しなさい。なお，落款は「和美臨」として揮毫し，押印場所に赤のラッションペンで適切な大きさに□を記入すること。

【課題4】

□書道Ⅰ「漢字の書」を指導する場合，古典を生かした表現となるよう，次の語句(20字句)を半切に創作しなさい。書体は自由とする。なお，落款は「雪子書」として揮毫し，押印場所に赤のラッションペンで適切な大きさに□を記入すること。＊旧字体，書写体への変換可。

春水満四沢　夏雲多奇峰　秋月揚明輝　冬嶺秀孤松

意味：春の水が四方の沼沢に満ちて，夏の雲は奇峰からたくさん湧き上がってくる。秋の月は輝かしさを発揚し，冬の山の嶺々は1本だけある松の木をひときわ高く聳えさせている。

【課題5】

□次の俳句を，行書を生かした表現となるように工夫し，原文のまま半切1／3の用紙に揮毫しなさい。揮毫に当たっては，漢字を仮名に，仮名を漢字に書き改めないこととし，作者名も記すこととする。用紙の縦横は自由である。なお，落款は「一郎書」として揮毫し，押印場所に赤のラッションペンで適切な大きさに□を記入すること。＊旧字体，書写体への変換可。

蟻の道　雲の峰より　つづきけん　　　小林一茶

【課題6】

□次の宛先，差出人を封筒に縦書きで体裁よく毛筆で書きなさい。

(宛先)

大分市大手町3丁目1番1号

豊後　小梅

(差出人)

国東市安岐町下原135番地

大分　宇宙

【課題7】

□次の文の全てを縦罫用紙に黒の水性ボールペンで楷書または行書で体裁よく書きなさい。用紙のすべての行が埋まらなくてもよい。

大分県は，古くは宇佐八幡文化，六郷満山の仏教文化が華ひらき，

16世紀にはキリシタン文化が導入され，異文化を積極的に受け入れ融合しながら，固有の文化を創造する進取の気風に富んだ都市として発展を続けてきました。

〈評価の観点〉

課題		評価内容	配点
課題1	古典を漢字用半紙に臨書	特徴をとらえているか。	12
		半紙に体裁よく書けているか。	
課題2	古筆を仮名用半紙に臨書	特徴をとらえているか。	4
		半紙に体裁よく書けているか。	
課題3	古典を半切に臨書	筆脈を意識し、豊かな表現できているか。	8
		古典の特徴をとらえた造形で表現できているか。	
		半切に体裁よく書けているか。	
課題4	古典を生かした表現となるように、半切に創作(書体は自由)	古典を生かした表現ができているか。	8
		前後左右の文字と調和(大きさ・墨量など)しているか。	
		半切に体裁よく書けているか。	
課題5	漢字仮名交じりの書を半切1／3の用紙に揮毫(用紙の縦横は自由)	古典を生かした表現ができているか。	8
		漢字と仮名が調和(大きさ・墨量など)しているか。	
		半切1／3に体裁よく書けているか。	
課題6	封筒の様式に、指定の語句を体裁よく揮毫	整った読みやすい造形で書けているか。	4
		封筒の様式に体裁よく書けているか。	
課題7	縦罫用紙に黒のボールペンで体裁よく揮毫	整った読みやすい造形で書けているか。	6
		用紙に体裁よく書けているか。	
合計			50

〈携行品〉

毛筆：筆(最大半切作品が書けるものから，仮名小字が書けるものまで)，墨，硯，墨池，毛氈，文鎮，水滴，定規，雑巾，制作に適した服装。ただし，用紙，字典を持ち込むことはできない。

硬筆：試験室に用意された用具を使用する。

▼養護教諭

【課題】

□応急手当と救命処置の実技に関する試験

〈課題例〉

□頭部外傷

小学4年女子が，昼休み中にグラウンドで遊んでいたところ，転倒し遊具の突き出ている部分に頭頂部があたり，頭頂部から出血しています。泣いていて，頭頂部には何か刺さっているものはありません。 この児童や周囲の子どもたちに対し，必要な言葉かけやアセスメントをしながら対応してください。 また，こちらにあるものを使用し，応急手当を行ってください。

□左眼球外傷

高校1年男子が，授業中にシャープペンシルの芯が折れて左眼球に刺ささったまま，担任に付き添われて保健室に来室しました。 この生徒や担任に対し，必要な言葉かけやアセスメントをしながら対応してください。 また，こちらにあるものを使用し，応急手当を行ってください。

□一次救命処置

高校3年女子が，体育の時間に走っているときに，突然その場に倒れ，生徒が保健室に呼びに来ました。声をかけても生徒は反応しない状況です。 保健室に呼びに来たところから，必要な準備をして運動場に行く設定で，対応してください。 また，こちらにあるものを使用し，一次救命処置を行ってください。

□右足首捻挫

> 中学1年女子が，宿泊訓練での登山を始めて30分のところで滑って右足首を痛めました。必要な手当をして，下山の準備をしてください。
>
> またこの生徒や周囲の子どもたちに対し，必要な言葉かけやアセスメントをしながら対応してください。
>
> また，こちらにあるものを使用し，応急手当を行ってください。

〈評価の観点〉

項目	評価の観点	評価点		
		配点	小計	合計
知識	応急手当を行うための知識	３０点	３０点	８０点
技能	応急手当の技能	３０点	３０点	
態度	応急手当時の態度	２０点	２０点	

◆模擬授業(場面指導)及び面接Ⅰ(個人面接)(2次試験)

※試験当日に提示するテーマによる模擬授業(養護教諭志望者は場面指導)を行う。面接Ⅰは，模擬授業後(場面指導)等に関することを問う。

〈試験の流れ〉

○模擬授業

授業の構想(模擬授業のテーマを提示後，15分間の構想時間が与えられる)

→模擬授業(15分間で模擬授業を行う)

→面接Ⅰ(模擬授業終了後，そのままの流れで面接Ⅰを10分間行う)

○場面指導

指導の構想(場面指導のテーマを提示後，2分間の構想時間が与えられる)

→場面指導(7分間で場面指導を行う)

→面接Ⅰ(場面指導終了後，そのままの流れで面接Ⅰを10分間行う)

〈評価項目〉

○模擬授業

①授業プランニング力１（本時授業展開の構想力） ・どのように授業を行おうとしているかが整理されており、１時間の授業展開の構想が明確であるか ・授業の展開が、説明、問いかけ、児童生徒の学習活動によりバランス良く構成されているか
②授業プランニング力２（本時授業目標設定力） ・授業を見終わった時に、本時１５分間の学習のねらいが何であったかが理解できるか ・授業を通して、どのような力が身についたのか、評価の視点がわかるか
③教科指導の理論及び学習指導要領の動向の理解 ・児童生徒に考えさせたり、表現させたり、繰り返し練習をさせる等、児童生徒の学習の様子があらわれているか ・教師一人が教材の内容（考え方や正解の導き方など）を一方的に説明するだけの授業になっていないか
④教科そのものの知識や技能の高さ、教材の理解の深さ ・授業から、教師が教科内容を十分理解していることや、教科に関する技能をもっていることがわかるか ・授業から、教材の内容を児童生徒に理解させるために、何通りかの提示の仕方を持っていることをうかがえるか
⑤授業パフォーマンス力 ・テンポ良く、メリハリのある授業で、教師と児童生徒とのかかわりが見えて、適切な説明・指示・承認・賞賛・激励・助言等が行われているか ・児童生徒の理解を促すよう、例を適切に用いたり、板書を見やすくしたりする等の工夫ができているか

①授業のわかりやすさ ・説明内容や板書が論理的でわかりやすいか ・児童生徒の「わかる」気持ちを大切にしているか
②児童生徒一人ひとりを理解し、「確かな学力」を身につけさせたいという願いに基づく態度 ・児童生徒全員に視線を向け、学習状況の把握に努めるとともに、児童生徒個々の学習内容の理解や定着が進むように、助言・追加説明・言い換え・激励等で必要に応じて、対応しようとしているか
③公平さと明るさ ・児童生徒全員（学級全体）に向けて、豊かな表情と適切な言葉遣い及び明瞭な声で語りかけることができているか
④児童生徒を受容しようとする態度 ・児童生徒の声を傾聴し、発言や発想を取り入れ学習を導こうとしているか ・児童生徒の新たな学びを展開しようとしているか
⑤毅然とした態度で最後までやり抜こうとする意欲と忍耐力 ・積極的な態度で授業に臨み、落ち着いている。授業を最後まできちんと成立させることができたか ・適切な間合いをもって言葉を発することができたか

○場面指導

①児童生徒の実態の把握・分析力 ・児童生徒の現状や問題点を広い視点からとらえ把握できているか ・指導の目的を理解し、自分なりの考えをきちんともっているか
②説明力 ・説明の内容が論理的に順序だてられており、説明が終わった後、何がねらいだったかわかるか ・テンポやメリハリのある言葉遣いで、わかりやすく・簡潔な説明が行われているか
③保健に関する指導 ・対象学年や集団あるいは個人に応じた適切な指導であるか
④専門的知識の理解や技能の修得 ・課題に応じて児童生徒の現状をふまえ、現状や解決の方法などについて、正しい説明や適切な対応ができているか。
⑤表現力 ・温かい雰囲気で、児童生徒とかかわることができているか。

①指導のわかりやすさ ・説明内容が簡潔でわかりやすいか。 ・児童生徒の気持ちを大切にしているか。
②児童生徒の安全・健康に対する使命感 ・児童生徒の心身の健康保持・増進に対する強い責任感と熱意があるか。
③公平さと明るさ ・豊かな表情と適切な言葉遣い及び明瞭な声で語りかけることができているか。
④情報収集と情報発信力 ・児童生徒の健康に関する実態把握ができているか。 ・実態把握に基づいて適切に情報を発信することができているか。
⑤毅然とした態度で最後までやり抜こうとする意欲と忍耐力 ・相手に視線を向けて話をする積極的な姿勢がみられたか。 ・落ち着いた態度で最後まで指導をきちんと成立させることができたか。

○面接Ⅰ

評価項目	指導主事	指導主事	評議員
①教科実践力（指導主事が質問） ・明確な授業のねらい ・授業構築の理論・指導方法の理解 ・適切な評価規準の設定	１０	１０	１０
②教科専門力（指導主事が質問） ・模擬授業では判断できない専門的知識の豊かさ ・教科の専門的知識に基づく考えの有無	１５	１５	
③教科専門力（指導主事が質問） ・教科指導の理論や学習指導要領の理解 ・様々な教科指導方法の習得	１５	１５	
④教科指導力（学校評議員が質問） ・教科の有用性や学ぶ楽しさ ・教科指導と学級指導との関連性 ・児童生徒や保護者からの学習に関する質問や相談への対応	１０	１０	１５
合　計	５０	５０	２５

評価項目	指導主事	指導主事	評議員
①教科実践力（指導主事が質問） ・明確な場面指導のねらい ・場面指導構築の理論・指導方法の理解 ・保健指導に関する知識・理解	１０	１０	１０
②教科専門力（指導主事が質問） ・場面指導では判断できない専門的知識の豊かさ ・保健の専門的知識に基づく考えの有無	１５	１５	
③教科専門力（指導主事が質問） ・疾病等に関する対応	１５	１５	
④教科指導力（学校評議員が質問） ・保健について学ぶ意義 ・教職員、保護者、関係機関との連携 ・児童生徒や保護者からの保健・衛生面に関する質問・相談や個別の保健指導	１０	１０	１５
合　計	５０	５０	２５

▼小学校教諭

【模擬授業課題】

□国語：小学校第5学年対象

学習指導要領国語科第5学年及び6学年の「B　書くこと」の指導事項には，「ウ 目的や意図に応じて簡単に書いたり詳しく書いたりするとともに，事実と感想，意見と区別して書いたりするなど，自分の考えが伝わるように書き表し方を工夫すること。」がある。

これを踏まえて，単元「係活動の協力をお願いするポスターを作ろう」(全3時間)を構想し，その第2時の授業をしなさい。なお，第1時では，ポスターで協力のお願いをするという学習の見通しをもち，ポスターの特徴を捉える学習を行っている。

授業の実施に当たっては，次の項目を取り入れた授業とすること。

①　下に示す資料を使って授業を展開すること。

②　新大分スタンダードに示す「めあて」「課題」「まとめ」「振り返り」を適切に使って展開すること。

③　本時の具体的な評価規準(おおむね満足できる(B)とする児童の

姿)を1つ設定すること。なお，評価の観点は，思考・判断・表現(「B　書くこと」)で設定するものとする。

<資料>ポスター

水やりに協力してくれる人、
大ぼ集！
～緑のカーテンですずしい夏を～

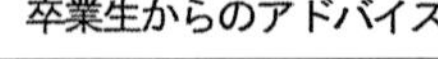

去年、わたしたちも緑のカーテンを作ったよ。おかげで、すずしい夏を過ごせたんだ。でも、水やりがとても大変だったなあ。
まず、毎朝水をやらないとすぐにかれてしまうんだ。朝、水やりをわすれて、昼休みにあわてて見に行ったらしおれかけていたこともあった。
それから、大きな緑のカーテンを作るためには、たくさんの植木ばちに水をやる必要があるんだ。植木ばちの数はどのくらい大きな緑のカーテンを作るかで変わってくるよ。
水やりは大変だったけれど、すずしい夏が過ごせて、みんなも喜んでくれて本当にうれしかったなあ。
何かこまったことがあったらいつでも相談にのるよ。がんばって作ってね。

(模擬授業終了後，面接で質問する。)

□算数：小学校第5学年対象

本時は，13時間扱いの単元「三角形や四角形の面積」の12時間目である。問題場面は次の通りである。

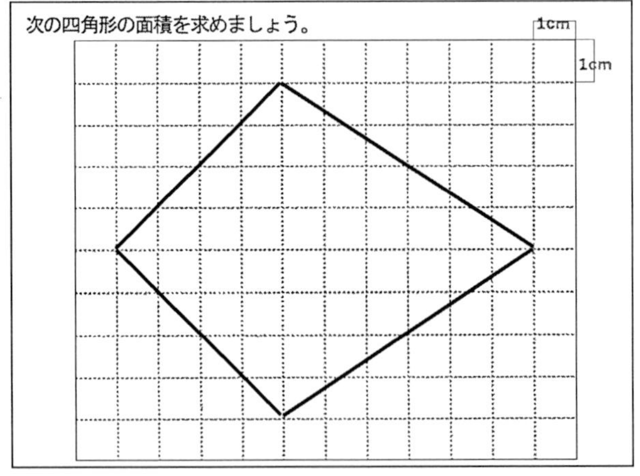

次の四角形の面積を求めましょう。
1cm
1cm

①～③を踏まえて授業を行いなさい。

① 多様な考えを引き出し，比較する学習活動を位置付けること。

② 新大分スタンダードに示している「めあて」「課題」「まとめ」「振り返り」を適切に使って展開すること。

③ 本時の具体的な評価規準(おおむね満足できる(B)とする児童の姿)を1つ設定しなさい。

ただし，評価の観点は「思考・判断・表現」とする。

(模擬授業終了後，面接で質問する。)

□理科：小学校第6学年対象

本時は，8時間扱いの単元「てこのはたらき」の2時間目である。

棒のてこを用いて，できるだけ小さな力で重いものを持ち上げる方法について考える場面である。

①～③を踏まえて授業を行いなさい。

① 「変える条件」と「変えない条件」を明確に示し，実験の結果をまとめること。

② 新大分スタンダードに示している「めあて」「課題」「まとめ」「振り返り」を適切に使って展開すること。

③ 本時の具体的な評価規準(おおむね満足できる(B)とする児童の姿)を1つ設定しなさい。

ただし，評価の観点は「思考・判断・表現」とする。

(実験で使用するてこ：例)

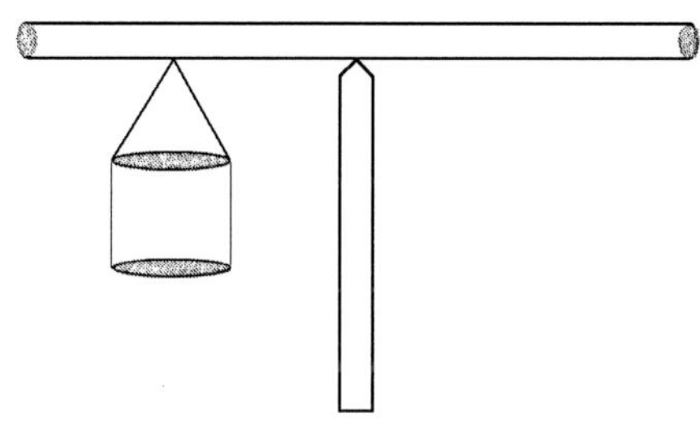

(模擬授業終了後，面接で質問する。)

□社会：小学校第5学年対象

本時は，「我が国の農業や水産業における食料生産」という内容のまとまりの中の，5時間扱いの単元「これからの食料生産と私たちの生活」の5時間目であり，単元のまとめとしての位置付けである。

①～③を踏まえて授業を行いなさい。

① 我が国の食料生産は「国民の食料を確保する重要な役割を果たしていること」の理解を基に，「日本のこれからの食料生産」について考え，表現する授業を行うこと。

② 新大分スタンダードに示している「めあて」「課題」「まとめ」「振り返り」を適切に使って展開すること。

③ 本時の具体的な評価規準(おおむね満足できる(B)とする児童の姿)を1つ設定すること。ただし，評価の観点は「思考・判断・表現」とする。

(資料1) 日本のおもな食料自給率のうつり変わり (令和2年度食料需給表)

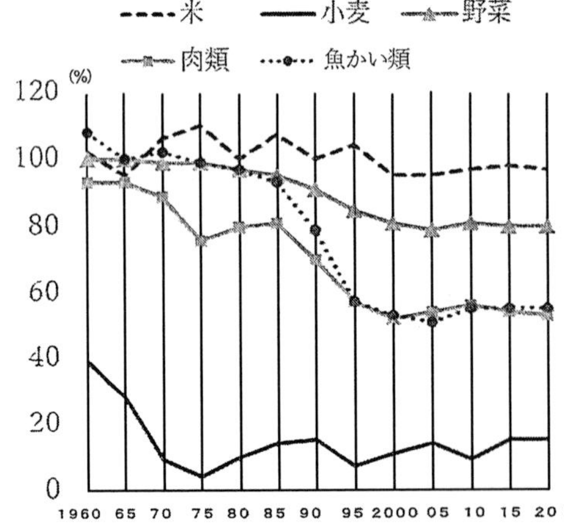

(資料2) 買い物客でにぎわう産地直売所 (大阪府岸和田市)

(資料3) 地域の人がしじみ漁を体験している様子 (青森県五所川原市)

(模擬授業終了後，面接で質問する。)

□算数：小学校第5学年対象

本時は，12時間扱いの単元「単位量当たりの大きさ」の7時間目である。問題場面は次の通りである。

表は，以下の3人のうち，誰が一番走る速さが速いかを調べるために，それぞれの走った道のりと時間を計測したときの結果である。

	道のり（m）	時間（秒）
かおる	40	8
まさみ	40	7
ゆうき	50	8

※前時までに，

・かおるとまさみは走った道のりが揃っているため，速さを比べられること

・かおるとゆうきは時間が揃っているため，速さを比べられること

を理解している。

本時は，走った道のりと時間の両方が異なるまさみとゆうきの速さの比べ方を考える内容である。

①～③を踏まえて授業を行いなさい。

① 多様な考えを位置付け比較する学習活動を位置付けること。

② 新大分スタンダードに示している「めあて」「課題」「まとめ」「振り返り」を適切に使って展開すること。

③ 本時の具体的な評価規準(おおむね満足できる(B)とする児童の姿)を1つ設定しなさい。

ただし，評価の観点は「思考・判断・表現」とする。

(模擬授業終了後，面接で質問する。)

□国語：小学校第5学年対象

学習指導要領国語科第5学年及び6学年の「A　話すこと・聞くこと」の指導事項には，「エ　話し手の目的や自分が聞こうとする意図に応じて，話の内容を捉え，話し手の考えと比較しながら自分の考えをまとめること。」がある。

これを踏まえて，単元「友だちの考えを聞いて，自分の考えをまとめたり深めたりしよう」(全4時間)を構想し，その第3時の授業をしなさい。なお，第1時では，「朝読書の本にマンガを加えてもよいか」というテーマを決定し，第2時では，テーマに対して，自分の立場(加えても良い・加えるのは良くない)や，そのように考えた理由について，付箋に書き出して整理する学習を行っている。本時では，前時に付箋で整理したワークシートをもとに，テーマについて友達の意見を聞き，自分の考えをまとめる時間である。

※児童のワークシートの例

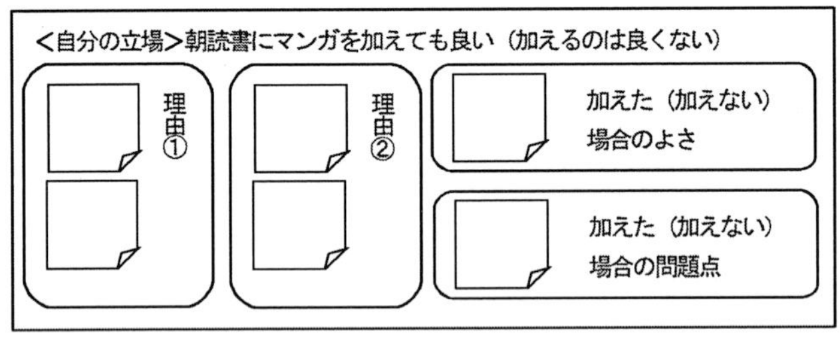

授業の実施に当たっては，次の項目を取り入れた授業とすること。

① 新大分スタンダードに示す「めあて」「課題」「まとめ」「振り返り」を適切に使って展開すること。

② 本時の具体的な評価規準(おおむね満足できる(B)とする児童の姿)を1つ設定すること。

ただし，評価の観点は，思考・判断・表現(「A　話すこと・聞くこと」)とする。

(模擬授業終了後，面接で質問する。)

□理科：小学校第4学年対象

本時は，7時間扱いの単元「すがたを変える水」の3時間目である。

水を熱し続けた際の，水の温度と様子の変化について「実験，観察，結果の考察」をする場面である。

①～③を踏まえて授業を行いなさい。

① 実験の結果をグラフ等で表現し，考察してまとめること。

② 新大分スタンダードに示している「めあて」「課題」「まとめ」「振り返り」を適切に使って展開すること。

③ 本時の具体的な評価規準(おおむね満足できる(B)とする児童の姿)を1つ設定しなさい。

ただし，評価の観点は「思考・判断・表現」とする。

(実験で使用する器具(例))

カセットコンロ(アルコールランプ)，金網，スタンド，ビーカー，温度計，沸騰石

※写真は，実験方法をイメージするためのもので，板書等で使用しなくてもよい。

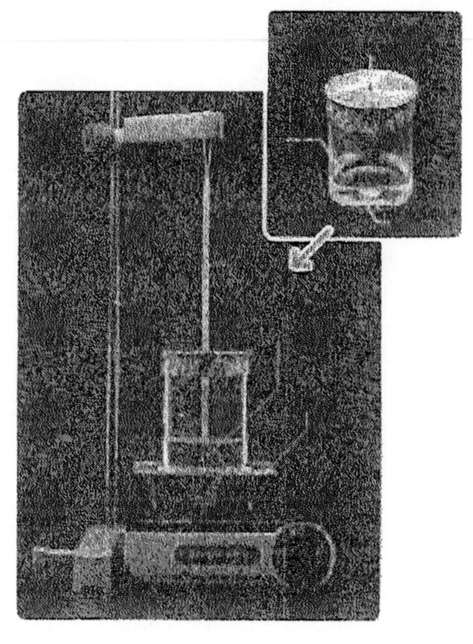

(模擬授業終了後，面接で質問する。)

□社会：小学校第6学年対象

本時は，5時間扱いの小単元「武士の政治が始まる」の5時間目である。元との戦い(元寇)によって生じた武士への影響を考えまとめる場面である。

①～③を踏まえて授業を行いなさい。

① 元との戦いと幕府と御家人の関係を関連付けて考え，まとめる場面を位置付けること。

② 新大分スタンダードに示している「めあて」「課題」「まとめ」「振り返り」を適切に使って展開すること。

③ 本時の具体的な評価規準(おおむね満足できる(B)とする児童の姿)を1つ設定すること。ただし，評価の観点は「思考・判断・表現」とする。

（資料１）蒙古襲来絵詞

（資料２）ご恩と奉公

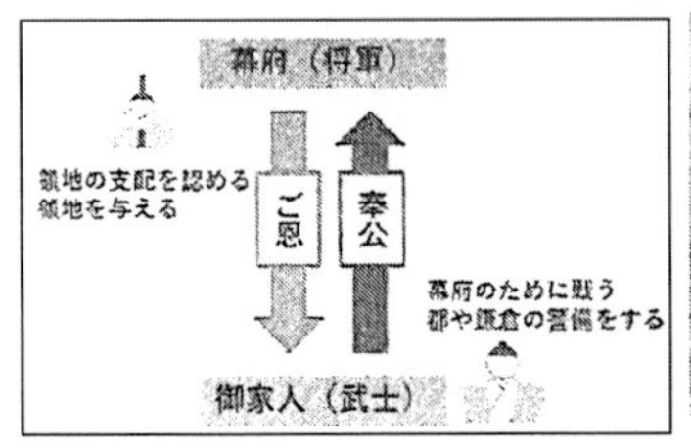

（資料３）恩賞を求める御家人（右）

(模擬授業終了後，面接で質問する。)

〈面接Ⅰ質問例〉

○模擬授業の内容について

○算数科における言語活動の充実に関する受験者の考えについて
○理科における1人1台端末の効果的な活用に関する受験者の考えについて
○社会科における1人1台端末の効果的な活用に関する受験者の考えについて
○社会科の授業を進めるに当たっての受験者の考えについて
○外国語科における言語活動の充実に関する受験者の考えについて
○音楽の鑑賞を進めるに当たっての受験者の考えについて
○体育科における1人1台端末の効果的な活用に関する受験者の考えについて
○図画工作科の鑑賞の授業を進めるに当たっての受験者の考えについて
○生活科の授業を進めるに当たっての受験者の考えについて
○生活科における言語活動の充実に関する受験者の考えについて
○道徳教育との関連を踏まえた体育の授業を進めるに当たっての受験者の考えについて
○特別の教科　道徳を進めるに当たっての受験者の考えについて
○特別の教科　道徳における1人1台端末の効果的な活用に関する受験者の考えについて
○特別の教科　道徳における言語活動の充実に関する受験者の考えについて
○総合的な学習の時間を進めるに当たっての受験者の考えについて
○特別活動(学級活動)を進めるに当たっての受験者の考えについて
○児童からの相談への対応について
○保護者からの相談への対応について

▼小中学校連携

【模擬授業課題】

□算数・数学

次に示す題材に即した授業をしなさい。ただし，留意点に従うこと。

内容　小学校5年　図形の面積

下の図のように，底辺が6，高さが4の三角形があります。
この三角形の面積の求め方を説明しなさい。

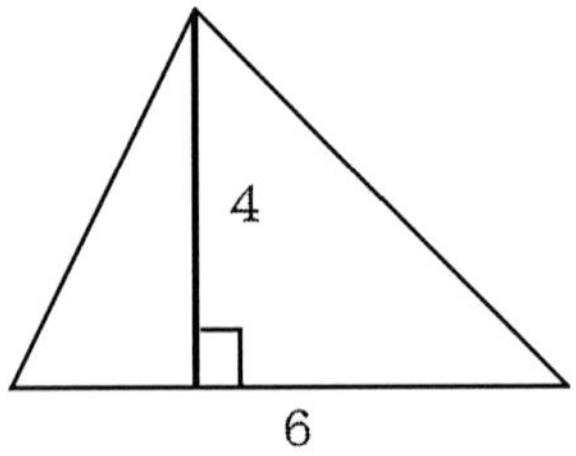

4
6

〈留意点〉
① 前時までに「長方形の面積と平行四辺形の面積の求め方」まで終えたとする。
② 新大分スタンダードに基づく授業を展開すること。
③ 評価の観点は「思考・判断・表現」とし，評価規準を1つ設定すること。(設定した評価規準は，面接Ⅰで質問する。)

〈面接Ⅰ質問例〉
○模擬授業(小学校)の内容について
○小学校算数科の授業におけるICTの効果的な活用について
○中学校第1学年「文字を用いた式」の指導について
○特性のある児童・生徒への対応について

□理科：小学校第6学年対象

ちっ素，酸素，二酸化炭素のそれぞれの気体の中での，火のついたろうそくの様子を比べながら調べることにより，酸素にはものを燃やす働きがあり，ちっ素や二酸化炭素にはその働きがないことを理解させる授業をしなさい。ただし，下記の留意点に従うこと。

〈留意点〉
① 新大分スタンダードに示している「めあて」「課題」「まとめ」

「振り返り」の4要素を位置づけた授業を構想すること。

② 「知識・技能」を評価規準に設定した授業を展開すること。

③ 実験の内容は下に示すものとする。

④ 実験の結果を整理し，考察する場面を設定すること。

【実験】

① ちっ素，酸素，二酸化炭素の入ったボンベをそれぞれ用意する。

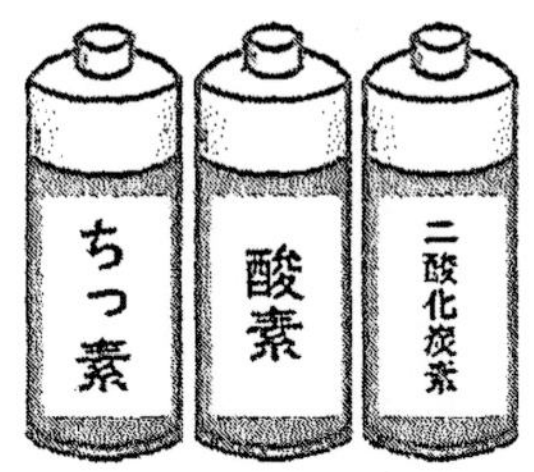

② 水の中にびんを入れ，ちっ素，酸素，二酸化炭素をそれぞれ別のびんに集める。

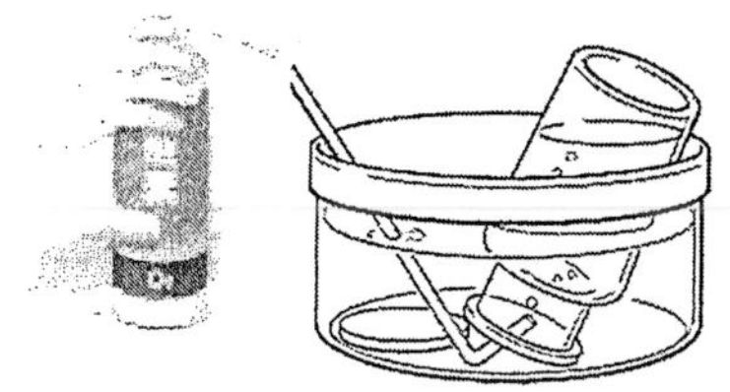

水の中で気体を集め、ふたをして、水から出す。

③ 火のついたろうそくを，それぞれのびんの中に入れ，ふたをして，ろうそくが燃えるか観察する。

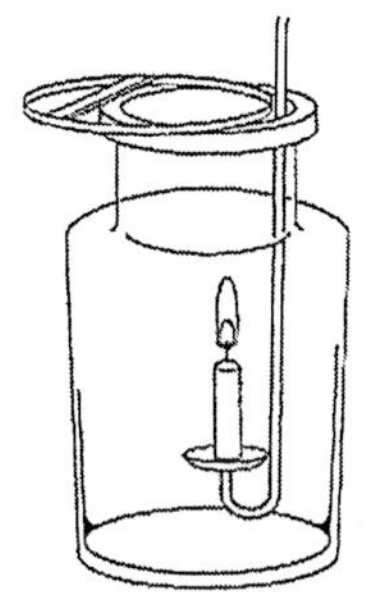

※③の実験結果は，下の表を用いるものとする。

気体	燃えたか どうか	びんに入れたときの様子
ちっ素	燃えなかった	すぐに消えた。
酸素	燃えた	ほのおが大きくなって明るくなった。やがて消えた。
二酸化炭素	燃えなかった	すぐに消えた。

〈面接Ⅰ質問例〉

○模擬授業(ものの燃え方と空気)について

○「質量と重さ」の違いについて

○「より妥当な考え方をつくり出す力」について

○安全に配慮した観察・実験について

□音楽

「とんび」(葛原しげる 作詞・梁田貞 作曲)について，児童が旋律の特徴を感じ取りながら，強弱を工夫して歌う授業をしなさい。

※A表現領域・歌唱分野・小学校4年生対象

※本時は，全2時間扱いの2時間目とする。

■模擬授業(15分間)の中に，次の活動を設定すること。

ア　学習の見通しを持たせ意欲を高める「めあて」や，児童が追究したくなる「課題」を提示する活動

イ　児童が追究した結果を明確にする「まとめ」や，学習の成果を実感し学んだことや意欲を次につなげる「振り返り」をする活動

〈面接Ⅰ質問例〉

○模擬授業について

○鑑賞の授業について

○[共通事項]について

○器楽の指導について

□保健体育

「健康な生活と疾病の予防」の「(エ)喫煙，飲酒，薬物乱用と健康？

喫煙と健康」についての授業をしなさい。

・喫煙については，たばこの煙の中にはニコチン，タール及び一酸化炭素などの有害物質が含まれていること，それらの作用により，毛細血管の収縮，心臓への負担，運動能力の低下など様々な急性影響が現れること，また，常習的な喫煙により，がんや心臓病など様々な疾病を起こしやすくなることを理解できるようにすることをねらいとします。

・ただし，次の項目を取り入れた授業とすること。

① 生徒への発問やグループで意見を出し合う場面を設定する。

② 最後に授業のまとめを行う。

〈面接Ⅰ質問例〉

○模擬授業の内容について

○豊かな専門的知識に基づく考えについて

○学習指導要領を理解した上での教科指導について

○授業における場面対応について

□英語

小学校6年生を対象に，以下の教科書の一部を使って授業しなさい。ただし，①～④の項目に留意すること。

① 単元のゴールを「『思い出絵本』を作って，思い出に残っている学校行事発表会をしよう。」と設定すること。

② 児童は，学校行事を表す英語表現について，第1時で学んでおり，本時は第2時であること。

〈第1時で学んだ英語表現〉entrance ceremony, sports day, summer camp, school trip, music festival, volunteer day, hiking, drama festival, mochi making festival, graduation ceremony

③ 新大分スタンダードに基づき，本時の「めあて」や「振り返り」を適切に設定すること。

④ 本時の評価の観点を「知識・技能」とし，評価規準を設定すること。

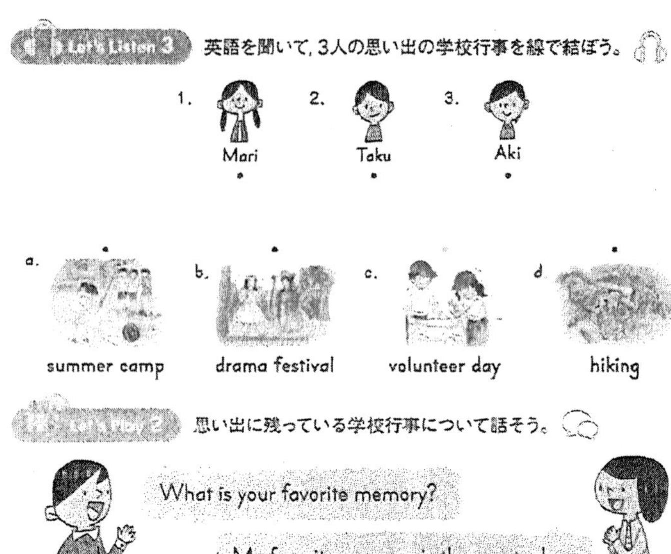

〈面接Ｉ質問例〉

○模擬授業の内容について

○小学校と中学校の学びの接続に関する受験者の考えについて

○学習指導要領の目標の達成のための指導方法に関する受験者の考えについて

○児童からの相談への対応について

▼中学国語

【模擬授業課題】

□学習指導要領第2学年国語「B　書くこと」の指導事項には，「エ　読み手の立場に立って，表現の効果などを確かめて，文章を整えること」がある。

これを踏まえて，「身近な問題についての意見文を書く」単元(全5時間)を構想した。第3時までは，意見文に書きたい内容を決め，伝えたいことに関する情報を集めて文章の構成を考える学習を行っている。本時として，第4時の授業をしなさい。

授業の実施に当たっては，以下の点に留意すること。

① 新大分スタンダードに示してある「めあて」「課題」「まとめ」「振り返り」を適切に位置付けるとともに，「B(おおむね満足できる状況)と判断する生徒の具体的な姿」，評価場面と評価方法を想定しておくこと。

② 本時の「めあて(課題)」は模擬授業中に必ず板書し，「B　書くこと」の指導事項をどのように具現化しているかが分かるよう，導入と学習展開の中心となる活動は必ず行うこと。なお，「振り返り(まとめ)」の場面までは必ずしも行わなくともよい。

③ 下に示す＜資料＞を使って授業を展開すること。

※机上にある白紙の模造紙を，＜資料＞を拡大したものと想定して使用してよい。

＜資料＞

　プラスチック製品は現在、地球の自然環境に大きな影響を与えている。
　先日、テレビ番組で「海洋プラスチックゴミ」が深刻な環境問題になっていることを報じていた。このまま放置しておくと大変なことになると予想されている。
　確かにプラスチックは軽く、加工しやすい利点がある。しかし、自然環境ではほとんど分解されずに、地球上に残り続けることになるという報告がなされている。
　これからの私たちにとって大切なことは、むやみにプラスチック製品の使用を制限してしまうのではなく、プラスチック製品の使い捨てやゴミ処理の仕方について考え、改善できるところから取り組んでいくことだ。

□学習指導要領第2学年国語「A　話すこと・聞くこと」の指導事項には，「ウ　資料や機器を用いるなどして，自分の考えが分かりやすく伝わるように表現を工夫すること」がある。

これを踏まえて，「職場体験学習での体験や学びから，将来について考えたり感じたりしたことを報告する」という単元(全5時間)を構想した。第3時までは，報告会の形式や流れ，自己評価を行うための評価の観点の確認，材料の整理と内容の検討，話の構成の工夫を考える学習を行っている。本時として，第4時の授業をしなさい。

授業を行う際は，以下の点に留意すること

① 新大分スタンダードに示してある「めあて」「課題」「まとめ」「振り返り」を適切に位置付けるとともに，「B(おおむね満足できる状況)と判断する生徒の具体的な姿」，評価場面と評価方法を想定しておくこと。

② 本時の「めあて(課題)」は模擬授業中に必ず板書し，「A　話すこと・聞くこと」の指導事項をどのように具体化しているのかが分かる学習活動を入れること。

③ 導入と学習展開の中心となる活動は必ず行うこと。なお，終末の場面までは必ずしも行わなくてよい。

〈面接Ⅰ質問例〉

○模擬授業の内容について

○国語科における学校図書館活用について

○学習に困難を抱える生徒への配慮について

○辞書と端末の活用について

○国語科におけるICTの活用について

○情報の扱い方に関する指導について

○コロナ禍における話し合い活動の工夫について

▼中学社会

【模擬授業課題】

□歴史的分野「近代の日本と世界」の小単元「世界恐慌と日本」におけるまとめの授業をしなさい。ただし，以下の項目に留意して，1時間の授業を15分で実演すること。

1　日本が日中戦争に向かう過程と影響について，中国などアジア諸国との関係，欧米諸国の動きと日本との関連などに着目して，事象を相互に関連付けるなどして，多面的・多角的に考察し，表現させる授業を構想すること。

2　当時の日本と東アジアの略図を描き，日中戦争の過程を生徒に捉えさせること。

3　資料として以下のものを活用してよいが，他に必要と考えられる資料があれば想定し，付け加えてもよい。

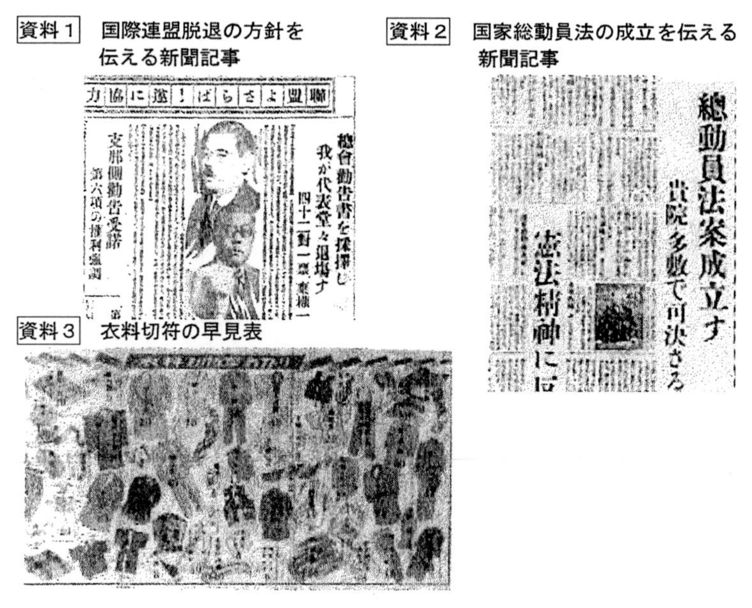

資料1　国際連盟脱退の方針を伝える新聞記事

聯盟よさらば！遂に協力

総会勧告書を採択し
我が代表堂々退場す
四十二対一票　棄権一

支那側勧告受諾
第六項の権利強調

資料2　国家総動員法の成立を伝える新聞記事

総動員法案成立す
貴院 多数で可決さる
憲法精神に

資料3　衣料切符の早見表

□地理的分野B「世界の様々な地域」の(1)「世界各地の人々の生活と環境」におけるまとめの時間の授業をしなさい。ただし，以下の項目に留意して，1時間の授業を15分で実演すること。

1　世界各地の人々の生活の特色やその変容の理由について，その生活が営まれる場所の自然及び社会的条件などに着目して多面的・多角的に考察し，表現させる授業を構想すること。

2　世界の白地図の略図を黒板に描きまとめること。

3　資料として以下のものを活用してよいが，他に必要と考えられる資料があれば想定し，付け加えてもよい。

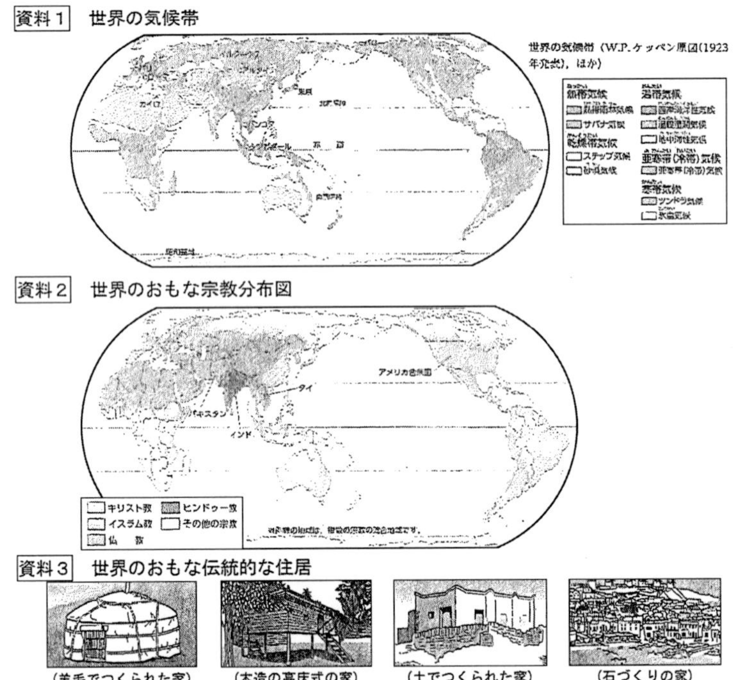

□歴史的分野「近世までの日本とアジア」における小単元「律令国家の形成」のうち「聖徳太子の政治と飛鳥文化」についての授業をしなさい。ただし，以下の項目に留意して，1時間の授業を15分で実演すること。

1　聖徳太子の政治の特色を東アジアとの関係などに着目して，事象を相互に関連付けるなどして，多面的・多角的に考察し，表現させる授業を構想すること。その際，聖徳太子の政治が律令国家の確立に至るまでの過程にあることに留意すること。

2　当時の日本と東アジアの略図を描き，聖徳太子の政治と東アジアとの関連を生徒に捉えさせること。

3　資料として以下のものを活用してよいが，他に必要と考えられる資料があれば想定し，付け加えてもよい。

資料1　十七条の憲法

一に曰（いわ）く、和を以て貴しと為し、さかふること無きを宗（むね）とせよ。
二に曰く、あつく三宝を敬へ。三宝とは仏・法・僧なり。
三に曰く、詔（みことのり）を承りては必ず謹め、君をば天とす、臣をば地とす。
四に曰く、群臣百寮、礼を以て本とせよ。それ民を治むるが本、必ず礼にあり。

（『日本書紀』から一部抜粋）

資料2　遣隋使の手紙と隋の皇帝

大業三（607）年、その王多利思比孤（たりしひこ）、使を遣わし朝貢す。使者曰く「海西（かいさい）の菩薩天子、重ねて仏法を興すと聞く。故に、遣わして朝拝す」。その国書曰く「日出ずる所の天子、書を日没する所の天子に致す。恙（つつが）なきや」云々（うんぬん）。帝（みかど）、之をみて悦（よろこ）ばず。曰く「蛮夷（ばんい）の書、無礼なるものあり。…」と。

（「『隋書』倭国伝」から一部抜粋）

資料3　法隆寺

□地理的分野C「日本の様々な地域」の(2)「日本の地域的特色と地域区分」におけるまとめの時間の授業をしなさい。ただし，以下の項目に留意して，1時間の授業を15分で実演すること。

1　日本の地域的特色を，①自然環境，②人口，③資源・エネルギーと産業，④交通・通信の項目に基づく地域区分に着目して，それらを関連付けて多面的・多角的に考察し，表現させる授業を構想すること。

2　資料として以下のものを活用してよいが，他に必要と考えられる資料があれば想定し，付け加えてもよい。

資料1　日本の標高

資料2　都道府県の人口分布

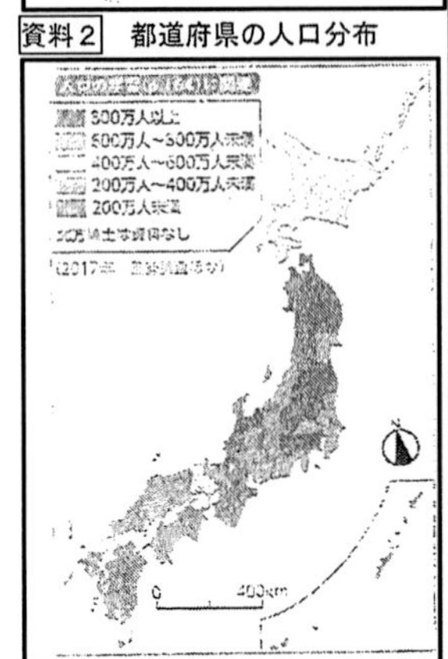

資料3　鉄道を利用した東京～大阪間の移動時間の変化、新幹線と主な航空路

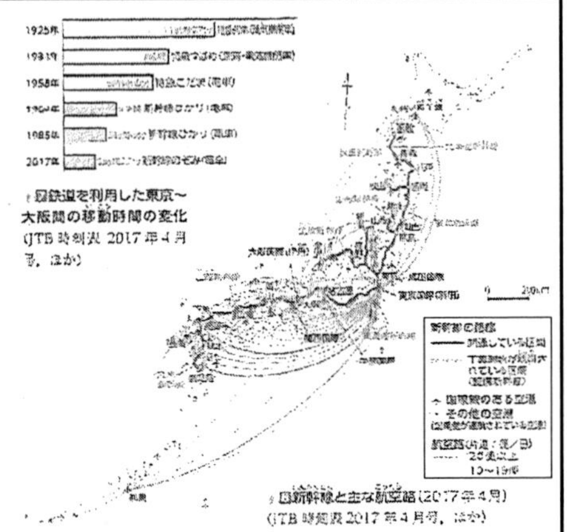

〈面接Ⅰ質問例〉

○模擬授業(歴史的分野)の内容・評価について

○模擬授業(地理的分野)の内容・評価について

○歴史的分野の内容の取扱いに関する受験者の考えについて

○歴史的分野における授業作りに関する受験者の考えについて

○地理的分野の内容の取扱いに関する受験者の考えについて

○地理的分野におけるICTの活用に関する受験者の考えについて

○公民的分野の授業作りに関する受験者の考えについて

○社会科における調べまとめる技能に関する受験者の考えについて

○社会科における学習過程に関する受験者の考えについて

○生徒からの相談について

○生徒からの相談について

▼中学数学

【模擬授業課題】

□次に示す題材に即した授業をしなさい。ただし，留意点に従うこと。

内容　1年　正の数と負の数

下の表は，一週間の本の貸出冊数を表しています。

この表から，一日あたりの本の貸出冊数の平均の求め方を説明しなさい。

	月	火	水	木	金
冊数	159	146	149	144	157

〈留意点〉

① 本時は「正の数と負の数」のまとめの時間とする。

② 新大分スタンダードに基づく授業を展開すること。

③ 評価の観点は「思考・判断・表現」とし，評価規準を1つ設定すること。

□次に示す題材に即した授業をしなさい。ただし，留意点に従うこと。

内容　2年　三角形と四角形

下の図のように，∠XOYの二等分線OZ上の点Pから2辺OX，OYに垂線を引き，OX，OYとの交点をそれぞれA，Bとする。このとき，PA＝PBであることを説明しなさい。

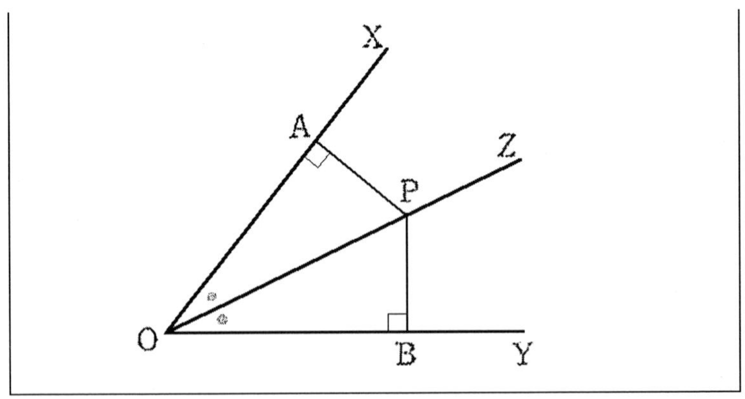

〈留意点〉

① 前時までに「直角三角形の合同条件」まで終えたとする。

② 新大分スタンダードに基づく授業を展開すること。

③ 評価の観点は「思考・判断・表現」とし，評価規準を1つ設定すること。

□次に示す題材に即した授業をしなさい。ただし，留意点に従うこと。

内容　3年　関数 $y=ax^2$

> 関数$y=\frac{1}{4}x^2$で，xの変域が$-2\leqq x\leqq 4$のとき，yの変域の求め方を説明しなさい。

〈留意点〉

① 前時までに「$y=ax^2$の表・式・グラフ」まで終えたとする。

② 新大分スタンダードに基づく授業を展開すること。

③ 評価の観点は「思考・判断・表現」とし，評価規準を1つ設定すること。

〈面接Ⅰ質問例〉

○模擬授業の内容について

○「関数」領域の授業について

○「図形」領域の授業について
○「データの活用」領域の授業について
○第1学年「比例，反比例」の指導について
○第2学年「連立二元一次方程式」の指導について
○第3学年「標本調査」の指導について
○生徒から相談を受けたときの対応について
○保護者から相談を受けたときの対応について

▼中学理科

【模擬授業課題】

□第1学年対象

赤ワインを加熱する実験を行い，沸点のちがいによって2種類の液体の混合物から物質を分離できることを見出し，表現する授業をしなさい。ただし，下記の留意点に従うこと。

〈留意点〉

① 新大分スタンダードに示している「めあて」「課題」「まとめ」「振り返り」の4要素を位置づけた授業を構想すること。
② 「思考・判断・表現」を評価規準に設定した授業を展開すること。
③ 実験の内容は下に示すものとする。
④ 実験の結果を整理し，考察する場面を設定すること。

〈実験〉

① 枝つきフラスコに赤ワインを約10mLとり，沸騰石を入れて弱火で加熱する。3本の試験管㋐㋑㋒の順に約1mLずつ液体を集める。液体を集めているときの温度をはかる。
② 試験管㋐㋑㋒に集めた液体の性質を調べる。

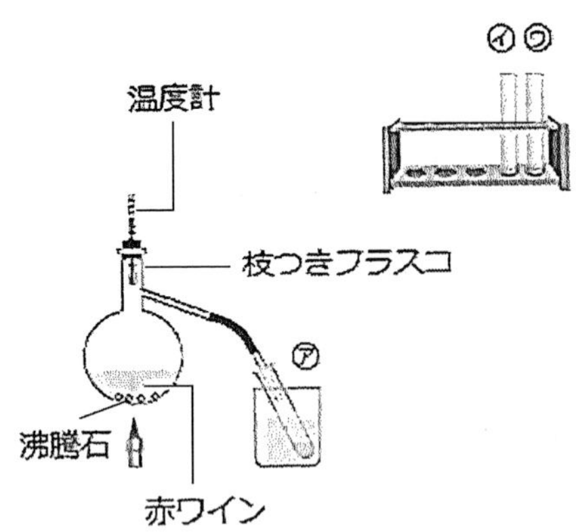

※①②の結果は，下の表を用いるものとする。

	温度〔℃〕	色	におい	火をつけたとき
㋐1本目	72.3～81.2	無色	エタノールのにおいがした。	長く燃えた。
㋑2本目	81.2～92.9	無色	少しエタノールのにおいがした。	少し燃えるが、すぐに消えた。
㋒3本目	93.0～94.8	無色	においはしなかった。	燃えなかった。

□第2学年対象

磁石とコイルを用いた実験を行い，磁石やコイルの動かし方と誘導電流の大きさや向きの関係性を見いだし，表現する授業をしなさい。ただし，下記の留意点に従うこと。

〈留意点〉

① 新大分スタンダードに示している「めあて」「課題」「まとめ」「振り返り」の4要素を位置づけた授業を構想すること。

② 「思考・判断・表現」を評価規準に設定した授業を展開すること。

③ 実験の内容は下に示すものとする。

④ 実験の結果を整理し，考察する場面を設定すること。

〈実験〉

① 実験装置を組み立て，磁石とコイルを使って誘導電流を発生させる。

② 誘導電流について，アとイを変える方法を調べる。

ア　電流の大きさ

イ　電流の向き

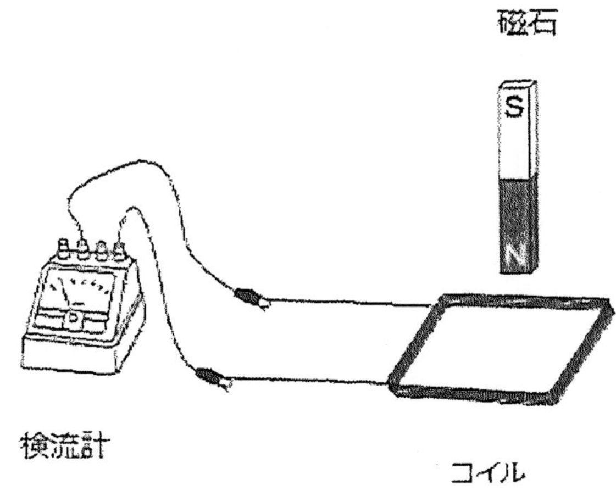

※①②の条件と結果は，下の表を用いるものとする。

変えた条件	ア　誘導電流の大きさ	イ　誘導電流の向き
磁石の向き	変わらなかった。	N極をS極に変えると、逆になった。
磁石を動かす向き	変わらなかった。	磁石を入れるときと出すときでは、逆になった。
磁石（コイル）を動かす速さ	ゆっくり出し入れするより、速く出し入れした方が大きくなった。	変わらなかった。
コイルを動かす向き	変わらなかった。	コイルを近づけるときと遠ざけるときでは、逆になった。
磁石の強さ	弱い磁石より、強い磁石にした方が大きくなった。	変わらなかった。
コイルの巻数	巻数の少ないコイルより、巻数の多いコイルの方が大きくなった。	変わらなかった。

〈面接Ⅰ質問例〉

○模擬授業(蒸留)について

○「示準化石と示相化石」の違いとそれぞれの具体例について

○「日食と月食」の違いとそれぞれが起こる条件について

○理科の「主体的・対話的で深い学び」について

○理科の「言語活動の充実」のための方策について
○地域防災に果たす理科教育の役割について
○障がいのある子の保護者からの要望に対する対応について

▼中学音楽
【模擬授業課題】
□「春　－第1楽章－(「和声と創意の試み」第1集「四季」から)」(ヴィヴァルディ 作曲)について，作曲者が情景をどのように表現しているのかに注目しながら，音楽のよさや美しさを味わって聴く授業をしなさい。
※B鑑賞領域・中学校1年生対象
※本時は，全2時間扱いの2時間目とする。
■模擬授業(15分間)の中に，次の活動を設定すること。
ア　学習の見通しを持たせ意欲を高める「めあて」や，生徒が追究したくなる「課題」を提示する活動
イ　生徒が追究した結果を明確にする「まとめ」や，学習の成果を実感し学んだことや意欲を次につなげる「振り返り」をする活動

□「魔王」(シューベルト 作曲)について，生徒が詩の内容と曲想の変化との関わりを感じ取りながら，音楽のよさや美しさを味わって聴く授業をしなさい。
※B鑑賞領域・中学校1年生対象
※本時は，全2時間扱いの2時間目とする。
■模擬授業(15分間)の中に，次の活動を設定すること。
ア　学習の見通しを持たせ意欲を高める「めあて」や，生徒が追究したくなる「課題」を提示する活動
イ　生徒が追究した結果を明確にする「まとめ」や，学習の成果を実感し学んだことや意欲を次につなげる「振り返り」をする活動

□「浜辺の歌」(林古渓 作詞・成田為三 作曲)について，生徒が旋律の

特徴や強弱の変化に気を付けながら，表現を工夫して歌う授業をしなさい。

※A表現領域・歌唱分野・中学校1年生対象

※本時は，全2時間扱いの2時間目とする。

■模擬授業(15分間)の中に，次の活動を設定すること。

ア　学習の見通しを持たせ意欲を高める「めあて」や，生徒が追究したくなる「課題」を提示する活動

イ　生徒が追究した結果を明確にする「まとめ」や，学習の成果を実感し学んだことや意欲を次につなげる「振り返り」をする活動

〈面接Ⅰ質問例〉

○模擬授業について

○歌唱の授業について

○鑑賞の授業について

○歌唱指導について

○音楽を学ぶ意義について

○音楽的な見方・考え方について

○言語活動の充実について

○[共通事項]について

○学習評価について

○生徒への支援について

○保護者対応について

▼中学美術

【模擬授業課題】

□風景画制作において生徒に自分の作品について主題を持たせたい。本時は主題を決める活動の前時の鑑賞活動にあたる。作品例を用いて風景画制作における主題を生み出すことの大切さについて生徒に理解させる授業をしなさい。

＜授業を行うに当たって次の点に留意すること＞

①　対象生徒は中学校第二学年とする。

② クロード・モネの「ヴェトゥイユのモネの庭」を作品例にすること。

③ 「めあて」,「課題」,「まとめ」,「振り返り」を設定すること。

④ あらかじめ評価規準を設定しておくこと。

⑤ 作品例は試験会場の黒板にA3サイズ(カラー)を掲示している。

クロード・モネ 「ヴェトゥイユのモネの庭」(151.5×121㎝)

〈面接Ⅰ質問例〉

○評価について

○学習改善について

○ICTの活用について

○生徒への働きかけについて

▼中学保体

【模擬授業課題】

□「健康な生活と疾病の予防」の「(ウ)生活習慣病などの予防 ㋑がんの予防」についての授業をしなさい。

・がんは,異常な細胞であるがん細胞が増殖する疾病であり,その要因には不適切な生活習慣をはじめ様々なものがあることを理解できるようにする。また，がんの予防には，生活習慣病の予防と同様に，適切な生活習慣を身に付けることなどが有効であることを理解できるようにすることをねらいとします。

・ただし，次の項目を取り入れた授業とすること。

① 生徒への発問やグループで意見を出し合う場面を設定する。

② 最後に授業のまとめを行う。

□「健康と環境」の「(ア)身体の環境に対する適応能力・至適範囲 ㋐気温の変化に対する適応能力とその限界」についての授業をしなさい。

・その際，気温の変化に対する体温調節の機能を例として取り上げ，身体には，環境の変化に対応した調節機能があり，一定の範囲内で環境の変化に適応する能力があることを理解できるようにすることをねらいとします。

・ただし，次の項目を取り入れた授業とすること。

① 生徒への発問やグループで意見を出し合う場面を設定する。

② 最後に授業のまとめを行う。

〈面接Ⅰ質問例〉

○模擬授業の内容について

○豊かな専門的知識に基づく考えについて

○学習指導要領を理解した上での教科指導について

○授業における場面対応について

○保護者への働きかけについて

▼中学技術

【模擬授業課題】

□「情報の技術」において，インターネットの危険性を踏まえ，安心・安全な情報活用について理解させる授業をしなさい。ただし，次の項目を取り入れた授業とすること。

① 新大分スタンダードを踏まえた授業を行うこと。

② 基本的な用語として「不正侵入」「コンピュータウイルス」「情報の信頼性」について理解させること。

③ 学習指導要領(平成29年告示)に則った具体的な評価規準を設定して授業を行うこと。評価の観点は「知識・技能」とする。

〈面接Ⅰ質問例〉

○模擬授業の内容に係る学習指導と評価規準について

○スマート農業を扱う題材の計画について

○材料と加工の技術に関する指導方法について

○製作実習に関する保護者への説明について

▼中学家庭

【模擬授業課題】

□「幼児にとっての遊びの意義と幼児との関わり方」について考えさせる授業をしなさい。ただし，以下の点に留意すること。

① 新大分スタンダードを踏まえた授業展開を行うこと。

② まとめの中で，本時の学習をこれからの幼児との関わりで生かすように促すこと。

③ 学習指導要領に基づいた評価規準(3観点)と評価方法を考えておくこと。

□「中学生の食生活の課題と健康によい食習慣」について考えさせる授業をしなさい。ただし，以下の項目に留意すること。

① 新大分スタンダードを踏まえた授業展開を行うこと。

② まとめの中で，本時の学習をこれからの食生活で生かすように促すこと。

③ 学習指導要領に基づいた評価規準(3観点)と評価方法を考えておくこと。

〈面接Ⅰ質問例〉

○模擬授業の反省点，工夫点，評価について

○家庭分野における「コンピュータや情報通信ネットワークの積極的

活用」について
○幼児触れ合い体験で留意することについて
○障がいのある生徒への対応について
○ICT活用の場面について
○実習時の安全指導について
○家庭科での学習を生徒の実生活につなげるための指導について

▼中学英語
【模擬授業課題】
□以下の教科書の一部を使って，授業をしなさい。ただし，①～④の項目に留意すること。
① 生徒は，現在完了進行形の肯定文の特徴やきまりについて，第1時で簡単に確認しており，本時は第2時であること。
② 本時では「ずっと続けている習い事や部活動について友だちに伝える活動」を行うこと。
③ 新大分スタンダードに基づき，本時の「めあて」や「振り返り」を適切に設定すること。
④ 本時の評価の観点を「知識・技能」とし，評価規準を設定すること。
(どのような評価規準を設定したのかを，面接で尋ねる。)

音楽部の練習を見に来たブラウン先生が，陸と話しています。

Ms. Brown: What is your band going to play at the school festival?

Riku: Well, we haven't decided yet. We have been discussing it since last week.

Ms. Brown: I see. Have you come up with any ideas?

Riku: Yes. We've narrowed down the list to two songs: "Stand by Me" and "True Colors".

□以下の教科書の一部を使って，授業をしなさい。ただし，①～④の項目に留意すること。

① 生徒は，There is (are)～の特徴やきまりについて，第1時で簡単に確認しており，本時は第2時であること。

② 本時では「お気に入りの町の施設やお店を伝える活動」を行うこと。

③ 新大分スタンダードに基づき，本時の「めあて」や「振り返り」を適切に設定すること。

④ 本時の評価の観点を「知識・技能」とし，評価規準を設定すること。

(どのような評価規準を設定したのかを，面接で尋ねる。)

高原に林間学校に来ているケイトたちは，クラスで朝からハイキングに出かけました。

Mr. Oka: Look! There is a sign over there. We're almost at the top.

Kate: Is there anything to see from the top?

Mr. Oka: Yes, there is. There are two round lakes in the valley.

・・・・・・

Kate: We made it, finally. Oh no, we can't see anything.

Mr. Oka: It's because of the fog.

Kate: Well, it's beautiful like a sea of clouds.

〈面接Ⅰ質問例〉

○模擬授業の内容について

○言語活動に関する受験者の考えについて

○学習指導要領の目標の達成のための指導方法に関する受験者の考えについて

○生徒からの相談への対応について

▼高校国語

【模擬授業課題】

□「現代の国語」において「〔思考力，判断力，表現力等〕A　話すこと・聞くこと」の指導事項「イ　自分の考えが的確に伝わるよう，自分の立場や考えを明確にするとともに，相手の反応を予想して論理の展開を考えるなど，話の構成や展開を工夫すること。」について，「18歳で成人になること」を題材にして授業を行うことにした。言語活動を設定した上で授業をしなさい。ただし，想定する時期は1年生の2学期とすること。

□「現代の国語」において「〔思考力，判断力，表現力等〕A　話すこと・聞くこと」の指導事項「イ　自分の考えが的確に伝わるよう，自分の立場や考えを明確にするとともに，相手の反応を予想して論理の展開を考えるなど，話の構成や展開を工夫すること。」について，「AI社会の到来」を題材にして授業を行うことにした。言語活動を設定した上で授業をしなさい。ただし，想定する時期は1年生の2学期とすること。

〈面接Ⅰ質問例〉

○模擬授業で想定した生徒と授業の工夫について

○「現代の国語」の「書くこと」の領域における授業展開の見通しについて

○「現代の国語」の「読むこと」の領域における授業展開の見通しについて

○伝え合う力を高めるための指導の工夫について

○自分の思いや考えを広めたり深めたりするための指導の工夫について

○漢文を学習する意義について

○漢字を学習する意義について

▼高校地歴(世界史)

【模擬授業課題】

□「世界史探究」の単元「西アジア社会の動向とアフリカ・アジアへのイスラームの伝播」において，「アジア地域(中央アジア・南アジア・東南アジア)へのイスラームの拡大」についての授業をしなさい。ただし，生徒への「問い」を入れるものとし，黒板を使用すること。また，授業の始めに「本時の目標」を示し，最後に「本時のまとめ」をすること。

□「世界史探究」の単元「帝国主義とナショナリズムの高揚」において，「帝国主義」についての授業をしなさい。ただし，生徒への「問い」を入れるものとし，黒板を使用すること。また，授業の始めに「本時の目標」を示し，最後に「本時のまとめ」をすること。

〈面接Ⅰ質問例〉

○模擬授業のねらいや工夫について

○アメリカ合衆国における国民国家の形成について

○西アジアや南アジアの諸帝国について

○学習指導要領の内容について

○学習状況の改善に向けた指導について

▼高校地歴(日本史)

【模擬授業課題】

□「日本史探究」の単元「近代国家の展開」において，アジア・太平洋地域の新たな国際秩序を形成した「ワシントン体制と協調外交」について，授業をしなさい。ただし，生徒への「問い」を入れるものとし，黒板を使用すること。また，授業の始めに「本時の目標」を示し，最後に「本時のまとめ」をすること。

〈面接Ⅰ質問例〉

○模擬授業のねらいや評価の観点について

○平安時代末期の中央政界について

○学習指導要領の内容について

○学習状況の改善に向けた指導について

▼高校地歴(地理)

【模擬授業課題】

□「地理総合」の単元「世界の人口問題」において，次の図を活用しながら授業をしなさい。ただし，生徒への「問い」を入れるものとし，黒板を使用すること。また，授業の始めに「本時の目標」を示し，最後に「本時のまとめ」をすること。

【図】地域別人口の変遷

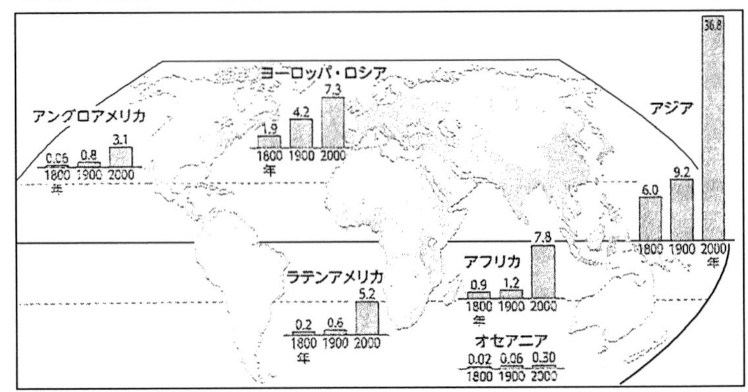

〈面接Ⅰ質問例〉

○模擬授業のねらいや工夫について

○自然環境と防災に関する指導について

○学習指導要領の内容について

○学習の工夫について

▼高校公民

【模擬授業課題】

□「政治・経済」の単元「現代の経済」で「現代経済のしくみと特質」における「物価の動き」について，授業をしなさい。ただし，以下の条件を必ず踏まえること。

① 次の内容に触れるとともに，以下の図1・2を活用して思考させること。

(内容)「物価指数の推移」「物価指数対前年比の推移」

② 生徒への「問い」を入れるものとし，黒板を使用すること。

③ 最初に「本時の目標」を示し，最後に「本時のまとめ」をすること。

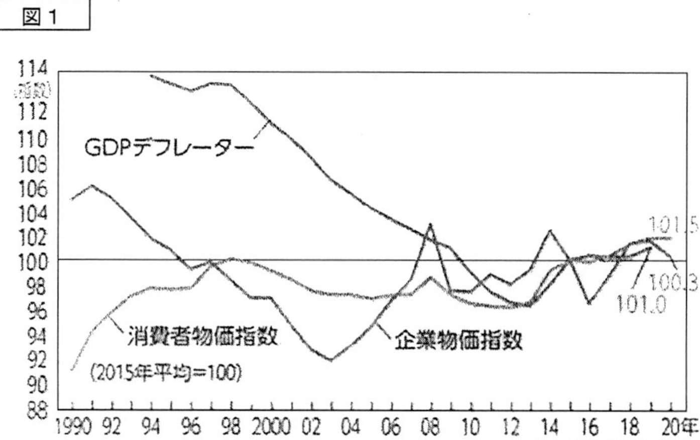

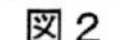

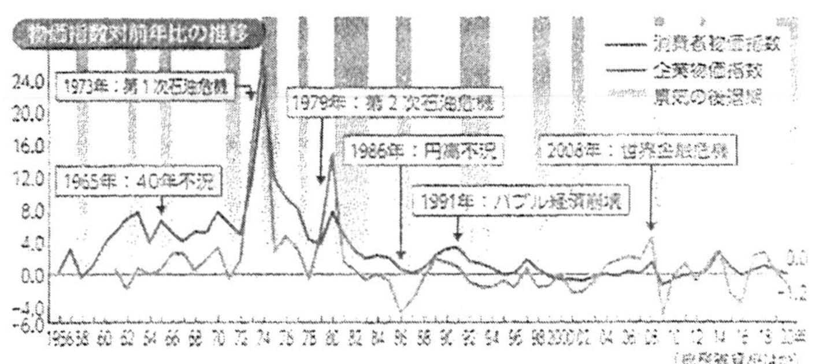

※資料は、「最新 政治・経済」資料集（第一学習社）」より

□「政治・経済」の単元「現代の経済」で「現代経済のしくみと特質」における「金融のしくみとはたらき」の「日本銀行の金融政策」について，授業をしなさい。ただし，以下の条件を必ず踏まえること。

① 次の内容に触れるとともに，以下の図を活用して思考させること。
(内容)「日本銀行の金融政策実施の目的」「金融緩和」

② 生徒への「問い」を入れるものとし，黒板を使用すること。

③ 最初に「本時の目標」を示し，最後に「本時のまとめ」をすること。

図

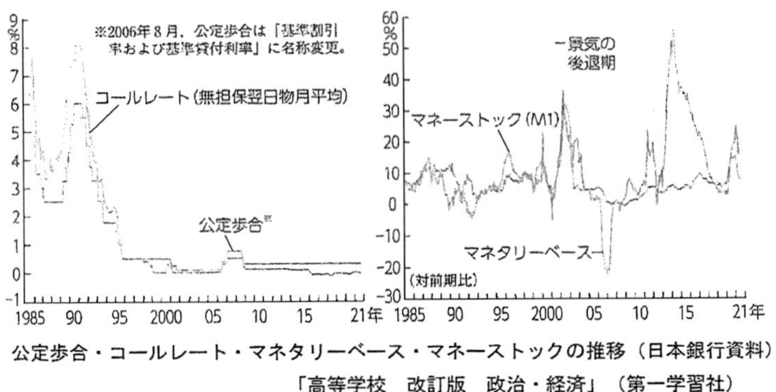

公定歩合・コールレート・マネタリーベース・マネーストックの推移（日本銀行資料）

「高等学校　改訂版　政治・経済」（第一学習社）

〈面接Ⅰ質問例〉

○模擬授業のねらいや工夫について

○模擬授業の工夫と改善点について

○功利主義について

○生命倫理について

○学習指導要領の内容を踏まえた授業実践について

○生徒の授業に対する学習意欲について

▼高校数学

【模擬授業課題】

□本時は，数学Ⅰ『二次関数』における「二次関数の決定」の第2時間目である。次の枠の囲みの内容について，下記に記す留意点を踏まえて授業展開しなさい。

3点(0,1)，(1,4)，(3,4)を通る放物線をグラフとする2次関数を求めよ。

〈留意点〉

○二次関数のグラフについて学んでいる。また，前時は頂点と他の1点や軸の方程式と他の2点から2次関数を求める問題を扱っている。

○本時の目標を適切なタイミングで提示すること。

○本時以前に学習した内容(中学校での学習内容を含む)と関連付けながら，生徒の体系的な理解を促すこと。

○生徒の関心・意欲や数学的な見方・考え方を高めるために，発問内容や数学的活動を充実させる場面の設定などに工夫すること。

○適切な板書により，生徒の学習活動を支援すること。

□本時は，数学Ⅱ『いろいろな式』における「二項定理」の第1時間目である。次の枠の囲みの内容について，下記に記す留意点を踏まえて授業展開しなさい。

$(a+b)^5$を展開せよ。

〈留意点〉

○記号${}_nC_r$については「数学A」の履修で扱っている。

○本時の目標を適切なタイミングで提示すること。

○本時以前に学習した内容(中学校での学習内容を含む)と関連付けながら，生徒の体系的な理解を促すこと。

○生徒の関心・意欲や数学的な見方・考え方を高めるために，発問内容や数学的活動を充実させる場面の設定などに工夫すること。

○適切な板書により，生徒の学習活動を支援すること。

〈面接Ⅰ質問例〉

○模擬授業の内容について

○微分について

○観点別学習状況の評価について

○宿題の対応について
○病気に対する生徒の対応について

▼高校理科(物理)

【模擬授業課題】

□高等学校学習指導要領「物理」の(1)様々な運動(ウ)円運動と単振動・単振動において，振れ幅が小さいときの単振り子の周期が$T=2\pi\sqrt{\frac{l}{g}}$になることを導出する授業をしなさい。ただし，次の項目に留意して授業をすること。

① 物理の「変位に比例する復元力$F=-Kx$」及び「単振動の周期$T=2\pi\sqrt{\frac{m}{K}}$」は既に学習しているものとする。

② 本時に育成を目指す資質・能力(目標)を生徒に分かるように明示すること。

③ 簡単な演示実験または生徒実験を行いながら，周期の規則性を予想させたり，気づいたりすることを促すような場面を設けること。

④ 生徒が主体的に授業に取り組む工夫を行うこと。

⑤ 生徒が理解しづらいと感じる箇所を想定して，発問によって生徒に考えさせる場面を必ず設けることとする。

〈面接Ⅰ質問例〉

○模擬授業の内容について
○物理において，生徒のもつ素朴な概念に対する指導方法について
○観点別学習状況の評価の方法について
○1人1台端末の活用方法について
○授業の指導方法に関する保護者からの相談への対応について

▼高校理科(化学)

【模擬授業課題】

□化学反応式の表す量的関係についての授業をしなさい。ただし，以下の項目に留意すること。

①　量的関係を扱う際，質量と物質量の観点で授業を展開すること。ただし，物質量や化学反応式の書き方は既習のものとする。

②　本時で育成する資質・能力(目標)を生徒にわかりやすく明示すること。

③　言語活動を取り入れた授業を行い，思考を促す場面を設けること。

〈面接Ⅰ質問例〉

○模擬授業の内容について

○無機物質の単元に関する受験者の考えについて

○学習指導要領の目標の達成のための授業に関する受験者の考えについて

○保護者からの問合せへの対応について

▼高校理科(生物)

【模擬授業課題】

□視覚器の構造を復習として確認し，盲斑の存在を体感させ，黄斑から盲斑までのおおよその距離を求める授業をしなさい。ただし，眼球の大きさは2cmとする。ただし，以下の3項目に留意すること。

①　前時に学んだという設定で視覚器の構造(視細胞を含む)を確認する場面を設定すること。

②　深い思考や課題解決に向かう探究的な活動を促す発問により，生徒が主体的に学ぶことを主眼に置いた授業展開をすること。

③　最初に「めあて」と最後に「振り返り」を入れること。

〈面接Ⅰ質問例〉

○模擬授業の内容について

○植物，進化について

○「令和の日本型学校教育」の達成のための指導方法に関する受験者の考えについて

○生徒からの相談への対応について

▼高校保体

【模擬授業課題】

□「健康を支える環境づくり」の「(ア)環境と健康」における「㋒環境衛生に関わる活動」についての授業をしなさい。

・その際，上下水道の整備，ごみやし尿などの廃棄物を適切に処理する等の環境衛生活動は，自然環境や学校・地域などの社会生活における環境，及び人々の健康を守るために行われていることについて理解できるようにすることをねらいとします。

・ただし，次の項目を取り入れた授業とすること。

① 生徒への発問やグループで意見を出し合う場面を設定する。

② 最後に授業のまとめを行う。

□「生涯を通じる健康」の「(ア)生涯の各段階における健康」における「㋑結婚生活と健康」についての授業をしなさい。

・その際，結婚生活を健康に過ごすには，自他の健康に対する責任感，良好な人間関係や家族や周りの人からの支援，及び母子の健康診査の利用や保健相談などの様々な保健・医療サービスの活用が必要であることを理解できるようにすることをねらいとします。

・ただし，次の項目を取り入れた授業とすること。

① 生徒への発問やグループで意見を出し合う場面を設定する。

② 最後に授業のまとめを行う。

〈面接Ⅰ質問例〉

○模擬授業の内容について

○科目保健の「生涯を通じる健康」について

○科目保健の「安全な社会生活」について

○ICT機器の活用について

○学習指導要領の科目体育の目標について

○学習態度について

○運動の苦手な生徒への指導について

▼高校音楽

【模擬授業課題】

□「Caro mio ben」(作詞：不詳，作曲：G.ジョルダーニ)について，生徒が曲想と歌詞との関わりを理解し，用語や記号を表現に生かして曲にふさわしい発声や発音で歌う授業をしなさい。

※A表現領域・歌唱分野・音楽Ⅰ対象

※本時は，全2時間扱いの2時間目とする。

■模擬授業(15分間)の中に，次の活動を設定すること。

ア　学習の見通しを持たせ意欲を高める「めあて」や，生徒が追究したくなる「課題」を提示する活動

イ　生徒が追究した結果を明確にする「まとめ」や，学習の成果を実感し学んだことや意欲を次につなげる「振り返り」をする活動

〈面接Ⅰ質問例〉

○模擬授業について

○西洋音楽史について

○〔共通事項〕について

○歌唱指導について

▼高校美術

【模擬授業課題】

□鑑賞の領域に関して，高山辰雄の作品「旅の薄暮」について学習指導要領の〔共通事項〕を踏まえ，美術作品のよさや美しさ等を生徒に感じ取らせ，味わわせる鑑賞の授業をしなさい。

〈授業を行うに当たって次の点に留意すること〉

①　対象は高等学校第一学年とする。

②　本時の「目標」「振り返り」を適切に設定し実施すること。

③　生徒が作品から感じ取ったことを基に題名を付ける活動を位置づけ，授業を展開すること。

④　一人一人が感じたことについて，互いに交流し，学びあえるような場面を設定すること。

⑤　あらかじめ評価規準を設定すること。
⑥　作品例は試験会場の黒板にA3サイズ(カラー)を掲示している。

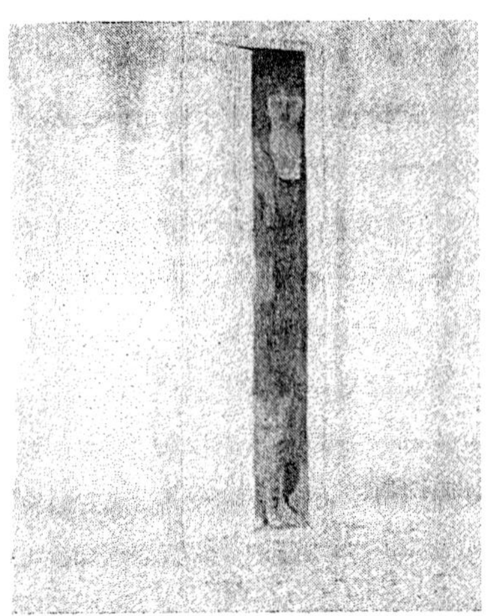

髙山辰雄（たかやま　たつお）「旅の薄暮」（200.0×160.0cm）

〈面接Ⅰ質問例〉
○模擬授業の内容について
○鑑賞について
○ICTの活用について
○生徒への働きかけについて

▼高校書道
【模擬授業課題】
□書道Ⅰにおいて，「仮名の書」の導入について授業をしなさい。ただし，以下の項目に留意すること。
①「仮名の書」について，現在の平仮名との関連を含め，説明すること。別紙[仮名の成立]の資料を活用してもよい。
②　生徒の「思考力・判断力・表現力等」を問う発問を行うこと。
③　ペアやグループで意見を出し合う場面を設けること。

〈別紙〉

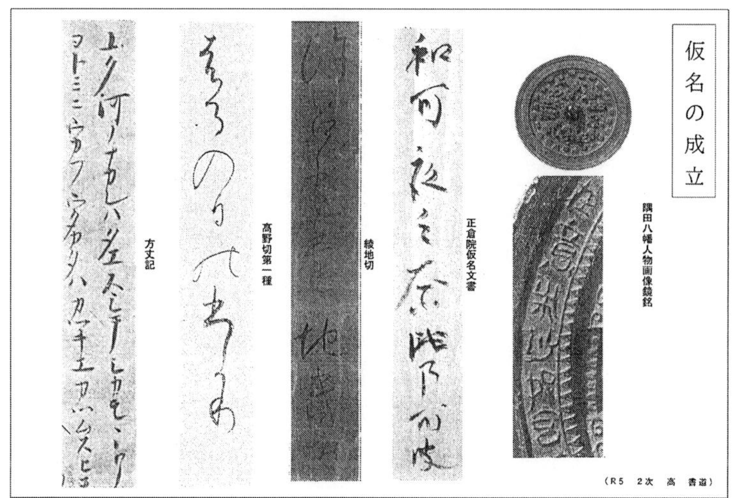

〈面接Ⅰ質問例〉

○模擬授業について

○「漢字の書」の行書の授業に関する受験者の考え

○学習指導要領の目標の達成のための指導方法に関する受験者の考え

○書道が苦手な生徒への対応について

▼高校英語

【模擬授業課題】

□次に提示された教科書本文(省略)の内容についての授業をしなさい。ただし，以下の項目に留意すること。

①　授業の目標を明確に設定すること。

②　文法事項，単語・熟語については指導済みであること。

③　導入では，本文の内容について英語でOral IntroductionまたはOral Interactionを行うこと。

④　内容理解においては，発問を行い，生徒に分かりやすい英語を原

則使用しながら，授業を進めること。
⑤　本文の内容を踏まえた上で，生徒が情報や考えなどを理解したり伝えたりすることを実践するように具体的な言語の使用場面を設定した言語活動を行う。
⑥　最後に授業のまとめを行うこと。

□次に提示された教科書本文の内容についての授業をしなさい。ただし，以下の項目に留意すること。
①　授業の目標を明確に設定すること。
②　文法事項，単語・熟語については指導済みであること。
③　導入では，本文の内容について英語でOral IntroductionまたはOral Interactionを行うこと。
④　内容理解においては，発問を行い，生徒に分かりやすい英語を原則使用しながら，授業を進めること。
⑤　本文の内容を踏まえた上で，生徒が情報や考えなどを理解したり伝えたりすることを実践するように具体的な言語の使用場面を設定した言語活動を行う。
⑥　最後に授業のまとめを行うこと。

〈面接Ⅰ質問例〉
○模擬授業の内容について
○文法事項に関する指導上のポイントについて
○語彙に関する指導上のポイントについて
○生徒の英語学習の動機づけについて
○生涯にわたる英語学習について
○学習評価のポイントについて

▼高校家庭

【模擬授業課題】

□「高齢者の心身の特徴と関わり方」についての授業をしなさい。ただし，以下の項目に留意すること。

① 高齢者の心身の特徴と生活について理解させ，高齢者との関わり方について考えを深めるような授業展開とすること。
② 生徒が主体的・協働的に学べる学習活動を取り入れるようにすること。
③ まとめの中で，本時の学習内容を今後の生活に生かすように促すこと。

〈面接Ⅰ質問例〉
○模擬授業の工夫点，反省点について
○ICT活用の場面について
○学習指導要領の目標を実現するための指導について
○学ぶ意欲が感じられない生徒への指導について

▼高校農業

【模擬授業課題】

□科目「農業と環境」を想定し，「作物の養分と肥料」について授業をしなさい。ただし，以下の項目に留意しなさい。
(1) 肥料の役割と種類について説明しなさい。
(2) 施肥の方法とその際の注意点について説明しなさい。

〈面接Ⅰ質問例〉
○模擬授業の内容について
○模擬授業の内容に係る専門知識について
○教科指導の理論について
○保護者からの相談に対する対応について

▼高校工業(機械)

【模擬授業課題】

□次の問題を利用し「機械の効率」について授業をしなさい。ただし，黒板に問題文や図は書(描)かなくてもよい。
(問)「図のように，電動ウィンチで質量m＝100kgの物体を時間t＝20sの間にh＝8mまで引き上げた。電動ウィンチに供給された動力を

P＝0.5kWであるとき効率η(イータ)を求めよ。ただし，重力の加速度g=10m/s^{2}とする。」

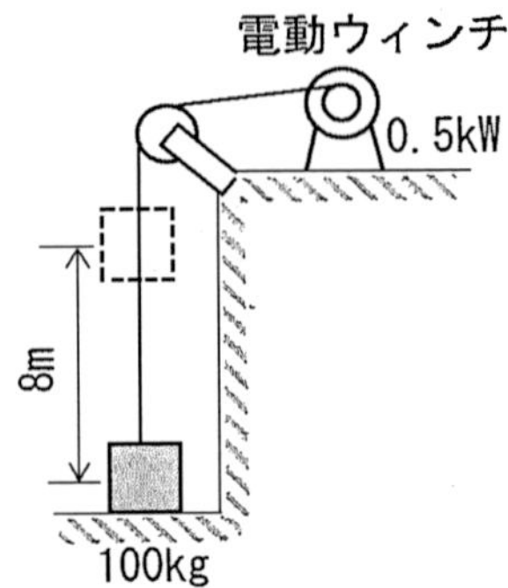

〈面接Ⅰ質問例〉

○模擬授業の内容に関わる指導について

○教科内容のことを教える手法について

○教科に関する専門性について

○教員としての展望について

▼高校工業(電気)

【模擬授業課題】

□図の交流回路の問題を解く授業を行いなさい。

(1)　電流$\dot{I}$ の大きさを求めなさい。

(2)　Vを基準とし$\dot{I}$ ，$\dot{V}_R$及び$\dot{V}_L$のベクトル図を描きなさい。

ただし，次の項目を取り入れた授業にすること。

①　振り返りから授業を開始し，最後にまとめを入れること。

②　生徒の思考を促す発問を入れること。

③　適切な説明と効果的な板書を行うこと。

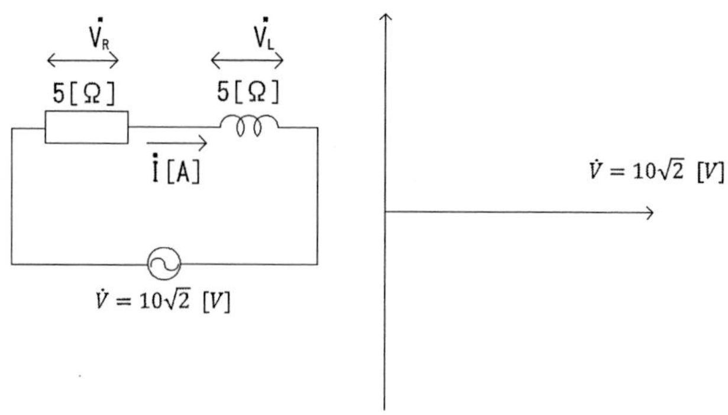

〈面接Ⅰ質問例〉

○模擬授業の内容について

○教科の専門的事項の理解や知識について

○「主体的・対話的で深い学び」への具体的な取り組み手段，方法について

○生徒や保護者からの相談の対応について

▼高校工業(土木)

【模擬授業課題】

□図1の測点A～Eに対して，閉合トラバース測量を行った結果を，表1に示す。測線ABの既知方位角α_A＝183°51′42″と各測点の内角が，それぞれわかっているとき，測線CDの方位角はいくらか。正しい方位角を求める手順を理解させる授業をしなさい。ただし，次の項目を取り入れた授業とすること。

① 図または表は，必要に応じて板書して授業を進める

② 適切な説明と効果的な板書

③ 生徒の思考を促す問いかけや発問

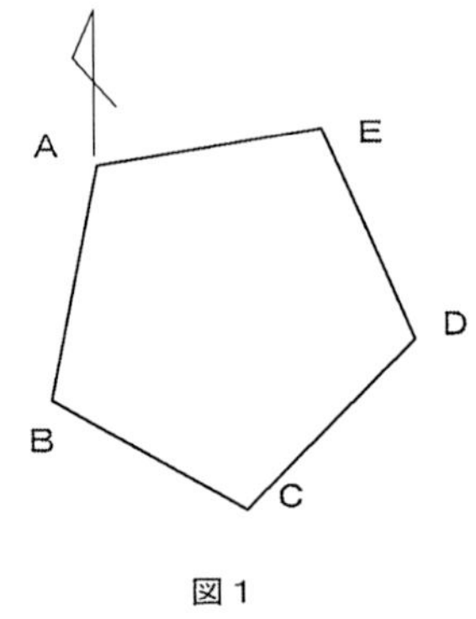

図１

測点	調整角
A	116° 55′ 41″
B	100° 05′ 32″
C	112° 34′ 37″
D	108° 44′ 23″
E	101° 39′ 47″

表１

〈面接Ⅰ質問例〉

○模擬授業の内容について

○教科指導に関する専門的知識について

○教科指導の理論・学習指導要領の理解について

○保護者からの相談について

▼高校工業(建築)

【模擬授業課題】

□鉄筋コンクリート構造の基礎工事についての授業をしなさい。ただし，次の項目を取り入れた授業とすること。

① テーマを示すこと。

② 各自で考えた後にグループワークやペアワークの場面を設定すること。

③ 事例を挙げて説明したり，効果的な板書をすること。

④ 授業の振り返りを行うこと。

〈面接Ⅰ質問例〉

○模擬授業の内容について

○教科の専門的事項の理解や知識に関して

○学習指導要領について

○生徒や保護者からの質問や相談への対応について

▼高校工業(工業化学)

【模擬授業課題】

□電池の仕組みを，ダニエル電池を用いて理解させる授業を行いなさい。ただし，以下の項目に留意すること。

① ダニエル電池を板書で図示すること。

② 金属のイオン化傾向の違いから説明すること。

③ 酸化還元反応の見地から説明すること。

④ 生徒の思考を促す問いかけや発問を行うこと。

⑤ 適切な説明と効果的な板書をすること。

⑥ 最後に授業のまとめを行うこと。

〈面接Ⅰ質問例〉

○模擬授業の内容に係る学習指導について

○教科の専門的事項の理解や知識について

○教科指導の理論，学習指導要領の理解について

○児童生徒や保護者からの質問や相談への対応について

▼高校水産(機関)

【模擬授業課題】

□内燃機関の原理(燃料を点火，燃焼させる方法)を学習した生徒に対し，四サイクルディーゼル機関とニサイクルディーゼル機関の作動行程を理解させる授業をしなさい。ただし，以下の①～⑤の項目に留意すること。

① 本時の学習内容(目標)を正確に伝えること。

② それぞれのP-V線図を図示し，四サイクルディーゼル機関の作動行程(吸気，圧縮，膨張，排気)，ニサイクルディーゼル機関の作動行程(圧縮，膨張)を説明すること。

③ 最後に授業のまとめを行うこと。

④ 説明に際しては，四サイクル機関，ニサイクル機関のシリンダ(燃

焼室)部の略図や模型，ICT機器などを活用すること。
⑤　生徒に適宜発問すること
〈面接Ⅰ質問例〉
○模擬授業の内容について
○四サイクルディーゼル機関の運転について
○学習評価について
○遠洋航海実習について

▼高校水産(食品)
【模擬授業課題】
□マグロの油漬け缶詰の一般的な製造法について，授業をしなさい。ただし，以下の項目に留意すること。
①　前時の復習として，水産物を使用した缶詰について，生徒へ確認すること。
②　マグロの油漬け缶詰の一般的な製造方法について説明すること。製造工程や工程ごとに注意するポイントなどを生徒にわかりやすいように工夫すること。
③　生徒に発問をすること。
④　最後に授業のまとめを行うこと。
〈面接Ⅰ質問例〉
○模擬授業の内容について
○専門的知識について
○新学習指導要領について
○育成すべき資質・能力について

▼高校商業
【模擬授業課題】
□企業が，消費者や社会からの信頼に応えるために遵守すべき規範である「企業倫理」について授業をしなさい。ただし，次の項目を取り入れた授業とすること。

(1)　企業における不祥事や法令違反の具体的事例を扱うこと
(2)　不祥事や法令違反の原因と対処方法，防止策について，生徒の思考を促すような問いをたて，グループで話し合う場面を設定すること。
(3)　次の①～④について説明すること
　①　Stakeho I der　　②　compliance
　③　corporate governance　　④　Corporate Social Responsibility

□ビジネスにおける設備資金の調達方法である社債と株式の発行についての授業をしなさい。ただし，次の項目を取り入れた授業とすること。
(1)「社債と株式の異なる点」についてグループで意見を出し合う場面を設定すること。
(2)　その他の資金調達手段であるクラウドファンディングについても触れること。
(3)　生徒の思考を促すような発問を適宜行うこと。
(4)　最後に授業のまとめを行うこと。

〈面接Ⅰ質問例〉
○模擬授業の内容について
○協働学習における指導者の役割について
○対話的な学習における指導上の留意点について
○学習指導要領について
○探究的な学びについて
○情報活用能力の育成について
○保護者からの要望等への対応について

▼高校情報
【模擬授業課題】
□コンピュータ内部で扱う2の補数表現について授業をしなさい。ただし，次の項目を取り入れた授業をすること。
①　2の補数表現を使った計算について触れること。

② 補数表現について，生徒が考察を深める学習活動を取り入れること。

③ 生徒の思考を促す発問をすること。

〈面接Ⅰ質問例〉

○模擬授業の内容について

○プログラミングの単元に関する受験者の考えについて

○学習指導要領の目標の達成のための指導方法に関する受験者の考えについて

○保護者からの相談への対応について

▼高校福祉

【模擬授業課題】

□「認知症との共生について考えさせる」授業をしなさい。ただし，以下の項目に留意すること。

① 主体的・協働的な学びから生徒が理解を深められる授業展開とすること。

② 生徒の気づきを促す発問をすること。

③ 最後に授業のまとめと振り返りを行うこと。

〈面接Ⅰ質問例〉

○模擬授業の内容について

○福祉社会の創造と発展に主体的かつ協働的に取り組む態度を養う指導について

○福祉用具や介護ロボットなどの活用について

○介護や福祉のイメージアップのための指導について

▼特別支援(小学部)

【模擬授業課題】

□国語

校外でよく見かける「マスク着用」「立入禁止」「止まれ」等の文字や記号，絵で示した立て札や看板，標識を見て，書かれている言葉や表示の意味を理解して行動をすることをねらいとした授業をしなさい。
※知的障がい特別支援学校　小学部6年生
※単一障がい学級　4名在籍

□図画工作
　お店やさんごっこで使う野菜や果物をつくる授業で，つくりたい野菜や果物の色や形などの特徴を捉え，身近な材料を選択して表現することをねらいとした授業をしなさい。
※知的障がい特別支援学校　小学部4年
※単一障がい学級　4名在籍
〈面接Ⅰ質問例〉
○模擬授業の内容について
○国語科の「読むこと」に関する受験者の考えについて
○図画工作科の「鑑賞」に関する受験者の考えについて
○道徳教育に関する受験者の考えについて
○情報活用能力に関する受験者の考えについて
○指導方法に関する保護者からの要望への対応について

▼特別支援(中学部)
【模擬授業課題】
□職業・家庭
「グループで校内を清掃作業する」題材で，清掃場所全体を時間内にきれいにするために，グループ内で分担箇所を決めて清掃する授業をしなさい。
※知的障がい特別支援学校　中学部1～3年生
※単一障がい学級の生徒5名で構成するグループ
※ただし，以下の項目に留意すること。
①　拭き掃除，掃き掃除など，道具を使った清掃はすでに学習している。

② それぞれの場所を各自で清掃する体験は前時までにしている。

□国語

題材「修学旅行の思い出を書いて発表しよう」で，伝えたい事柄を選び，内容を考え，整理することをねらいとした授業をしなさい。

※知的障がい特別支援学校　中学部3年生

※単一障がい学級　5名

〈面接Ⅰ質問例〉

○模擬授業の内容について

○職業・家庭科で身につける力に関する受験者の考えについて

○国語科の「聞くこと・話すこと」に関する受験者の考えについて

○主体的・対話的で深い学びの実現に向けた授業改善に関する受験者の考えについて

○教育課程の編成及び実施に関する受験者の考えについて

○担任の指導方法に関する保護者からの要望への対応について

○医療的ケアを実施している生徒に関する保護者からの要望への対応について

▼特別支援(高等部)

【模擬授業課題】

□数学

題材「給食の人気メニューを調べよう」において，学部の生徒60名のアンケートのデータをグラフに表し，学年ごとの特徴や傾向などを読み取ることをねらいとした授業をしなさい。

※知的障がい特別支援学校　高等部1年生

※単一障がい学級の生徒　　5名

※ただし，以下の項目に留意すること。

① アンケートは，「主食」・「おかず」・「デザート」の3つのカテゴリーに分け，それぞれのカテゴリーより自分の好きなメニューを1つずつ選び，計3つ回答したものとする。

② アンケート結果について前時までに集約，データを学年ごとに表としてまとめてある。

③ 帯グラフや折れ線グラフ，円グラフなどグラフの種類と表し方については前時までに既習している。

□国語

題材「職場の上司に対して使う丁寧な言葉遣いについて知ろう」において，上司に来客者を部屋に通してよいかを聞く場面で，敬語を使って応対できるための授業をしなさい。

※知的障がい特別支援学校　高等部1年生

※単一障がい学級在籍　　4名のグループ

※ただし，以下の項目に留意すること。

○前時に，敬語についての基礎的な学習内容は理解している。

〈面接Ⅰ質問例〉

○模擬授業の内容について

○数学的な力を日頃の生活に生かすことに関する受験者の考えについて

○生徒の言語感覚を豊かにしていく取り組みに関する受験者の考えについて

○総合的な探究の時間における知的障がいのある生徒の特性を踏まえた体験活動の実施上の受験者の考えについて

○確かな学力を生徒が身に付ける取り組みに関する受験者の考えについて

○保護者からの相談対応について

○生徒と信頼関係を深めるための受験者の考えについて

▼栄養教諭

【模擬授業課題】

□家庭

小学校6年生の家庭科の授業を想定し，「栄養バランスのよい1食分の献立を考えよう」をテーマにして，食に関する授業をしなさい。ただし，次の項目を取り入れた授業とすること。

① 食育の視点を設定しておくこと。

② ごはんとみそ汁を中心とした1食分を扱うこと。

□体育

小学校6年生の体育科(保健領域)の授業を想定し，「生活習慣病について」をテーマにして，食に関する授業をしなさい。ただし，次の項目を取り入れた授業とすること。

① 食育の視点を設定しておくこと。

〈面接Ｉ質問例〉

○模擬授業の工夫や改善点について

○教科等において食に関する指導を行うときの，食育の視点について

○異物混入事案の再発防止に向けた取組について

○卵アレルギー対応食の教室における誤配防止に向けた取組について

○朝ご飯を食べない子どもに対する保護者からの相談対応について

○子どものダイエットに対する保護者からの相談対応について

▼養護教諭

【場面指導課題】

□「間食のとりかたについて」というテーマで，保健指導を行いなさい。(小学校4学年　場面：集団)

□「貧血について」というテーマで，保健指導を行いなさい。(高校1学年　場面：集団)

□「熱中症予防について」というテーマで保健指導を行いなさい。(高校2年　場面：集団)

□「インフルエンザの予防について」というテーマで，保健指導を行いなさい。(中学校1年生　場面：集団)

〈面接Ｉ質問例〉

○場面指導の内容について

○学校において予防すべき感染症について

○心身の疾患や発達症がいへの対応について
○児童生徒や保護者からの相談への対応について

◆面接Ⅱ(個人面接) (3次試験)
〈評価の観点〉

評価項目	具体的評価項目	配点
態度 表現力	○態度や身だしなみに好印象を受けるか。 ○言動・態度・表現から人間性の豊かさを感じるか。 ○質問に対し的確に対応できるコミュニケーション能力を備え、話がわかりやすく、内容に一貫性があるか。	１０点
使命感 積極性	○教職に対して意欲、信念を持っているか。 ○前向きな意見や考え方、向上心を持っているか。 ○教育者としての責務をわきまえ、学び続けようとする姿勢がみられるか。	１０点
倫理観 責任感	○教育者として必要な倫理観を持っているか。 ○誠実で信頼できるか。 ○児童生徒に対する理解があるか。 ○最後までやり遂げるタイプか。	１０点
創造力 柔軟性	○自ら課題を見つけ、考え行動できるか。 ○問題意識を持って物事を深く考えられるか。 ○経験や他者から学んだ事を生かそうとしているか。	１０点
協調性 職場適応性	○組織の一員として協調してやっていける職場適応性はあるか。 ○自分自身の理解に基づき、ストレスに前向きに対応しているか。 ○うまく気持ちの切り替えができるか。	１０点

▼小学校　面接官3人　20分
【質問内容】
□自己紹介書の記載内容について。
□不祥事について。
□4月から教壇に立つ上で不安なことは。
・自己紹介書の内容を中心に，深掘りして聞かれる。

▼中学理科　面接官3人　20分

【質問内容】

□志望理由について。

□あなたの教師に向いている点は。

□今までで1番達成感があったことは。

□学校と方針が合わないときどうするか。

□ストレス解消法は。

→誰に相談するか。

□学校の不祥事についてどう思うか，何か対応策は。

・質問内容は8割自己紹介書に書いた内容であった。

▼中学音楽　面接官3人　20分

【質問内容】

□自己紹介書の記載内容について。

□不祥事について。

◆プレゼンテーション(3次試験)

※特別選考(Ⅲ)の受験者のみに適用される。

【課題】

各学校が部活動を実施するに当たっては，休養日や活動時間を適切に設定するなど生徒のバランスのとれた生活や成長に配慮することが必要である。全国大会上位入賞を目指す高等学校の運動部において，競技力向上のために必要な活動時間をどう設定するか，「休養が生徒にもたらす効果と年間の活動スケジュール」というテーマでプレゼンテーションを行いなさい。(発表時間15分間)

〈留意点〉

①　あなたの運動部活動における実際の指導方法を内容に盛り込むこと。

②　教員としての立場をふまえて，あなたの最も アピールできる能力

はどこか，そしてそれをどのように活かすかを考え，プレゼンテーションをすること。

③　担当する運動部の全国大会は，8月と10月に開催されるものとする。

※プレゼンテーションの後，25分程度，試験委員との質疑応答を行う。

<プレゼンテーションの要領>

・ホワイトボードを使用することができる。

・パソコン等の機器やその他資料の持ち込み，及び使用はできない。

※試験室に持ち込みができるもの

①　プレゼンテーション　テーマ用紙

②　時計(計時機能だけのものに限る)

③　整理番号票

〈評価の観点〉

評価項目	具体的評価項目	配点
態度 表現力 コミュニケーション力	○態度や身だしなみに好印象を受けるか。 ○言動・態度から人間性の豊かさを感じるか。 ○話が分かりやすく、的確に対応しているか。 ○話の内容に一貫性があるか。 ○自分の思いをしっかりと伝える能力があるか。	5点
使命感 積極性 人間性	○教職に対して意欲、信念を持っているか。 ○児童生徒に対する愛情・理解があるか。 ○前向きな意見や考え方、向上心を持っているか。 ○教育に対する使命感やビジョンを持っているか。 ○人を引きつける強い魅力を持っているか。	5点
責任感 堅実性 自己理解力	○誠実で信頼できるか。 ○最後までやり遂げるタイプか。 ○教師としての責務をわきまえているか。 ○社会人としての一般常識を備えているか。 ○自己分析ができ、自分の優れた能力を生かそうとしているか。	5点
創造力 柔軟性 プランニング力	○自ら課題を見つけ、自分で考え行動できるか。 ○問題意識を持って物事を深く考えられるか。 ○経験や他者から学んだ事を生かそうとしているか。 ○広い視野を持ち、柔軟な発想ができるか。 ○説明、問いかけなど、ねらいに沿っているか。	5点
協調性 職場適応性 将来性	○組織の一員として協調してやっていけるか。 ○考え方に独断的なところはないか。 ○ストレスに前向きに対応しているか。 ○うまく気持ちの切り替えができるか。 ○多くの場面で、活躍が期待できるか。	5点

2022年度

◆実技試験(2次試験)

▼小学校教諭

試験当日提示するテーマに基づいた，英語表現(スピーキング)テスト

【テーマ例】

□印象に残っている学校の先生について，4文以上の英語で表現しなさい。

□自分の将来の夢(目標)について，4文以上の英語で表現しなさい。

□自分の故郷の魅力について，4文以上の英語で表現しなさい。

□子どもの頃の思い出について，4文以上の英語で表現しなさい。

□外国の人に紹介したい日本の文化について，4文以上の英語で表現しなさい。

□自分の宝物について，4文以上の英語で表現しなさい。

□自分があこがれたり尊敬したりする人について，4文以上の英語で表現しなさい。

□自由な一日があったらどのように過ごしたいかを，4文以上の英語で表現しなさい。

〈評価の観点〉

内容	評価の観点	評価点	
		配点	計
英語表現	パフォーマンス	５点	２０点
	発音、声量、流暢さ	５点	
	内容の選択と構成	５点	
	語彙、文法の正確性	５点	

・テーマは過去問題と同様のものが中心であると思われる。

・構想時間で30秒与えられる。

・発音やイントネーションを重視されると思われる。

▼小中学校連携教諭(英語)・中高英語

□英語による個人面接

【質問内容例】

〈小中学校連携教諭〉

番号	内容
1	Why did you decide to become a teacher? なぜ学校の先生になろうと思ったのですか。
2	Do you think it is better to teach English lessons by TT with ALTs as much as possible? 英語の授業は、できるだけALTとのTTで指導した方がよいと思いますか。
3	Do you think new technologies such as AI will change the role of teachers? AIなどの新しい技術により、教師の役割は変わると思いますか。
4	Do you think reading books is important for students? 生徒にとって読書は重要だと思いますか。
5	What should we do to stop bullying on the internet? ネット上でのいじめを止めるためには何をすべきでしょうか。
6	What do you think we should do to reduce food waste? 食品ロスを減らすために、私たちは何をすべきだと思いますか。

〈中学英語〉

□パターンA

番号	内容
1	What do you think about junior high and high school students studying abroad? 中高生が留学をすることについてどう思いますか。
2	Do you think reading newspapers is important for students? 新聞を読むことは生徒にとって大切だと思いますか。
3	Do you think computers will replace teachers? コンピュータは教師に取って代わると思いますか。
4	Do you think that new technology, such as AI, will make our lives better? AIなどの新しいテクノロジーは、私たちの生活をより良くすると思いますか。
5	Do you think it is important for us to eat breakfast every day? 朝食を毎日食べることは、私たちにとって重要だと思いますか。
6	What do you think about the new charge for plastic shopping bags? レジ袋の有料化についてどう思いますか。

□パターンB

番号	内容
1	Do you think test results will help teachers improve their lessons? テストの結果は、教師の授業改善に役立つと思いますか。
2	Do you think students should study using digital textbooks? 生徒はデジタル教科書を使って勉強したほうがいいと思いますか。
3	Do you think students should wear uniforms at school? 生徒は学校で制服を着るべきだと思いますか。
4	What do you think we can do to protect the global environment? 地球環境を守るために、私たちに何ができると思いますか。
5	Do you think parents should limit their children's use of smartphones? 保護者は、子どものスマートフォンの使用を制限するべきだと思いますか。
6	What should we do to stop bullying on the internet? ネット上でのいじめを止めるためには何をすべきでしょうか。

□パターンC

番号	内容
1	Do you think students should learn foreign languages other than English? 生徒は英語以外の外国語も学ぶべきだと思いますか。
2	Do you think club activities are meaningful for junior high school students? 中学生にとって部活動は有意義だと思いますか。
3	Do you think students need rules about bringing smartphones to school? 生徒がスマホを学校に持ち込む際に、ルールが必要だと思いますか。
4	Do you think it is better for students to study in a junior high school with a large number of students than in one with a small number of students? 生徒にとって、生徒数の多い中学校で学ぶことは、生徒数の少ない中学校で学ぶよりもよいと思いますか。
5	What kind of changes do you think the development of information technology has brought about in our communication? 情報技術の発展は、私たちのコミュニケーションにどのような変化をもたらしたと思いますか。
6	What can we do to waste less food? 食品ロスを減らすために、私たちにできることは何でしょうか。

〈高校英語〉

□パターンA

1. Why do you want to teach English?
2. What do you think is a good way to let students evaluate their improvement of their English skills?

3. What do you think is the best way to be able to speak English fluently?
4. Do you think we should reduce the number of weekly working hours?
5. Do you think playing video games will have a bad influence on children's health?
6. What would you like to do in class to teach students the importance of equality?

□パターンB

1. Why do you want to teach English?
2. Do you think speaking activities should be done before writing activities?
3. What do you think is the best way to learn English vocabulary?
4. Do you think universities should be free of charge for everyone?
5. Do you think people today rely too much on their mobile phones?
6. What would you like to do in class to teach students the importance of clean water?

〈評価の観点〉

項目	評価の観点	評価点		
		配点	小計	合計
個人面談	態度、表現力	5点	20点	50点
	発音、声量、流暢さ	5点		
	内容、発話の適確性	5点		
	語彙、文法の正確性	5点		

▼中学家庭

【被服実技】(20分)

□下の図を参考にして，次の指示に従いなさい。但し，1～4の順序は問わない。

1　布Aの布端①を三つ折りにして，まつり縫いをしなさい。

○三つ折りの出来上がり幅は，2cm程度とする。

○糸は1本どりとする。

○縫い始めと縫い終わりの玉結びと玉止めは，布の表裏から見えない状態とする。

○布の表側に出る針目の間隔は，1.0cm程度とする。

2　布Aの布端②と布Bの布端③を，ミシンを使って縫いなさい。但し，縫い代の始末として，袋縫いをすること。

○袋縫いの縫い代は，下図の通りとする。

○ミシン縫いについて，縫い始めと縫い終わりは，返し縫いをする。

3　布Bに示された線イの上を，半返し縫いで縫いなさい。

○糸は1本どりとする。

○布の表側に出る針目の大きさは，4mm程度する。

○縫い始めと縫い終わりの玉結びと玉止めは，布の裏側に出す。

4　布Aに示している点アにボタンを付けなさい。

○糸は1本どりとする。

○玉結びと玉止めは，布の表裏から見えない状態とする。

○糸足をつける。

【図】

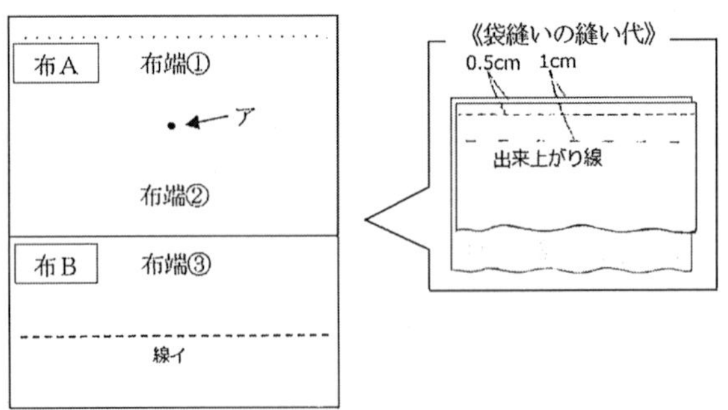

〈裁縫道具〉

ミシン(上糸・下糸準備されているもの)，手縫い糸，縫い針，しつけ糸，針山，まち針，糸切りばさみ，裁ちばさみ，リッパー，目打ち，20cmものさし，アイロン，アイロン台，チャコペンシル

※ミシンの針目は3cmに16針程度である。

【調理実技1】

□きゅうり，にんじんを，指示に従って切りなさい。

①　きゅうりを厚さ0.2cmの半月切りにしなさい。

※制限時間　30秒

②　にんじんを長さ4～5cm，厚さ1cm，幅1cmの拍子木切りにしなさい。ただし，皮はむかずにそのまま使いなさい。

※制限時間　1分30秒

①，②をそれぞれ指定の器に入れ，残りもいっしょに提出しなさい。

【調理実技2】

□次の材料・分量で，1人分のいわしのかば焼きを作り，盛り付けた後，調理台を片付けなさい。

※制限時間　18分

〈材料・分量〉

いわし	70g
小麦粉	3g
サラダ	4g
しょうゆ	5g
みりん	5g

※いわし，しょうゆ，みりんは計量しています。全部使うこと。

※小麦粉，サラダ油は各自で計量すること。

※いわしに下味をつけずに調理すること。

※小麦粉は使用した分量の3倍量，サラダ油は使用した分量の4倍量を指定の器に入れて提出しなさい。

※出来上がった「かば焼き」は，指定の器に盛り付けて提出しなさい。

〈調理器具等〉

包丁，まな板，フライパン，菜箸，フライ返し，計量スプーン(大)，計量スプーン(小)，すりきり棒，器(5)，キッチンペーパー

※携行品

調理実習着(白衣又はかっぽう着)，三角巾，手ふきタオル，布巾2枚

〈評価の観点〉

	評価の観点	評価点		
		配点	小計	合計
被服	まつり縫い	9点	25点	50点
	袋縫い	5点		
	半返し縫い	5点		
	ボタン付け	4点		
	道具の扱い方	2点		
調理	野菜の切り方	8点	25点	
	いわしのかば焼き	15点		
	準備・片付け	2点		

▼中学技術

□木材加工における実技と道具の適切な使い方に関する試験

※携行品

実技のできる服装，タオル，筆記用具(けがき用)，木工用具一式(さし金，両刃のこぎり，平かんな，四つ目きり，のみ，げんのう，釘抜き，木づち，すじけびき)

▼小中学校連携教諭(音楽)・中高音楽

【課題1】

□弾き歌い

下記課題曲のうち，当日指定の2曲をピアノ伴奏しながら歌唱する。

〈小中連携(音楽)〉

□「われは海の子」(文部省唱歌)

□「早春賦」(作詞：吉丸　一昌　　作曲：中田　章)

〈中学校音楽〉

□「赤とんぼ」(作詞：三木　露風　　作曲：山田　耕筰)

□「花の街」(作詞：江間　章子　　作曲：團　伊玖磨)

□「花」(作詞：武島　羽衣　　作曲：滝　廉太郎)

□「浜辺の歌」(作詞：林　古溪　　作曲：成田　為三)
□「荒城の月」(作詞：土井　晩翠　　作曲：滝　廉太郎)
□「夏の思い出」(作詞：江間　章子　　作曲：中田　喜直)
□「早春賦」(作詞：吉丸　一昌　　作曲：中田　章)
〈高校音楽〉
□「この道」(作詞：北原　白秋　　作曲：山田　耕筰)
□「我が太陽」(作詞：G.カプロ　　作曲：E.ディ・カープア)
【課題2】
□楽曲の演奏
声楽，ピアノ又は他の楽器(ただし，電子・電気楽器は除く。)による任意の楽曲の演奏(暗譜，伴奏なし)
※2分程度で演奏を止めるので，楽曲の途中から演奏してもよい。
※携行品
楽曲の演奏に必要な楽器等
〈評価の観点〉

記

1　内訳

弾き歌い	楽曲の演奏	合　計
４０点	１０点	５０点

2　観点
（１）弾き歌い

弾き歌いの技能	創意工夫して表現する能力	合　計
２０点	２０点	４０点

（２）楽曲の演奏

表現の技能	創意工夫して表現する能力	合　計
５点	５点	１０点

▼小中学校連携教諭(保体)・中高保体
【共通課題】

□体つくり運動(体力を高める運動)

【選択課題1】

□ダンス(創作ダンス，現代的なリズムのダンスから選択)

【選択課題2】

□水泳(クロール，平泳ぎから選択：50m)

※選択1及び2については出願時に1種目を選択すること。なお，出願後の種目変更は認めない。

※携行品

運動に適した服装，水着，水泳帽，体育館シューズ，靴入れ

〈試験の内容と評価の観点〉

選択	領域	種目等	実技試験の内容	評価の観点	評価点	
					配点	満点
共通	体つくり運動	体力を高める運動	力強い動きを高めるための運動及び巧みな動きを高めるための運動との組み合わせ	力強い動きを高めるための運動の行い方	3段階〔1、3、5点〕	10点
				巧みな動きと力強い動きを高めるための運動の組み合わせ方	3段階〔1、3、5点〕	
選択1	ダンス	創作ダンス	テーマに沿った創作及び表現	テーマの把握と構成	3段階〔1、3、5点〕	10点
				表現力	3段階〔1、3、5点〕	
		現代的なリズムのダンス	リズム系ダンス（ロック）	変化のある動きの組み合わせ	3段階〔1、3、5点〕	10点
				リズムに乗って自由に弾んで踊る	3段階〔1、3、5点〕	
選択2	水泳	クロール	選択した泳法で50mを泳ぐ	フォーム	3段階〔1、3、5点〕	10点
				タイム	5段階〔1、2、3、4、5点〕	
		平泳ぎ		フォーム	3段階〔1、3、5点〕	10点
				タイム	5段階〔1、2、3、4、5点〕	

▼中学美術(180分)

□下記の課題1及び課題2を時間内に完成させなさい。

その際，課題1及び課題2の時間配分・取りかかり順序は，各自で判断して決めなさい。

※配付物

八つ切り描画用白画用紙3枚，トイレットペーパー1個，紙風船1個，ラムネの瓶1個，美術実技問題1枚

【課題1】

鉛筆デッサン…白画用紙の上に置いたトイレットペーパーを描きなさい。 ※　整理番号は，画用紙裏の所定の位置に記入しなさい。

(注意)　※モチーフの置き方は自由とする。
　　　　※画用紙は縦画面でも，横画面でもよい。

【課題2】

水彩画…膨らませた紙風船とラムネの瓶を配置して描きなさい。 ※　整理番号は，画用紙裏の所定の位置に記入しなさい。

(注意)　※モチーフの配置の仕方は自由とする。
　　　　※画用紙は縦画面，横画面どちらでもよい。

※携行品

画用鉛筆，水彩用具一式(アクリルガッシュ，ポスターカラーも可，水彩色鉛筆は不可)，画板，画板に紙を固定するもの(クリップ等)，制作に適した服装

〈評価の観点〉

（2）観点

鉛筆デッサン

構図	形態感・量感・空間感の表現	色・質感の表現	材料・用具の活用	描き込み	合計
５点	５点	５点	５点	５点	２５点

水彩画

構図	形態感・量感・空間感の表現	色・質感の表現	材料・用具の活用	描き込み	合計
５点	５点	５点	５点	５点	２５点

▼高校家庭

【被服課題】

【制限時間20分】

□下の図を参考にして，次の指示に従いなさい。但し，手縫いについ

ての糸は1本どりとし，縫い始めと縫い終わりの玉結びと玉どめは，布の表裏から見えない状態としなさい。

1　布Aの布端①と布Bの布端②を，ミシンを使って縫い，0.2cmのきせをかけて布A側に折りなさい。

※ミシン縫いについて，縫い始めと縫い終わりは，返し縫いをする。

2　1の縫いしろを耳ぐけにしなさい。

※布の表側に出る針目の大きさは，0.1cm程度とする。

※布の表側に出る針目の間隔は，1.5cm程度とする。

3　布Aの布端③を，印に従って三つ折りぐけにしなさい。

※布の表側に出る針目の大きさは，0.1cm程度とする。

※布の表側に出る針目の間隔は，1.0cm程度とする。

4　布A，布Bの布端④を，印に従って三つ折りにし，アの部分のつま先を三角に折って額に整え，開かないようにくけなさい。三つ折りにした布端④は，三つ折りぐけにしなさい。

※布の表側に出る針目の大きさは，0.1cm程度とする。

※布の表側に出る針目の間隔は，1.0cm程度とする。

※きせ山では1針くけ返さなくてよい。

【図】

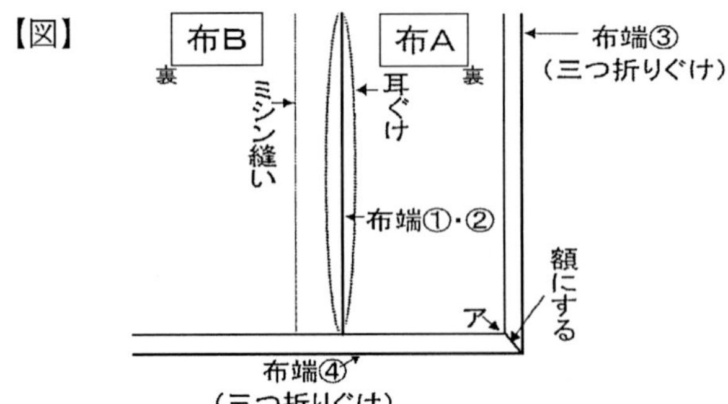

〈裁縫道具〉

ミシン(上糸・下糸準備されているもの)，手縫い糸，しつけ糸，縫い針，まち針，針山，糸切りばさみ，裁ちばさみ，リッパー，目打ち，

20cmものさし，アイロン，アイロン台，チャコペンシル
※ミシンの針目は3cmに16針程度である
【調理課題1】
□にんじんを指示に従って切りなさい。
① にんじんを切ってねじ梅を2枚以上作りなさい。※制限時間 3分
※厚さは0.8～1cm程度とする。
② にんじんを長さ4～5cm，幅1.5cm，厚さ0.2cmの短冊切りにしなさい。※制限時間 30秒
※にんじんの皮はむかず，そのまま使うこと。
・①，②をそれぞれ指定の器に入れ，終わらなかった場合は，残りも一緒に提出しなさい。
【調理課題2】
□次の①，②の調理を行いなさい。ただし，①，②の順序は間わない。※制限時間 16分30秒
① 下の材料･分量で，厚さ0.2cm以下の薄焼き卵を1枚作りなさい。できあがった薄焼き卵の半分で，幅0.2cm以下，長さ10cm以下の錦糸卵を作りなさい。
〈材料・分量〉
卵1個，塩0.5g，砂糖6g，片栗粉2g，サラダ油適量
※塩，片栗粉，卵は計量しています。全部使うこと。
※砂糖，サラダ油は計量すること。砂糖は，使用した分量と同量を指定の器に入れて提出しなさい。
※できあがった薄焼き卵と錦糸卵は，それぞれ指定の器に入れて提出しなさい。
② 下の材料・分量で，粟米湯を1人分作りなさい。
〈材料・分量〉

卵	25g
とうもろこし (クリームスタイル)	100g
湯	200ml

酒　2g
片栗粉　3g
水　6g

・卵，とうもろこしは計量しています。全部使うこと。
・湯，酒，片栗粉，水は計量すること。片栗粉は，使用した分量と同量を指定の器に入れて提出しなさい。
・できあがった栗米湯は，指定の器に入れて提出しなさい。

〈配布物〉
包丁(2)，まな板，フライパン，片手鍋，菜ばし，フライ返し，おたま，穴じゃくし，計量スプーン(大)，計量スプーン(小)，すりきり棒，器(4)，キッチンペーパー

※携行品
調理実習着(白衣又はかっぽう着)，三角巾，手ふきタオル，布巾2枚

〈評価の観点〉

	評価の観点	評価点		
		配点	小計	合計
被服	ミシン縫い	２点	２５点	５０点
	和裁の縫い代の始末	３点		
	和裁の基礎縫い	１８点		
	道具の扱い方	２点		
調理	野菜の切り方	１１点	２５点	
	錦糸卵	６点		
	栗米湯	６点		
	準備・片付け	２点		

▼高校書道(120分)

毛筆，硬筆

□課題1～7について，配布された指定の用紙に揮毫し，それぞれ1枚提出しなさい。

【課題1】次の古典を漢字用半紙に臨書しなさい。

【課題2】次の古筆を仮名用の半紙に原寸大で臨書しなさい。なお，半紙は縦に利用し，その半紙を縦$\frac{1}{2}$に折り，右半分の中央部に臨書しなさい。

【課題3】次の古典を半切に体裁よく臨書しなさい。なお，落款は「和美臨」として揮毫し，押印場所に赤のラッションペンで適切な大きさに□を記入すること。

【課題4】書道Ⅰ「漢字の書」を指導する場合，古典を生かした表現となるよう，次の語句(十四字句)を半切に創作しなさい。書体は自由とする。なお，落款は「雪子書」として揮毫し，押印場所に赤のラッションペンで適切な大きさに□を記入すること。

掃地焼香聊自遣栽花種竹儘風流

訳　庭を掃き清め香を焚いていささか楽しみ，花や竹を植えるのも皆風流な楽しみ。

【課題5】次の俳句を，行書を生かした表現となるように工夫し，原文のまま半切$\frac{1}{3}$の用紙に揮毫しなさい。揮毫に当たっては，漢字を仮名に，仮名を漢字に書き改めないこととし，「子規の句」として作者名を記すこととする。用紙の縦横は自由である。なお，落款は「一郎書」として揮毫し，押印場所に赤のラッションペンで適切な大きさに□を記入すること。

夏嵐　机上の白紙　飛び尽す　　　正岡子規

【課題6】次の枠内の文章を賞状用紙に縦書きで体裁よく毛筆で書きなさい。用紙は横向きで使用すること。また，校長印の位置に赤のラッションペンで適切な大きさに□を記入すること。

【課題7】次の文の全てを横罫用紙に黒の水性ボールペンで体裁よく書きなさい。用紙のすべての行が埋まらなくてもよい。

主体的に書の創造的な諸活動に取り組み，生涯にわたり書を愛好する心情を育むとともに，感性を磨き，書の伝統と文化を尊重し，書を通して心豊かな生活や社会を創造していく態度を養う。

〈評価の観点〉

課　題		評価内容	配点
課題1	古典を漢字用半紙に臨書	特徴をとらえているか。	12
		半紙に体裁よく書けているか。	
課題2	古筆を仮名用半紙に臨書	特徴をとらえているか。	4
		半紙に体裁よく書けているか。	
課題3	古典を半切に臨書	筆脈を意識し、豊かな表現できているか。	8
		古典の特徴をとらえた造形で表現できているか。	
		半切に体裁よく書けているか。	
課題4	古典を生かした表現となるように、半切に創作（書体は自由）	古典を生かした表現ができているか。	8
		前後左右の文字と調和（大きさ・墨量など）しているか。	
		半切に体裁よく書けているか。	
課題5	漢字仮名交じりの書を半切1／3の用紙に揮毫（用紙の縦横は自由）	古典を生かした表現ができているか。	8
		漢字と仮名が調和（大きさ・墨量など）しているか。	
		半切1／3に体裁よく書けているか。	
課題6	賞状の様式に、指定の語句を体裁に揮毫	整った読みやすい造形で書けているか。	4
		用紙に体裁よく書けているか。	
課題7	縦罫用紙に黒のボールペンで体裁よく揮毫	整った読みやすい造形で書けているか。	6
		用紙に体裁よく書けているか。	
合　計			50

※携行品

毛筆：筆(最大半切作品が書けるものから，仮名小字が書けるものまで)，墨，硯，墨池，毛氈，文鎮，水滴，定規，雑巾，制作に適した服装。ただし，用紙，字典を持ち込むことはできない。

硬筆：試験室に用意された用具を使用する。

▼養護教諭

【課題】

□応急手当と救命処置の実技に関する試験

説明：新型コロナウイルスへの感染予防対策として実技試験は人形で行います。必要と判断しても人口呼吸は実施しないでください。あなたからの問いかけなどに対して生徒役の人形が反応するという設定で行ってください。

〈課題例〉

□高等学校2年生の男子生徒がラグビーの部活動中に試合形式の練習をしていました。ボールを持った相手にタックルしたときに，相手の膝で自分の胸を強打しました。打った直後の呼吸の苦しさはすぐに戻りましたが，胸には強い痛みが続いています。練習をやめ，部活顧問に連れられ保健室にきました。この生徒や顧問に，必要な言葉かけやアセスメントをしながら対応してください。また，こちらにあるものを使用し，応急手当を行ってください。

□高等学校1年生の男子生徒が体育の柔道で，技のかけあいと受け身の練習を2人1組で行っていました。技をかけるときにバランスを崩して2人で転倒し，1人の生徒が右足下腿部に強い痛みを訴え，大きく腫れてきました。その後，教員がこの生徒を連れて保健室に来ました。この生徒や教員に必要な言葉かけやアセスメントをしながら対応してください。また，こちらにあるものを使用し，救急処置を行ってください。

□高等学校1年生の男子生徒が，体育の授業で柔道をしていました。技をかけられ，受け身をとろうとしましたがうまくできず，右肩を強く打ちました。強い痛みを訴え，大きく腫れてきたので教員が保健室に連れて来ました。この生徒や教員に対し，必要な言葉かけやアセスメントをしながら対応してください。また，こちらにあるものを使用し，応急処置を行ってください。

□中学校1年生の女子生徒が，自転車で登校中にタイヤがスリップして転倒し，左前腕から地面に落ちました。転倒したときに近くを通った友達に連れられ，保健室に来ました。左前腕が変色して腫れ，強い痛みを訴えています。その後，聞きつけた担任が保健室に来ました。この生徒や友達や教員に対し，必要な言葉かけやアセスメントをしながら対応してください。また，こちらにあるものを使用し，応急手当を行ってください。

〈評価の観点〉

項目	評価の観点	評価点		
		配点	小計	合計
知識	応急手当を行うための知識	３０点	３０点	８０点
技能	応急手当の技能	３０点	３０点	
態度	応急手当時の態度	２０点	２０点	

◆模擬授業(2次試験)　面接官3人　受験者1人　15分

※模擬授業後に場面指導を含む口頭試問が実施される。

▼小学校教諭

【模擬授業課題】

□小学校第5学年対象

本時は，5時間扱いの単元「単位量あたりの大きさ」の2時間目である。

前時に「こんでいる」「すいている」という概念を学習している。

本時の問題場面は次のとおりである。

子ども会で旅行に行きました。それぞれの部屋の広さと，宿泊した人数は表の通りです。

部屋わり

	A室	B室	C室	D室
たたみの数（枚）	10	10	8	12
子どもの数（人）	6	5	5	7

どの部屋がいちばんこんでいますか。

①～③を踏まえて授業を行いなさい。

① 多様な考えを出し合い比較する学習活動を行うこと。

② 新大分スタンダードに示している「めあて」「課題」「まとめ」「振り返り」を適切に使って展開すること。

③ 本時の具体的な評価規準(おおむね満足できる(B)とする児童の姿)を1つ設定しなさい。

ただし，評価の観点は「思考・判断・表現」とする。

(模擬授業終了後，口頭試問で質問する。)

▼小学校教諭

【模擬授業課題】

□小学校第5学年対象

本時は，4時間扱いの「書くこと」の単元「生活の中で気づいたことや感動したことを短歌にしよう」の3時間目である。前時までに，メモしたことの中から題材を選び，短歌をつくっている。本時は，前時につくった短歌を見直し，表現を工夫して短歌を仕上げる場面である。

①～③を踏まえて授業を行いなさい。

① 下の資料を使って授業を展開すること。(ただし，資料の全てを使わなくてもよい。)

② 新大分スタンダードに示している「めあて」「課題」「まとめ」「振り返り」を適切に使って展開すること。

③ 本時の具体的な評価規準(おおむね満足できる(B)とする児童の姿)を1つ設定しなさい。

ただし，評価の観点は「思考・判断・表現」とする。

(模擬授業終了後，口頭試問で質問する。)

<資料>

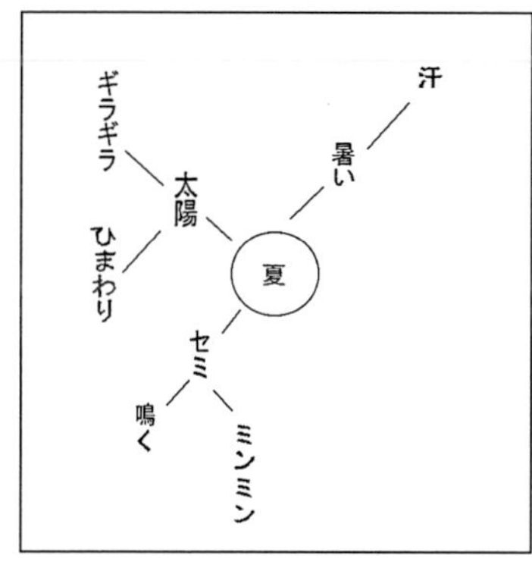

〈短歌A〉
暑い夏　どこからかセミが飛んできて
僕のせなかにとまって鳴いた

〈短歌B〉
ギラギラの太陽に負けないセミの歌
僕の背中をステージにして

▼小学校教諭

【模擬授業課題】

□小学校第5学年対象

本時は，11時間扱いの単元「電磁石の性質」の8時間目である。

前時までに,「磁石と電磁石の性質の違い」「電磁石の電流の向きと電磁石の極のでき方の関係」について学習している。

本時は,「電磁石の引きつける力をもっと強くする」ことについて実験し,結果から考察する場面である。

①~③を踏まえて授業を行いなさい。

① 実験について,「どんな条件で行ったか」を明確にすること。

② 新大分スタンダードに示している「めあて」「課題」「まとめ」「振り返り」を適切に使って展開すること。

③ 本時の具体的な評価規準(おおむね満足できる(B)とする児童の姿)を1つ設定しなさい。

ただし,評価の観点は「思考・判断・表現」とする。

(模擬授業終了後,口頭試問で質問する。)

▼小学校教諭

【模擬授業課題】

□小学校第6学年対象

本時は,6時間扱いの単元「わたしたちのくらしと日本国憲法」の6時間目である。単元のまとめとしての位置付けである。

①~③を踏まえて授業を行いなさい。

① 日本国憲法の三原則とわたしたちのくらしを関連付けてまとめる場面を位置付けること。

② 新大分スタンダードに示している「めあて」「課題」「まとめ」「振り返り」を適切に使って展開すること。

③ 本時の具体的な評価規準(おおむね満足できる(B)とする児童の姿)を1つ設定しなさい。

ただし,評価の観点は「思考・判断・表現」とする。

(模擬授業終了後,口頭試問で質問する。)

▼小学校教諭

【模擬授業課題】

□小学校第6学年対象

本時は，6時間扱いの小単元「戦国の世から天下統一へ」の5時間目である。前時までに調べた豊臣秀吉の政策についての考えをまとめる場面である。

①～③を踏まえて授業を行いなさい。

① 秀吉の政策と人々の生活を関連付けてまとめる場面を位置付けること。

② 新大分スタンダードに示している「めあて」「課題」「まとめ」「振り返り」を適切に使って展開すること。

③ 本時の具体的な評価規準(おおむね満足できる(B)とする児童の姿)を1つ設定しなさい。

ただし，評価の観点は「思考・判断・表現」とする。

(模擬授業終了後，口頭試問で質問する。)

▼小学校教諭

【模擬授業課題】

□小学校第5学年対象

本時は，13時間扱いの単元「ものの溶け方」の12時間目である。「水に溶けているものを取り出す」ことについて，実験を構想し，実際に実験を行い考察する場面である。使用する器具は下のとおりである。

〈実験に使用する器具〉

・ろ紙・ろうと・ろうと台・ガラス棒・ビーカー・氷水・ミョウバンの水溶液・食塩の水溶液

①～③を踏まえて授業を行いなさい。

① 水溶液を冷やして溶けている物を取り出す方法で実験を行い，その結果を整理し，事実とその解釈に基づいて説明する場面を設定すること。

② 新大分スタンダードに示している「めあて」「課題」「まとめ」「振り返り」を適切に使って展開すること。

③　本時の具体的な評価規準(おおむね満足できる(B)とする児童の姿)を1つ設定しなさい。

ただし，評価の観点は「思考・判断・表現」とする。

(模提授業終了後，口頭訪問で質問する。)

▼小学校教諭

【模擬授業課題】

□小学校第6学年対象

本時は，5時間扱いの「話すこと・聞くこと」の単元「よりよい考えとするために話し合おう」の4時間目である。「公園にはゴミ箱があるほうがよいか，ゴミは各自が持ち帰るほうがよいか」ということについて，メモを基に，実際に話し合いを行い，「異なる立場の考えを生かして，互いの考えを深めること」について学習する場面である。

①～③を踏まえて授業を行いなさい。

①　それぞれの立場から出た意見を分類したり整理したりして示すこと。

②　新大分スタンダードに示している「めあて」「課題」「まとめ」「振り返り」を連切に使って展開すること。

③　本時の具体的な評価規準(おおむね満足できる(B)とする児童の姿)を1つ設定しなさい。

ただし，評価の観点は「思考・判断・表現」とする。

(本模擬授業終了後，口頭試問で質問する。)

▼小学校教諭

【模擬授業課題】

□小学校第6学年対象

本時は，7時間扱いの単元「分数と整数のかけ算，わり算」の5時間目である。本時の問題場面は次の通りである。

[$\frac{4}{5}$のジュースを3人で等分します。1人分は何Lになるでしょうか。]

①〜③を踏まえて授業を行いなさい。

① 多様な考えを出し合い比較する学習活動を行うこと。

② 新大分スタンダードに示している「めあて」「課題」「まとめ」「振り返り」を適切に使って展開すること。

③ 本時の具体的な評価規準(おおむね満足できる(B)とする児童の姿)を1つ設定しなさい。

ただし，評価の観点は「思考・判断・表現」とする。

(模疑授業終了後，口頭試問で質問する。)

〈口頭試問例〉

□模擬授業の内容について

□国や地方公共団体の政治の学習について

□学級活動における集会活動の指導について

□情報モラルについて

□割合の指導について

□図画工作科と道徳教育との関連について

□体罰の防止について

□国語科の言語活動について

□学校行事について

□いじめの早期発見について

□植物の発芽，成長，結実について

□総合的な学習の時間について

□キャリア教育について

□平面図形の性質について

□特別活動における工夫について

□欠席が続く児童への支援について

□国語科の指導事項について

□音楽科と道徳教育との関連について

□生徒指導について

□電気の利用における指導について

□生活科と道徳教育との関連について

□児童の居場所づくりについて

□自然災害から人々を守る際の指導について

□図画工作科における安全指導について

□読書習慣について

・「子どもが学校に行きたくないと言っている」と保護者から言われた時の対応

▼小中学校連携教諭

【模擬授業課題】

□小学校第6学年対象

植物の葉に日光が当たるとでんぷんができることを調べる実験を行い，日光と葉の中のでんぷんのでき方との関係について，より妥当な考えをつくりだし，表現する授業を行いなさい。ただし，下記の留意点に従うこと。

留意点：① 新大分スタンダードに示している「めあて」「課題」「まとめ」「振り返り」を基にした授業を構想すること。

② 「思考・判断・表現」を評価規準に設定した授業を展開すること。

③ 実験の内容は下に示すものとする。

④ 実験の結果を整理し，考察する場面を設定すること。

【実験】

(1) 午後，ジャガイモの葉3枚(ア～ウ)にアルミニウムはくをくるむようにかぶせ，日光を当てないようにする。

(2) 次の日の朝，アの葉をとり，アルミニウムはくを外し，やわらかくなるまで2～3分間煮る。水で洗い，ヨウ素液につける。

(3) イは，アルミニウムはくを外し，日光に当てる。ウはそのままにしておく。

(4) 4～5時間後，イとウの葉をとり，アルミニウムはくを外し，やわらかくなるまで2～3分間煮る。水で洗い，ヨウ素液につける。

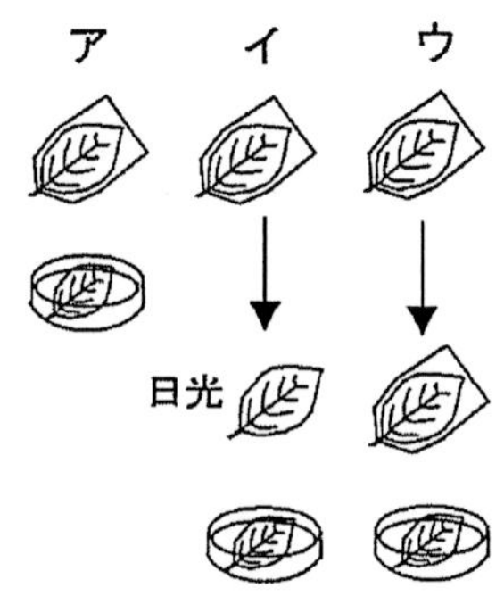

〈口頭試問例〉

□模擬授業(葉に日光があたるとでんぷんができること)について

□日周運動と年周運動について

□自然を愛する心情について

□プログラミング教育について

▼小中学校連携教諭(音楽)

【模擬授業課題】

□「ふるさと」(高野辰之作詞・関野貞一作曲)について，児童が歌詞の意味を理解して，曲想豊かに歌う授業をしなさい。

※A表現領域・歌唱分野・小学校6年生対象

※本時は，全3時間扱いの3時間目とする。

※模擬授業(15分間)の中に，次の活動を設定すること。

ア　学習の見通しを持たせ意欲を高める「めあて」や，児童が追究したくなる「課題」を提示する活動

イ　児童が追究した結果を明確にする「まとめ」や，学習の成果を実感し学んだことや意欲を次につなげる「振り返り」をする活動

ウ　音楽科の特質に応じた言語活動

〈口頭試問例〉

□模擬授業の内容について

□鑑賞の授業について
□器楽の授業について
□歌唱指導について

▼小中学校連携教諭(保健体育)
【模擬授業課題】
□中学校第2年学年対象
「健康な生活と疾病の予防」の(エ)喫煙，飲酒，薬物乱用と健康 ㋑飲酒と健康」についての授業をしなさい。
その際，酒の主成分が中枢神経の働きを低下させること，また，常習的な飲酒により，様々な疾病を起こしやすくなること，未成年者の飲酒については，身体に大きな影響を及ぼし，依存症になりやすいことを理解できるようにすることをねらいとします。
ただし，次の項目を取り入れた授業とすること。
① 生徒への発問やグループで意見を出し合う場面を設定する。
② 最後に授業のまとめを行う。
〈口頭試問例〉
□模擬授業の内容について
□新学習指導要領について
□年間指導計画の作成について
□担任としての対応について

▼小中学校連携教諭(英語)
【模擬授業課題】
□小学校6年生を対象に，「中学校で入ってみたい部活動や楽しみな学校行事について，友だちと紹介し合おう」という単元のゴールを設定し，その第1時の授業をしなさい。ただし，以下の項目に留意すること。
① 児童とのやりとりを還して，単元の見通しをもたせること
② 新大分スタンダードに基づき，本時の「めあて」や「振り返り」

を適切に設定すること

③　児童は，want to～の表現について既習であること

④　本時の評価の観点を「知識・技能」とし，評価規準を設定すること

(評価規準については，どのように設定したかを口頭試問で尋ねる)

〈口頭試問例〉

□模擬授業の内容について

□教科専門の知識について

□受容語彙と発信語彙について

□小中連携を推進するための取組について

▼中学国語

【模擬授業課題】

□学習指導要領国語科第1学年の「B　書くこと」の指導事項に「ア　目的や意図に応じて，日常生活の中から題材を決め，集めた材料を整理し，伝えたいことを明確にすること。」がある。

　これを踏まえて，総合的な学習の時間に調べた地域の壁史や風土について保護者や地域の方に報告する学習発表会の「案内文を書く」単元(全4時間)を構想し，その第1時の授業をしなさい。第1時では，案内文に書く内容を決め，情報を整理する持間である。

　授業を行う際は，以下の点に留意すること

①「B　(おおむね満足できる状況)と判断する生徒の具体的な姿」を想定しておくこと。(模擬授業終了後，口頭試問の中で質問する。)

②　本時の「めあて(課題)」は模擬授業中に必ず板書し，「B　書くこと」の指導事項をどのように異体化しているのかが分かる学習活動を入れること。

③　導入と学習展開の中心となる活動は必ず行うこと。なお，終末の場面までは必ずしも行わなくてよい。

▼中学国語

【模擬授業課題】

□学習指導要領国語科第1学年の「A　話すこと・聞くこと」の指導事項に「オ　話題や展開を捉えながら話し合い，互いの発言を結び付けて考えをまとめること。」がある。

これを踏まえて，「小学校6年生に○○中学校を紹介する」単元(全4時間)を構想し，その第2時の授業をしなさい。なお，小学生への紹介は，班ごとに3つのお薦めポイントをあげて紹介することとする。

第1時では，お薦めポイントとそれを薦める理由を個人で付箋に書き出している。本時は，各自が書いた付箋をもとに，班として紹介する内容を決める場面である。

授業を行う際は，以下の点に留意すること

① 「B　(おおむね満足できる状況)と判断する生徒の具体的な姿」を想定しておくこと。(模擬授業終了後，口頭試問の中で質問する。)

② 本時の「めあて(課題)」は模擬授業中に必ず板書し，「C　読むこと」の指導事項をどのように具体化しているのかが分かる学習活動を入れること。

③ 導入と学習展開の中心となる活動は必ず行うこと。なお，終末の場面までは必ずしも行わなくてよい。

〈口頭試問例〉

□模擬授業の内容について

□国語科の学習過程について

□1人1台端末の活用について

□評価について

□情報の扱い方の指導について

□1人1台端末の活用について

□主体的な学びのための授業改善について

▼中学社会

【模擬授業課題】

□歴史的分野「中世の日本」の「武家政治の成立」についての授業をしなさい。

ただし，以下の項目に留意して，1時間の授業を15分で実演すること。

① 鎌倉時代の文化や宗教の特色について，多面的・多角的に考察し表現させる授業を行うこと。

② 資料として以下のものを活用してよいが，他に必要と考えられる資料があれば想定し，付け加えてもよい。

〈口頭試問例〉

□ 模擬授業(歴史的分野)の内容について

□地理的分野の考察の仕方について

□公民的分野における学習指導要領の改訂の要点について

□SDGs について

▼中学社会

【模擬授業課題】

□公民的分野「国民生活と政府の役割」の単元のまとめの授業をしなさい。ただし，以下の項目に留意して，1時間の授業を15分で実演すること。

① 現代社会の特色を踏まえて，財政及び租税の役割について，効率と公正，希少性，持続可能性などに着目して，多面的・多角的に考察，構想し，表現させる授業を行うこと。

② 資料として以下のものを活用してよいが，他に必要と考えられる資料があれば想定し，付け加えてもよい。

資料1　日本の財政の推移(財務省資料)

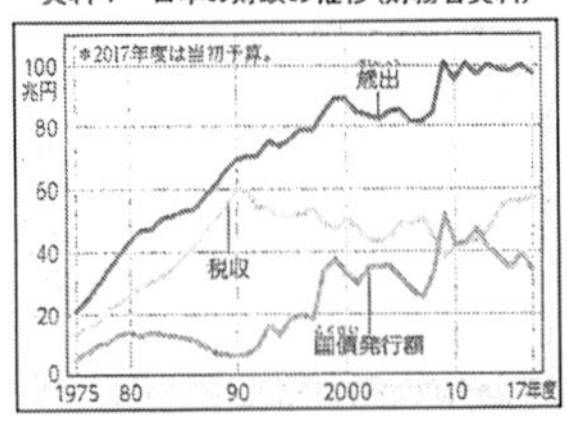

資料2　日本の総人口の推移(総務省)

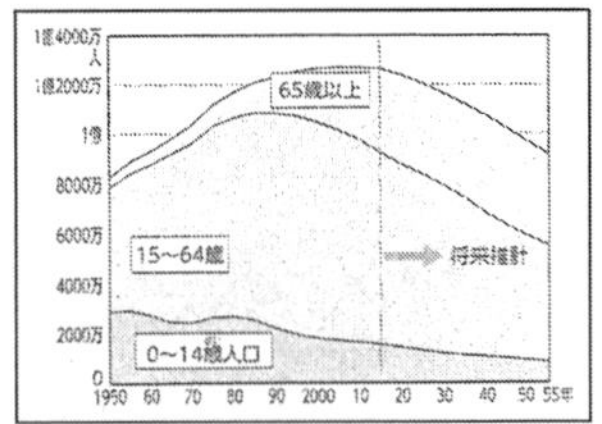

資料3　社会保障給付費の推移
(国立社会保障・人口研究所資料)

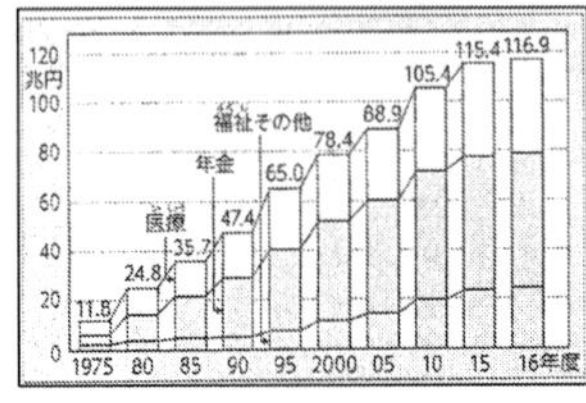

資料4　国民負担率と国民所得(NI)にしめる社会保障支出の割合(厚生労働省資料)

	国民負担率：社会保障負担の比率	国民負担率：租税負担の比率	NIにしめる社会保障支出の割合
フランス	26.6	40.5	45.5
スウェーデン	5.1	51.8	41.4
ドイツ	22.1	31.1	36.5
イギリス	10.4	36.1	30.9
日本	17.2	25.4	30.3
アメリカ	8.3	25.0	23.8

[2015年]

〈口頭試問例〉

□模擬授業の内容(公民的分野)について

□地理的分野の見方・考え方について

□歴史的分野における学習指導要領の改訂の要点について

□社会科における1人1台端末の活用について

▼中学数学

【模擬授業課題】

□次に示す題材に即した授業をしなさい。ただし，留意点に従うこと。

内容　2年　文字を用いた式

> 2けたの自然数から，その数の各位の数の和をひくと，かならず9の倍数になることを，説明しなさい。

〈留意点〉

① 本時は「文字を用いた式」のまとめの時間とする。

② 新大分スタンダードに基づく授業を展開すること。

③　評価の観点は「思考・判断・表現」とし評価規準を1つ設定すること。(設定した評価規準は，口頭試問で質問する。)

〈口頭試問例〉

□模擬授業の内容について

□「図形」領域の内容について

□学習指導要領の内容について

□数学の学習を行うときの指導や工夫について

▼中学数学

【模擬授業課題】

□次に示す題材に即した授業をしなさい。ただし，留意点に従うこと。

内容　3年　円

図のように，1つの弧に対する円周角の大きさは，その弧に対する中心角の大きさの半分であることを説明しなさい。

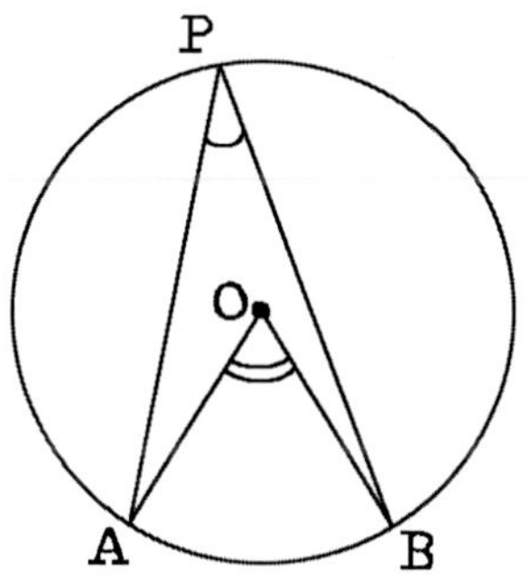

〈留意点〉

①　前時までに，円周角は中心角の半分であることが成り立つ予想を立てるまで終えたとする。

②　新大分スタンダードに基づく授業を展開すること。

③　評価規準の観点は「思考・判断・表現」とし，評価規準を1つ設定すること。

(設定した評価規準は，口頭試問で質問する。)

〈口頭試問例〉

□模擬授業の内容について

「数と式」領域の内容について

□学習指導要領の内容について

□数学の学習を行うときの指導や工夫について

▼中学数学

【模擬授業課題】

□次に示す題材に即した授業をしなさい。ただし，留意点に従うこと。

内容　3年　式の展開と因数分解

多項式と多項式の乗法の計算の仕方を説明しなさい。 $(a+b)(c+d)$

〈留意点〉

① 前時までに「単項式と多項式の乗法や除法の計算」まで終えたとする。

② 新大分スタンダードに基づく授業を展開すること。

③ 評価の観点は「思考・判断・表現」とし，評価規準を1つ設定すること。

(設定した評価規準は，口頭試問で質問する。)

〈口頭試問例〉

□模擬授業の内容について

□「図形」の領域の内容について

□学習指導要領の内容について

□数学の授業の進め方について

▼中学数学

【模擬授業課題】

□次に示す題材に即した授業をしなさい。ただし，留意点に従うこと。

内容　2年　三角形と四角形

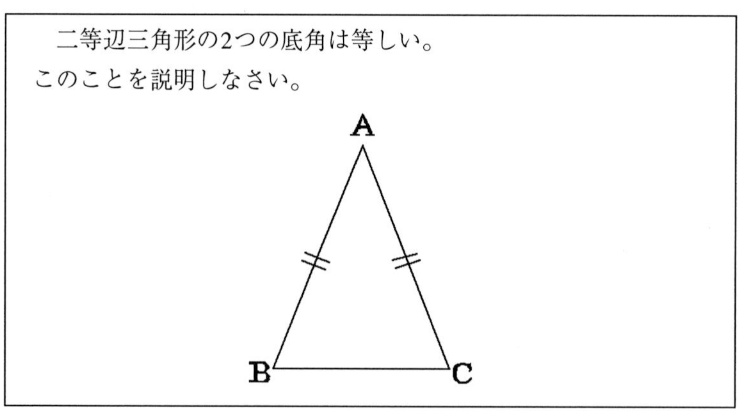

二等辺三角形の2つの底角は等しい。
このことを説明しなさい。
A
B
C

〈留意点〉

① 本時は「二等辺三角形の性質」の1時間目であり，前時までに，三角形の合同の証明までを終えたとする。

② 新大分スタンダードに基づく授業を展開すること。

③ 評価の観点は「思考・判断・表現」とし，評価規準を1つ設定すること。

(設定した評価規準は，口頭試問で質問する。)

〈口頭試問例〉

□模擬授業の内容について

□「関数」領域の内容について

□学習指導要領の内容について

□数学の学習を行うときの指導や工夫について

▼中学理科

【模擬授業課題】

□第1学年対象

弦を用いて音を発生させる実験を行い，音の大きさや高さを決める条件を見いださせる授業を行いなさい。ただし，下記の留意点に従うこと。

〈留意点〉

① 新大分スタンダードに示している「めあて」「課題」「まとめ」「振り返り」を基にした授業を構想すること。

② 「思考・判断・表現」を評価規準に設定した授業を展開すること。

③ 実験の内容は下に示すものとする。

④ 実験の結果を整理し，考察する場面を設定すること。

【実験】

図のようなモノコードを用いて，弦をはじく強さ，弦の長さ，弦を張る強さを変え，弦をはじいたときの音の大きさや高さを調べる。

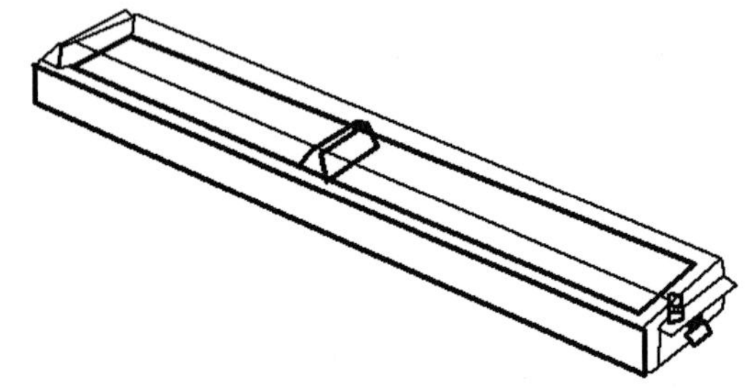

〈口頭試問例〉

□模擬授業(音の大きさや高さ)について

□海溝型地震と内陸型地震について

□理科の見方・考え方と資質・能力について

□1人1台端末の活用について

▼中学理科

【模擬授業課題】

□第2学年対象

光合成で二酸化炭素が使われるかを調べる実験を行い，光があたって植物が光合成を行うとき，二酸化炭素が使われることを見いださせる授業を行いなさい。

ただし，下記の留意点に従うこと。

〈留意点〉

① 新大分スタンダードに示している「めあて」「課題」「まとめ」「振り返り」を基にした授業を構想すること。

② 「思考・判断・表現」を評価規準に設定した授業を展開すること。

③ 実験の内容は下に示すものとする。

④ 実験の結果を整理し，考察する場面を設定すること。

【実験】

(1) BTB液を水の入ったビーカーに入れ，ストローで息をふきこみ黄色にする。これを4本の試験管に分けて入れ，試験管アとウにはオオカナダモを入れる。試験管ウとエは光が当たらないようにアルミニウムはくで覆う。

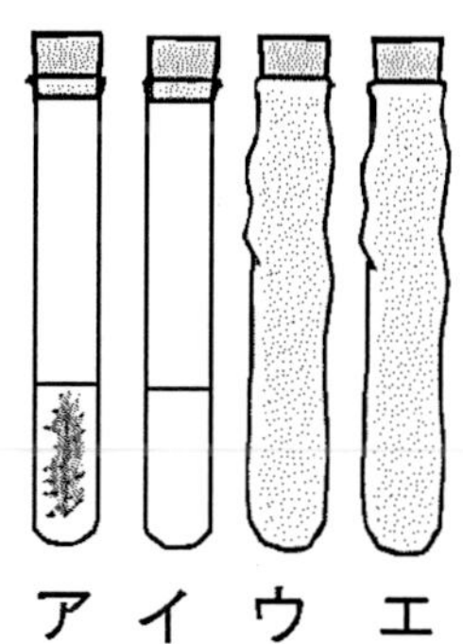

(2) 試験管アとイに20～30分間光を当て，BTB液の色の変化を調べる。

〈口頭試問例〉

□模擬授業(光合成)について

□放射能等について

□生物の特徴と分類の仕方について

□安全に配慮した観察・実験について

▼中学理科

【模擬授業課題】

□第3学年対象

金属を水溶液に入れる実験を行い，金属の種類によってイオンへのなりやすさが異なることを見いださせる授業を行いなさい。ただし，下記の留意点に従うこと。

〈留意点〉

① 新大分スタンダードに示している「めあて」「課題」「まとめ」「振り返り」を基にした授業を構想すること。

② 「思考・判断・表現Jを評価規準に設定した授業を展開すること。

③ 実験の内容は下に示すものとする。

④ 実験の結果を整理し，考察する場面を設定すること。

【実験】

(1) 図のように，マイクロプレートの横の列に同じ種類の水溶液(硫酸マグネシウム水溶液，硫酸亜鉛水溶液，硫酸銅水溶液)，縦の列に同じ種類の金属(マグネシウム板，亜鉛板，銅板)を入れる。

(2) それぞれの組み合わせで，金属板にどのような変化が起きているかを観察する。

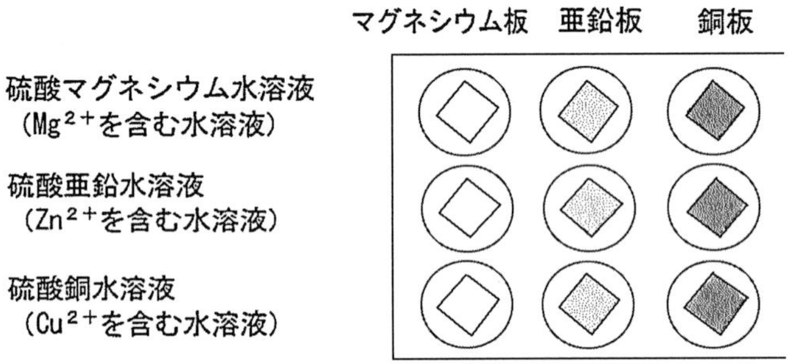

マグネシウム板　亜鉛板　銅板

硫酸マグネシウム水溶液
(Mg^{2+}を含む水溶液)

硫酸亜鉛水溶液
(Zn^{2+}を含む水溶液)

硫酸銅水溶液
(Cu^{2+}を含む水溶液)

〈口頭試問例〉

□模擬授業(金属のイオンへのなりやすさ)について

□炭素と窒素の循環について

□放射線を扱う学年と内容について

□理科の有用性について

▼中学音楽

【模擬授業課題】

□「花」(武島羽衣作詞・滝廉太郎作曲)について，生徒が情景を思い浮かべながら言葉を大切にして二部合唱をする授業をしなさい。

※A表現領域・歌唱分野・中学校3年生対象

※本時は，全3間扱いの3時間目とする。

※模擬授業(15分間)の中に，次の活動を設定すること。

ア　学習の見通しを持たせ意欲を高める「めあて」や，生徒が追究したくなる「課題」を提示する活動

イ　生徒が追究した結果を明確にする「まとめ」や，学習の成果を実感し学んだことや意欲を次につなげる「振り返り」をする活動

ウ　音楽科の特質に応じた言語活動

〈口頭試問例〉

□模擬授業の内容について

□鑑賞の授業について

□言語活動について

□歌唱指導について

▼中学音楽

【模擬授業課題】

□「連作交響詩『我が祖国』からブルタバ(モルダウ)」(スメタナ　作曲)について，生徒がオーケストラの響きや作品にこめられた思いを感じ取り，音楽のよさや美しさを味わって聴く授業をしなさい。

※B　鑑賞領域・中学校3年生対象

※本時は，全2時間扱いの2時間目とする。

※模擬授業(15分間)の中に，次の活動を設定すること。

ア　学習の見通しを持たせ意欲を高める「めあて」や，生徒が追究したくなる「課題」を提示する活動

イ　生徒が追究した結果を明確にする「まとめ」や，学習の成果を実感し学んだことや意欲を次につなげる「振り返り」をする活動

ウ　音楽科の特質に応じた言語活動

〈口頭試問例〉
□模擬授業の内容について
□歌唱の授業について
□学習指導要領について
□生徒への支援について

▼中学音楽
【模擬授業課題】
「赤とんぼ」(三木露風　作詞・山田耕筰　作曲)について，生徒が詩や曲の雰囲気に合った声で，言葉を大切にして歌う授業をしなさい。
※A　表現領域・歌唱分野・中学校1年生対象
※本時は，全2時間扱いの2時間目とする。
※模擬授業(15分間)の中に，次の活動を設定すること。
ア　学習の見通しを持たせ意欲を高める「めあて」や，生徒が追究したくなる「課題」を提示する活動
イ　生徒が追究した結果を明確にする「まとめ」や，学習の成果を実感し学んだことや意欲を次につなげる「振り返り」をする活動
ウ　音楽科の特質に応じた言語活動
〈口頭試問例〉
□模擬授業の内容について
□鑑賞の授業について
□学習指導要領について
□音楽の評定・成績について

▼中学音楽
【模擬授業課題】
「フーガト短調」(J.S.バッハ作曲)について生徒がパイプオルガンの響きを感じ取るとともに，次々と現れる主題に注目しながら，音楽のよさや美しさを味わって聴く授業をしなさい。
※B　鑑賞領域・中学校2年生対象

※本時は，全2時間扱いの2時間目とする。
※模擬授業(15分間)の中に，次の活動を設定すること。
ア　学習の見通しを持たせ意欲を高める「めあて」や，生徒が追究したくなる「課題」を提示する活動
イ　生徒が追究した結果を明確にする「まとめ」や，学習の成果を実感し学んだことや意欲を次につなげる「振り返り」をする活動
ウ　音楽科の特質に応じた言語活動
〈口頭試問例〉
□模擬授業の内容について
□歌唱の授業について
□学習評価について
□音楽を学ぶ意義について

▼中学美術
【模擬授業課題】
□鑑賞の領域に関して，マルク・シャガールの作品「私と村」について学習指導要領の〔共通事項〕を踏まえ，美術作品のよさや美しさ等を生徒に感じ取らせ，味わわせる鑑賞の授業をしなさい。
〈授業を行うに当たって次の点に留意すること〉
①　対象は中学校第一学年とする。
②　本時の「めあて」「課題」「まとめ」「振り返り」を適切に設定し実施すること。
③　一人一人が感じたことについて，互いに交流し，学びあえるような場面を設定すること。
⑨　作品例は試験会場の黒板にA3サイズ(カラー)を掲示している。

マルク・シャガール「私と村」(192.1×151.4cm)

〈口頭試問例〉

□模擬授業の内容について

□評価について

□ICT活用について

□美術科における個別指導について

▼中学保体

【模擬授業課題】

□「健康な生活と疾病の予防」の「(ウ)　生活習慣病などの予防　②生活習慣病の予防」についての授業をしなさい。

その際，生活習慣病は，日常の生活習慣が要因となっておこる疾病であり，適切な対策を講ずることにより予防できることを，疾病を適宜取り上げ理解できるようにすることをねらいとします。

(中学校第2学年対象)

ただし，次の項目を取り入れた授業とすること。

①　生徒への発問やグループで意見を出し合う場面を設定する。

②　最後に授業のまとめを行う。

〈口頭試問例〉

□模擬授業の内容について

□新学習指導要領の目標について
□内容の取扱いについて(体つくり運動)
□保護者への対応について

▼中学保体
【模擬授業課題】
□「心身の機能の発達と心の健康」の「エ　欲求やストレスへの対処と心の健康　③　欲求やストレスとその対処」についての授業をしなさい。

その際，精神と身体には，密接な関係があり，互いに様々な影響を与え合っていること，心の健康を保つには，適切な生活習慣を身に付けるとともに，欲求やストレスに適切に対処することが必要であることを理解できるようにすることをねらいとします。

(中学校第1学年対象)

ただし，次の項目を取り入れた授業とすること。

①　生徒への発問やグループで意見を出し合う場面を設定する。
②　最後に授業のまとめを行う。

〈口頭試問例〉
□模擬授業の内容について
□新学習指導要領の目標について
□内容の取扱いについて(武道)
□保護者への対応について

▼中学家庭
【模擬授業課題】
□「衣服の計画的な活用」について考えさせる授業をしなさい。ただし，以下の点に注意すること。

①　新大分スタンダード(「めあて」「課題」「まとめ」「振り返り」)を踏まえた授業展開を行うこと。
②　まとめが，「無駄のない衣生活を送るためには，購入から処分ま

でのことや，着なくなった後の活用までを考えることが大切である」となるような授業展開を行うこと。

③　新学習指導要領に基づいた評価規準(3観点)と評価方法を考えておくこと。

〈口頭試問例〉

□模擬授業の内容について

□幼児の認知における「アニミズム」について

□題材の設定に当たっての工夫について

□食物アレルギーの生徒への配慮について

▼中学英語

【模擬授業課題】

□本時は，単元の中で，生徒が新しい言語材料「There is (are)～.」に出合い，表現できるようになることを目指す時間である。

以下の項目に留意して授業をしなさい。

①　新大分スタンダードに基づき，本時の「めあて」や「振り返り」を適切に設定すること

②　生徒が言語活動の目的や言語の使用場面を意識した授業を行うこと

③　生徒とのインタラクションを通して本時のめあてを知らせること

④　本時の評価の観点を「知識・技能」とし，評価規準を設定すること

(評価規準については，どのように設定したかを口頭試問で尋ねる。)

〈口頭試問例〉

□模擬授業の内容について

□教科専門の知識について

□学習指導要領の目標について(話すこと[やり取り])

□一人一台端末を活用した指導について(書くこと)

▼中学英語

【模擬授業課題】

□本時は，単元の中で，生徒が新しい言語材料「過去形」に出合い，表現できるようになることを目指す時間である。以下の項目に留意して授業をしなさい。

① 新大分スタンダードに基づき，本時の「めあて」や「振り返り」を適切に設定すること

② 生徒が言語活動の目的や言語の使用場面を意識した授業を行うこと

③ 生徒とのインタラクションを通して本時のめあてを知らせること

④ 本時の評価の観点を「知識・技能jとし，評価規準を設定すること

(評価規準については，どのように設定したかを口頭試問で尋ねる。)

〈口頭試問例〉

□模擬授業の内容について

□教科専門の知識について

□学習指導要領の目標について(聞くこと)

□一人一台端末を活用した指導について(話すこと)

▼中学英語

【模擬授業課題】

□本時は，単元の中で，生徒が新しい言語材料「後置修飾」に出合い，表現できるようになることを目指す時間である。以下の項目に留意して授業をしなさい。

① 新大分スタンダードに基づき，本時の「めあて」や「振り返り」を適切に設定すること

② 生徒が言語活動の目的や言語の使用場面を意識した授業を行うこと

③ 生徒とのインタラクションを通して本時のめあてを知らせること

④ 本時の評価の観点を「知識・技能」とし，評価規準を設定すること

(評価規準については，どのように設定したかを口頭試問で尋ねる。)

〈口頭試問例〉

□模擬授業の内容について

□教科専門の知識について

□学習指導要領の目標について(書くこと)

□一人一台端末を活用した指導について(聞くこと)

▼高校国語

【模擬授業課題】

□「国語総合」において「B　書くこと」の指導事項「イ　論理の構成や展開を工夫し，論理に基づいて自分の考えを文章にまとめること。」について，「『高校生の言葉遣い』について意見文を書く」というテーマで授業を行いなさい。

ただし，想定する時期は1年生の2学期とすること。

〈口頭試問例〉

□模擬授業で想定した生徒と授業の工夫について

□「現代の国語」における授業展開の見通しについて

□生徒が主体的に学ぶようにするための指導の工夫について

□自分の意見を相手に伝える力を育成するための注意点について

▼高校地歴(世界史)

【模擬授業課題】

□「世界史探究」の単元「二つの世界大戦アジア・アフリカ地域の民族運動」において，「戦争期におけるインドの独立運動」についての授業をしなさい。

ただし，生徒への「問い」を入れるものとし，黒板を使用すること。また，授業の始めに「本時の目標」を示し，最後に「本時のまとめ」をすること。

〈口頭試問例〉

□模擬授業のねらいや工夫について

□ポルトガルとスペインの世界進出について

□学習指導要領の内容について
□学習状況の改善に向けた指導について

▼高校地歴(日本史)
【模擬授業課題】
□「日本史探究」の単元「幕藩体制の成立」における「江戸時代初期から鎖国政策の完成までのわが国の外交・貿易」について，授業をしなさい。
ただし，生徒への問いかけを入れるものとして黒板を使用すること。また，授業の始めに「本時の目標」を示し，最後で「本時のまとめ」をすること。
〈口頭試問例〉
□模擬授業のねらいや工夫について
□室町時代の産業について
□学習指導要領の内容について
□日本史を学ぶ意義について

▼高校地歴(地理)
【模擬授業課題】
□「地理探究」の単元「ヨーロッパの統合」において，EU(ヨーロッパ連合)を題材にしながら，EUの統合によるヨーロッパの変化について，授業をしなさい。
ただし，生徒への「問い」を入れるものとし，黒板を使用すること。また，授業の始めに「本持の目標」を示し，最後に「本時のまとめ」をすること。
〈口頭試問例〉
□模擬授業のねらいや工夫について
□地球温暖化への対策について
□学習指導要領の内容について
□学習の工夫について

▼高校公民

【模擬授業課題】

□政治・経済の単元「現代の経済」で「現代経済のしくみと特質」における「社会保障制度の充実」について，授業をしなさい。

ただし，以下の条件を必ず踏まえること。

① 次の内容に触れるとともに，下の図1・2を活用して思考させること。

(内容)「社会保障制度の意義」「社会保障の課題」

② 生徒への「問い」を入れるものとし，黒板を使用すること。

③ 最初に「本時の目標」を示し，最後に「本時のまとめ」をすること。

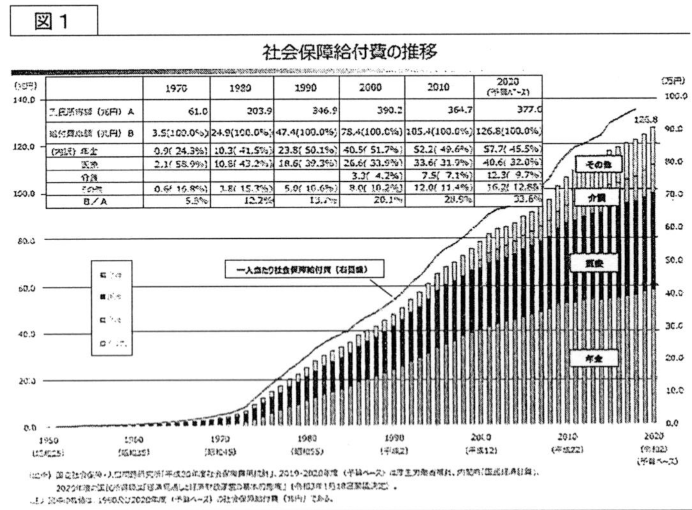

	1970	1980	1990	2000	2010	2020
国民所得額（兆円）A	61.0	203.9	346.9	390.2	364.7	377.0
給付費総額（兆円）B	3.5(100.0%)	24.9(100.0%)	47.4(100.0%)	78.4(100.0%)	105.4(100.0%)	126.8(100.0%)
（内訳）年金	0.9(24.3%)	10.3(41.5%)	23.8(50.1%)	40.5(51.7%)	52.2(49.6%)	57.7(45.5%)
医療	2.1(58.9%)	10.8(43.2%)	18.6(39.3%)	26.6(33.9%)	33.6(31.9%)	40.6(32.0%)
介護				3.3(4.2%)	7.5(7.1%)	12.3(9.7%)
その他	0.6(16.8%)	3.8(15.3%)	5.0(10.6%)	8.0(10.2%)	12.0(11.4%)	16.2(12.8%)
B／A	5.8%	12.2%	13.7%	20.1%	28.9%	33.6%

図２

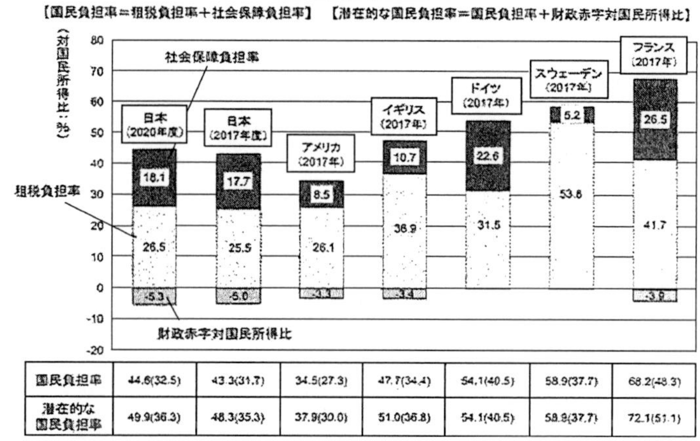

国民負担率	44.6(32.5)	43.3(31.7)	34.5(27.3)	47.7(34.4)	54.1(40.5)	58.9(37.7)	68.2(48.3)
潜在的な国民負担率	49.9(36.3)	48.3(35.3)	37.9(30.0)	51.0(36.8)	54.1(40.5)	58.9(37.7)	72.1(51.1)

（対国民所得比：%（括弧内は対GDP比））

〈口頭試問例〉

□模擬授業のねらいや工夫について

□社会契約説について

□学習指導要領の内容について

□授業に対する要望への対応について

▼高校数学

【模擬授業課題】

□本時は，数学B「数列」における「漸化式」の第2時間目である。次の枠の囲みの内容について，下記の記す留意点を踏まえて授業展開しなさい。

> 次の条件によって定められる数列$\{a_n\}$の一般項を求めよ。
>
> $$a_1=1,\quad a_{n+1}=a_n+2^n$$

〈留意点〉

※前時に，等差数列と等比数列を表す漸化式について学んでいる。

※本時の目標を適切なタイミングで提示すること。

※本時以前に学習した内容(中学校での学習内容を含む)と関連付けながら，生徒の体系的な理解を促すこと。

※生徒の関心・意欲や数学的な見方や考え方を高めるために，発問内容や数学的活動を充実させる場面の設定などに工夫すること。

※適切な板書により，生徒の学習活動を支援すること。

〈口頭試問例〉

□模擬授業の内容について

□不定積分について

□言語活動について

□学業不振の生徒への助言について

▼高校数学

【模擬授業課題】

□本時は，数学A『場合の数と確率』における「場合の数」の第8時間目である。次の枠の囲みの内容について，下記に記す留意点を踏まえて授業展開しなさい。

異なるn個からr個取る組合せ

${}_n\mathrm{C}_r = {}_nP_r/r!$

〈留意点〉

※本時は組合せの1時間目であり，前時までに順列を学んでいる。

※本時の目標を適切なタイミングで提示すること。

※本時以前に学習した内容(中学校での学習内容を含む)と関連付けながら，生徒の体系的な理解を促すこと。

※生徒の関心意欲や数学的な見方や考え方を高めるために，発問内容や数学的活動を充実させる場面の設定などに工夫すること。

※適切な板書により，生徒の学習活動を支援すること。

〈口頭試問例〉

□模擬授業の内容について

□不定積分について

□言語活動について
□学業不振の生徒への助言について

▼高校物理
【模擬授業課題】
□高等学校学習指導要領「物理」の(2)　波　ア波の伝わり方　(イ) 波の干渉と回折において，「干渉の条件式」を導出する授業をしなさい。
ただし，次の項目に留意すること。
① 物理基礎の「波」の分野と，物理の「波の伝わり方とその表し方」までは既に学習しているものとする。
② 本時に育成を目指す資質・能力(目標)を生徒に分かるように明示すること。
③ 生徒が主体的に考え，条件を見いだせるように，問題解決的な授業を展開すること。
〈口頭試問例〉
□模擬授業の内容について
□物理の専門的知識について
□効果的なICT活用と授業での工夫について
□協働学習の意義と生徒相談について

▼高校化学
【模擬授業課題】
□金属結合と金属の性質についての授業をしなさい。ただし，次の項目に留意すること。
① イオン結合や共有結合との違いについてふれること。ただし，イオン結合や共有結合は既習のものとする。
② 本時で育成する資質・能力(目標)を生徒にわかりやすく明示すること。
③ 言語活動を取り入れた授業を行い，思考を促す場面を設けること。

〈口頭試問例〉

□模擬授業の内容について

□化学の専門的知識について

□授業づくりについて

□生徒への関わり方について

▼高校生物

【模擬授業課題】

□中学校で学んだ一遺伝子雑種の考え方をもとに，異なる相関染色体上にある(独立した)遺伝子の二遺伝子雑種におけるF2世代の表現型の分離比を導き出す授業をしなさい。

ただし，以下の3項目に留意すること。

① 中学校で学んだ内容を確認する場面を設定すること。

② 深い思考や課題解決に向かう探究的な活動を促す発問により，生徒が主体的に学ぶことを主眼に置いた授業展開をすること。

③ 最初の「めあて」と最後の「振り返り」を入れること。

〈口頭試問例〉

□模擬授業の内容について

□実験・観察の内容について

□学習指導要領について

□生徒対応について

▼高校生物

【模擬授業課題】

□酵素濃度一定，温度一定の条件における基質濃度と反応速度の関係についての授業をしなさい。

ただし，次の3項目に留意すること。

① 生徒の理解や思考を深める発問をすること。

② 基質濃度が高くなるにつれて反応速度が変化する理由を説明すること。

③　基質濃度が十分高いときに反応速度が一定になる理由を説明すること。

〈口頭試問例〉

□模擬授業の内容について

□生物の体内環境について

□学習指導要領について

□授業規律や指導方法について

□学力向上について

▼高校保体

【模擬授業課題】

□保健　「現代社会と健康」の「オ　応急手当」における「(イ)日常的な応急手当」の熱中症の応急手当についての授業をしなさい。
その際，熱中症は，それに応じた基本的な応急手当の手順や方法があること及び自ら進んで行う態度を養うことが必要であることを理解できるようにすることをねらいとします。
ただし，次の項目を取り入れた授業とすること。

①　生徒への発問やグループで意見を出し合う場面を設定する。

②　最後に授業のまとめを行う。

〈口頭試問例〉

□模擬授業の内容について

□保健体育科の指導における言語活動について

□保健体育科における主体的・対話的で深い学びの実現に向けた授業改善について

□保護者対応について

▼高校保体

【模擬授業課題】

□保健　「現代社会と健康」の「エ　交通安全」における「(イ)　交通社会で必要な資質と責任」についての授業をしなさい。

その際，交通事故を防止するには，自他の生命を尊重するとともに，自分自身の心身の状態や車両の特性などを把握すること及び個人の適切な行動が必要であることを理解できるようにすることをねらいとします。

ただし，次の項目を取り入れた授業とすること。

① 生徒への発問やグループで意見を出し合う場面を設定する。

② 最後に授業のまとめを行う。

〈口頭試問例〉

□模擬授業の内容について

□科目「保健」の内容の取扱いについて

□情報機器の活用等における配慮事項について

□熱中症の事故防止について

▼高校音楽

【模擬授業課題】

□「野ばら」(J.W.v.ゲーテ作詞　F.シューベルト作曲)について，生徒が旋律の動きやテンポの変色を感じながら歌う授業をしなさい。

※A　表現領域・歌唱分野・音楽Ⅰ対象

※本時は，全2時間扱いの2時間目とする。

※模擬援業(15分間)の中に，次の活動を設定すること。

ア　学習の見通しを持たせ意欲を高める「めあて」や，生徒が追究したくなる「課題」を提示する活動

イ　生徒が追究した結果を明確にする「まとめ」や，学晋の成果を実感じ学んだことや意欲を次につなげる「振り返り」をする活動

ウ　音楽科の特質に応じた言語活動

〈口頭試問例〉

□模擬授業の内容について

□西洋音楽史について

□和楽器の指導について

□歌唱指導について

▼高校美術

【模擬授業課題】

□水墨画の制作において生徒に自分の作品について主題を持たせたい。本時は主題を決める活動の前時の鑑賞活動にあたる。

作品例を用いて水墨画制作における主題を生み出すことの大切さについて生徒に理解させる授業をしなさい。

〈授業を行うに当たって次の点に留意すること〉

① 対象生徒は高等学校第一学年とする。

② 宮本武蔵(みやもとむさし)の「枯木鳴鵙図(こぼくめいげきず」を作品例にすること。

③ 「目標」と「振り返り」を設定すること。

④ 作品例は試験会場の黒板にA3サイズ×2を掲示している。

宮本武蔵「枯木鳴鵙図」(125.5×54.3cm)

〈口頭試問例〉

□模擬授業の内容について

□言語活動について

□地域の伝統や文化について

□保護者の対応について

▼高校書道

【模擬授業課題】

□書道Iにおいて，「額氏家廟碑」を教材として臨書の学習を終えたと仮定し，古典を生かした創作の導入の授業をしなさい。ただし，以下の項目に留意すること。

① 「臨書」と「創作」についての説明を行うこと。

② 本時につけさせたい資質・能力を明確にした創作の題材を設定すること。

③ グループで意見を出し合う場面を設けること。

④ 最後に授業者が適切にまとめを行うこと。

前時に学習した「顔氏家廟碑」

〈口頭試問例〉
□模擬授業の内容について
□書の歴史について
□学習指導要領について
□ICT機器の授業活用について

▼高校英語
【模擬授業課題】
□次に提示された教科書本文の内容についての授業をしなさい。ただし，以下の項目に留意すること。
① 授業の目標を明確に設定すること。
② 文法事項，単語・熟語については指導済みであること。
③ 導入では，本文の内容について英語でOral IntroductionまたはOral Interactionを行うこと。
④ 内容理解においては，発問を行い，生徒に分かりやすい英語を原則使用しながら，授業を進めること。
⑤ 本文の内容を踏まえた上で，生徒が情報や考えなどを理解したり伝えたりすることを実接するように具体的な言語の使用場面を設定した言語活動を行う。
⑥ 最後に授業のまとめを行うこと。
〈口頭試問例〉
□模擬授業の内容について
□文法事項の指導について
□学習指導要領の内容及び内容の取扱に関する指導上のポイントについて
□生徒の英語学習上の困りに対する対応について

▼高校英語
【模擬授業課題】
□次に提示された教科書本文の内容についての授業をしなさい。ただし，以下の項目に留意すること。

① 授業の目標を明確に設定すること。

② 文法事項，単語・熟語については指導済みであること。

③ 導入では，本文の内容について英語でOral IntroductionまたはOral Interactionを行うこと。

④ 内容理解においては，発問を行い，生徒に分かりやすい英語を原則使用しながら，授業を進めること。

⑤ 本文の内容を踏まえた上で，生徒が情報や考えなどを理解したり伝えたりすることを実践するように具体的な言語の使用場面を設定した言語活動を行う。

⑥ 最後に授業のまとめを行うこと。

〈口頭試問例〉

□模擬授業の内容について

□文法事項の指導について

□学習指導要領の内容及び内容の取扱に関する指導上のポイントについて

□生徒の英語学習上の困りに対する対応について

▼高校家庭

【模擬授業課題】

□「ホームプロジェクトの意義と進め方」についての授業をしなさい。ただし，以下の項目に留意すること。

① ホームプロジェクトの意義と進め方を理解し，自分自身の生活の課題点や改善点について考えることができるような授業展開とすること。

② 生徒が主体的・協働的に学べる学習活動を取り入れるようにすること。

③ まとめの中で，本時の学習内容を今後の生活に生かすように促すこと。

〈口頭試問例〉

□模擬授業の内容について
□「契約の重要性」の指導内容について
□家庭科における「主体的な学び」の視点について
□実験・実習を実施する際の留意点について

▼高校農業
【模擬授業課題】
□作物の花芽分化に影響を与える主な要因についての授業をしなさい。ただし，以下の項目に留意しなさい。
(1) 花芽分化が始まる条件について日長・温度・栄養の観点から説明しなさい。
(2) 花芽分化と抽だいの関係を説明するとともに，作物に及ぼす抽だいの影響について説明しなさい。
(3) 授業の導入では本時の目標を示すとともに，授業後半のまとめでは振り返りを行うこと。
〈口頭試問例〉
□模擬授業の内容について
□模擬授業の内容に係る専門知識について
□新学習指導要領における学習内容の改善・充実について
□クラスづくりに関する教員としての働きかけについて

▼高校工業(機械)
【模擬授業課題】
□材料の変形における弾性，塑性を理解させる授業を行いなさい。
ただし，次の①～③の項目は取り入れることとし，その他は発展的に工夫した授業とすること。
① 図1を活用して材料の変形過程を復習すること。各点の説明・板書は必要最小限でよい。
② 図1に永久ひずみを図示し，スプリングバック現象を説明すること。

③　適切な説明と効果的な板書を行うこと。

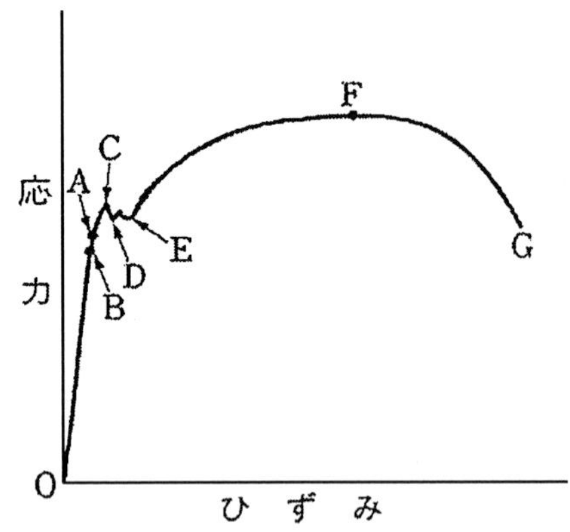

図１　軟鋼の応力ーひずみ線図

〈口頭試問例〉

□模擬授業の内容に係る学習指導について

□専門的事項の理解・知識について

□教科指導の理論や学習指導要領に関する授業実践について

□学習活動における生徒指導について

▼高校工業(電気)

【模擬授業課題】

□図のようなR，L，Cの負荷をもつ交流回路において，回路の共振周波数を求める授業を行いなさい。πは計算せずに残したままでよい。

(1)　共振時の電圧のベクトル図を示し，共振時の位相差やインピーダンス，電流などの状態を説明しなさい。

(2)　共振周波数f_0を求める公式を導き出しなさい。

(3)　L＝1000H，C＝2.5μFのときの共振周波数(Hz)を求めなさい。

ただし，次の項目を取り入れた授業にすること

①　生徒の思考を促す発問

②　適切な説明と効果的な板書

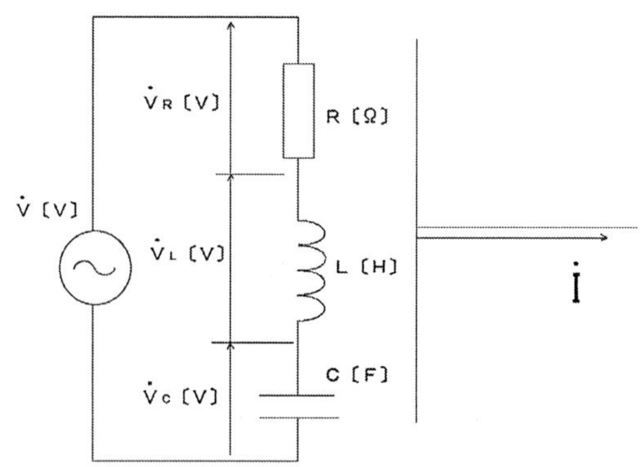

〈口頭試問例〉

□模擬授業の内容について

□教科の専門的事項の理解や知識について

□多様な生徒に向けた「主体的・対話的で深い学び」の実現について

□地域や産業界との連携，外部人材の活用について

▼高校工業(土木)

【模擬授業課題】

□図1のように，円曲線始点A，円曲線終点Bからなる円曲線の道路建設を計画している。交点IP(A及びBにおける円曲線の接線が交差する地点)の位置に川が流れており杭を設置できないため，AとIPを結ぶ接線上に補助点C，BとIPを結ぶ接線上に補助点Dをそれぞれ設置し観測を行ったところ，$\alpha=145^\circ$，$\beta=95^\circ$であった。曲線半径R＝200〔m〕とする時，円曲線始点Aから円曲線終点Bまでの路線長はいくらか。円周率$\pi=3.14$とする時，正しい路線長を求める手順を理解させる授業をしなさい。

ただし，次の項目を取り入れた授業とすること。

① 図は必ず板書して授業を進める

② 適切な説明と効果的な板書

③ 生徒の思考を促す問いかけや発問

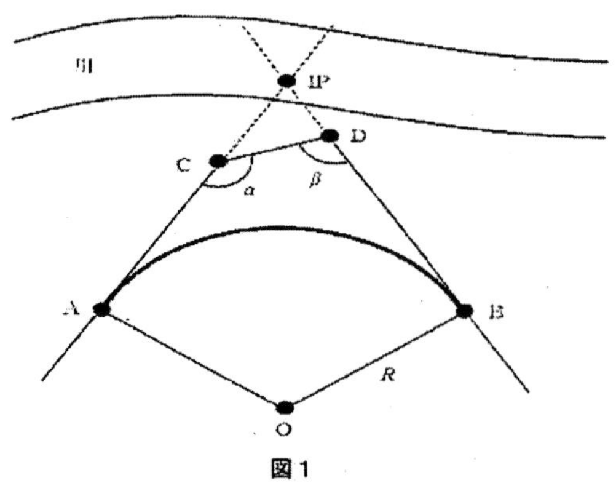

図1

〈口頭試問例〉

□模擬授業の内容について

□教科指導に関する専門的知識について

□教科指導の理論・学習指導要領の理解について

□学習活動における生徒指導について

▼高校工業(建築)

【模擬授業課題】

□地盤に起こる現象である液状化現象と圧密について説明しなさい。
ただし，以下の項目に留意すること。

① テーマを示すこと。

② 授業の導入で前時の復習を伝えること。

③ 各自で考えた後にグループワークやペアワークの場面を設定すること。

④ 適切な説明と効果的な板書をすること。

⑤ 授業の振り返りを行うこと。

〈口頭試問例〉

□模擬授業の内容について

□教科の専門的事項の理解や知識に関して

□就業体験について
□生徒の学習習慣について

▼高校水産(食品)
【模擬授業課題】
□魚類の鮮度判定についての授業をしなさい。ただし，以下の項目に留意すること。
① 前時の復習として「魚類の死後変化，及び鮮度を保持する方法」を生徒に確認すること。
② 鮮度判定法をいくつか例示するとともに官能的方法について説明すること。また，魚類を図示するなど官能的方法による鮮度判定が生徒にわかりやすいよう工夫をすること。
③ 生徒に発問をすること。
④ 最後に授業のまとめを行うこと。
〈口頭試問例〉
□模擬授業の内容について
□食品による危害について
□学習指導の内容について
□生徒への対応について

▼高校商業
【模擬授業課題】
□小売業の様々な種類について，近年の消費者のニーズに合わせた新しい業態を含め授業をしなさい。ただし，以下の①～④の項目に留意すること
① 小売業種類を複数取り上げること
② 消費者のニーズにあった新しい業種について取り上げること
③ グループで意見を出し合い考察を深める場面を設定すること
④ 生徒へ発問すること
〈口頭試問例〉

□模擬授業の内容について
□企業会計制度について
□観点別評価について
□授業展開について

▼高校情報
【模擬授業課題】
□アナログの音の情報をディジタルの情報に変換する過程について授業をしなさい。ただし，次の項目を取り入れた授業をすること。
① 標本化周波数や量子化誤差に触れながら授業をすること。
② 生徒の思考を促す発問や学習用タブレット端末を活用しながら，グループで協議する学習活動の場面などを設定すること。
③ 2進数の学習は終わっているものとする。
〈口頭試問例〉
□模擬授業の内容について
□プログラミング学習の指導について
□情報活用能力の指導について
□情報モラルに対する指導について

▼高校福祉
【模擬授業課題】
□「感染症の予防策について理解させる」授業をしなさい。
ただし，以下の項目に留意すること。
① 感染症の予防策の基本を理解し，介護現場における感染症予防の具体的な方法について考えることができる授業展開とすること。
② 生徒が主体的・協働的に学べる学習活動を取り入れるようにすること。
③ 最後に授業のまとめと振り返りを行うこと。
〈口頭試問例〉
□模擬授業の内容について

□介護福祉士に求められる力を育成するための学習活動について
□学習指導要領の内容について
□介護実習について

▼特別支援(小学部)
【模擬授業課題】
□「的当てビンゴ」や「輪投げビンゴ」遊びで，ねらう的や的棒の位置を友だちと考えたり，的(的棒)に正確に当てるための工夫をしたりして遊ぶことをねらいとした授業をしなさい。
知的障がい特別支援学校　小学部6年生
単一障がい学級6名在籍
ただし，「的当てビンゴ」「輪投げビンゴ」の基本ルールは以下の通りとするが，追加ルールを設けてよい。
① 的(的棒)は(縦)3×(横)3の9区画に分かれている。
② ポール(輪)を投げて的(的棒)に当てる(入れる)仕組み。
③ 複数回投げ，当たった(入った)区画の縦・横・斜めがそろえばビンゴとなる。
〈的あて，輪投げのイメージ図〉

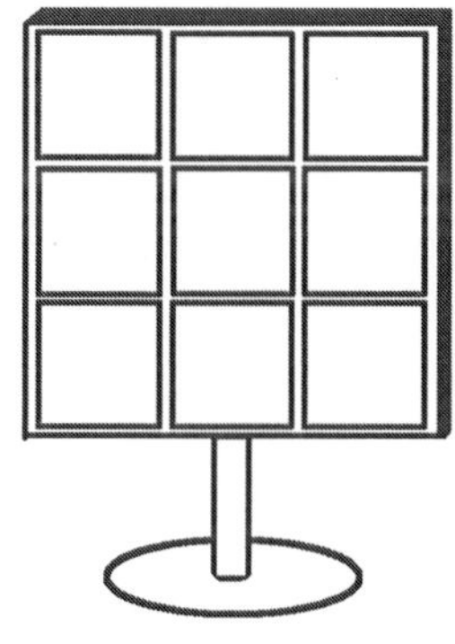

〈口頭試問例〉
□模擬授業の内容について
□模擬授業の内容に係る学習指導について

□各教科等を合わせた指導について
□家庭学習に関する家庭からの要望への対応について

▼特別支援(小学部)
【模擬授業課題】
□「宝探しゲーム」で，出題者が隠し場所のヒントを伝える場面で，相手に伝わるように，必要な事柄を入れて話すことをねらいとした授業をしなさい。
知的障がい特別支援学校　小学部6年生
単一障がい学級4名在籍
〈口頭試問例〉
□模擬授業の内容について
□模擬授業の内容に係る学習指導について
□自立活動について
□指導方法に関する保護者からの要望への対応について

▼特別支援(小学部)
【模擬授業課題】
□学校内にあるボールや絵本など，形や大きさが異なるものの重さを比べる授業で，重さを比べる基準となるもの(任意単位)を用いて，量を数値化して比較することをねらいとした授業をしなさい。
知的障がい特別支援学校　小学部4年生
単一障がい学級4名のグループ
〈口頭試問例〉
□模擬授業の内容について
□模擬授業の内容に係る学習指導について
□道徳教育について
□福祉機関との連携について

▼特別支援(中学部)

【模擬授業課題】

□家庭

「お楽しみ会に必要なものを買う」題材で，分担されたいくつかの品物を一人で買うための授業をしなさい。

知的障がい特別支援学校　中学部1年生

単一障がい学級5名

〈口頭試問例〉

□模擬授業の内容について

□模擬授業の内容に係る学習指導について

□道徳教育について

□服薬に関する保護者からの相談対応について

▼特別支援(中学部)

【模擬授業課題】

□数学

1000までのものの数をいくつかの同じ数のまとまりに分割したうえで数える授業をしなさい。

知的障がい特別支援学校　中学部2年生

単一障がい学級5名

〈口頭試問例〉

□模擬授業の内容について

□模擬授業の内容に係る学習指導について

□ICT機器の活用について

□合理的配慮に関する保護者からの要望について

▼特別支援(高等部)

【模擬授業課題】

□国語

題材「現場実習の礼状を書こう」において，相手や目的を意識して書くことをねらいとした授業を行いなさい。

知的障がい特別支援学校　高等部1年生
単一障がい学級の生徒7名で構成
※ただし，以下の項目に留意すること。
① 手紙を書く時の決まりについて(時候のあいさつ，相手の様子を尋ねる，用件，相手を気遣う言葉，結びの言葉)は，前時までに学習している。
② 丁寧な言葉づかいについては学習をしている。
〈口頭試問例〉
□模擬授業の内容について
□模擬授業の内容に係る学習指導について
□安全教育の指導について
□生徒からの将来に関する相談対応について

▼特別支援(高等部)
【模擬授業課題】
□作業学習
作業学習(メモ帳製作)の題材「販売会に向けて製品作りに取り組もう」において，製品の生産量を増やすため，作業工程や作業の仕方の改善を考えることをねらいとした授業を行いなさい。
知的障がい特別支援学校　高等部1～3年生
単一障がい学級の生徒8名で構成する作業班
ただし，以下の項目に留意すること。
① 作業工程に関する基本的な知識・技能は身に付いている。
② 作業工程ごとに分担して作業学習に取り組んでいる。
③ 製品の良・不良の判断はできている。
〈口頭試問例〉
□模擬授業の内容について
□模擬授業の内容に係る学習指導について
□総合的な探究の時間について
□生徒の行動に関する保護者からの相談対応について

▼栄養教諭

【模擬授業課題】

□小学校3年生の特別活動(学級活動)の授業を想定し,「にがてな食べ物にちょうせんしよう」をテーマにして,授業をしなさい。

ただし,以下の項目に留意すること。

① 食育の視点を設定しておくこと。

〈口頭試問例〉

□模擬授業の内容について

□模擬授業の内容に係る栄養教諭の関わりについて

□学校給食の衛生管理について

□学校給食に係る保護者への対応について

▼栄養教諭

【模擬授業課題】

□小学校3年生の体育(保健領域)の授業を想定し,「健康な生活を考えよう」をテーマにして,授業をしなさい。

ただし,以下の項目に留意すること。

① 食育の視点を設定しておくこと。

〈口頭試問例〉

□模擬授業の内容について

□模擬授業の内容に係る栄養教諭の関わりについて

□学校給食の衛生管理について

□食に関する保護者への対応について

▼養護教諭

【場面指導課題例】

□「薬物乱用について」保健指導を行いなさい。(中学校3年生　場面：学年集会)

□「朝食を食べる意味について」というテーマで保健指導を行いなさい。(中学1年生　場面：学年集会)

□「運動と健康について」というテーマで，保健指導を行ってください。(小学校6年生　場面：学年集会)

□「ブルーライトの悪影響について」というテーマで，保健指導を行いなさい。(高校1年生　場面：学年集会)

〈口頭試問内容例〉

□場面指導の内容について

□学校において予防すべき感染症について

□心身の疾患や発達症がいへの対応について

□児童生徒や保護者からの相談への対応について

◆個人面接(3次試験)　面接官3人　15分

〈評価の観点〉

評価項目	具体的評価項目
態度 表現力	○態度や身だしなみに好印象を受けるか。 ○言動・態度・表現から人間性の豊かさを感じるか。 ○質問に対し的確に対応できるコミュニケーション能力を備え、話がわかりやすく、内容に一貫性があるか。
使命感 積極性	○教職に対して意欲、信念を持っているか。 ○前向きな意見や考え方、向上心を持っているか。 ○教育者としての責務をわきまえ、学び続けようとする姿勢がみられるか。
倫理観 責任感	○教育者として必要な倫理観を持っているか。 ○誠実で信頼できるか。 ○児童生徒に対する理解があるか。 ○最後までやり遂げるタイプか。
創造力 柔軟性	○自ら課題を見つけ、考え行動できるか。 ○問題意識を持って物事を深く考えられるか。 ○経験や他者から学んだ事を生かそうとしているか。
協調性 職場適応性	○組織の一員として協調してやっていける職場適応性はあるか。 ○自分自身の理解に基づき、ストレスに前向きに対応しているか。 ○うまく気持ちの切り替えができるか。

▼小学校

【内容】

・自己紹介書の記載事項中心に質問される。

・具体的な話ができるように，受け答えを事前に構想していた方がよい。

・追質問は，他の教員との関わり方や，理想の教師像など，定番なものが中心である。

▼小学校

【内容】

□志望理由

□自分の強みは何か

→また，その強みは教職に就いてどう生かされるか

□趣味

□挫折した経験

▼小学校

【内容】

□教職員による不祥事が多い原因は何だと思うか。

□ストレス解消法は。

・事前に提出した自己紹介書からの質問が多い。

◆プレゼンテーション(3次試験)

※特別選考(Ⅲ)の受験者のみに適用される。

※発表時間15分間

2021年度

◆模擬授業(場面指導)(2次試験)

▼小学校教諭

【模擬授業課題】

□小学校4学年対象

本時は，14時間扱いの単元「わり算」の第13時間目の学習であり，「簡単な割合」について学習する場面である。問題場面は以下の通りである。

Aさんが，スーパーマーケットにキャベツとレタスを買いに行くと，下の表のように値上がりしていました。

キャベツとレタスの「もとの値段」と「値上がり後の値段」から，どちらのほうが値上がりしたといえるでしょうか。

	もとの値段（円）	値上がり後の値段（円）
キャベツ	100	300
レタス	200	400

①～③を踏まえて授業を行いなさい。

① 多様な考えを出し合い比較する学習活動を行うこと。

② 新大分スタンダードに示している「めあて」「課題」「まとめ」「振り返り」を適切に使って展開すること。

③ 本時の具体的な評価規準(おおむね満足できる(B)とする児童の姿)を1つ設定しなさい。

ただし，評価の観点は「思考・判断・表現」とする。(模擬試験終了後，口頭試問の中で質問する。)

＜口頭試問内容＞

□模擬授業の内容について

□小学校国語科における授業づくりの視点について

□話合いの活動(学級会)について

□算数の授業づくりについて

▼小学校教諭

【模擬授業課題】

□小学校6学年対象

本時は，5時間扱いの単元「江戸幕府の政治と人々の暮らし」の2時間目である。「武家諸法度」「大名の配置」「参勤交代」の制度から，江戸幕府の大名支配の仕組みについて考察する場面である。

＜資　料＞

武家諸法度（一部）

武家諸法度(一部)

一，学問や武芸を身につけ，常にこれにはげむこと。

一，城を修理する場合は，幕府に届け出ること。

一，幕府の許可を得ずに結婚してはならない。

(下の内容は，家光の時代に加えられたもの)

一，大名は，領地と江戸に交代で住み，毎年4月に江戸に参勤すること。

一，大きな船をつくってはならない。

主な大名の配置

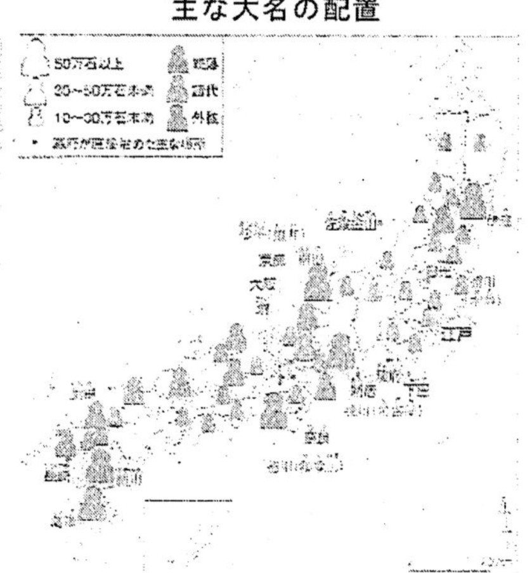

①と②を踏まえて授業を行いなさい。

①　新大分スタンダードに示している「めあて」「課題」「まとめ」「振り返り」を適切に使って展開すること。

②　本時の具体的な評価規準(おおむね満足できる(B)とする児童の姿)を1つ設定しなさい。

ただし，評価の観点は「思考・判断・表現」とする。(模擬試験終了後，口頭試問の中で質問する。)

＜口頭試問内容＞

□模擬授業の内容について

□小学校算数科における授業づくりの視点について

□総合的な学習の時間における探究的な学習の過程について

□落ち着いて過ごせる学級について

※テーマ用紙が配布され，10分で構想を練った。

※教科書等の持ち込みは不可だった。

※模擬授業の後に，評価規準，授業で工夫した点が聞かれた。

※大分情報センターで過去5年分程の過去問を公開している。

▼小学校教諭

【模擬授業課題】

□小学校6学年対象

本時は，16時間扱いの単元「水溶液の性質」の15時間目の学習であり，単元のまとめの学習としての位置付けである。

A～Fの6本の試験管の中にそれぞれ塩酸，水酸化ナトリウム水溶液，アンモニア水，炭酸水，食塩水，水が入っている。試験管AからFまでの透明の液体を確かめる実験を考え，それぞれの液体を特定しなさい。

①～③を踏まえて授業を構想し，行いなさい。

① 実験の結果を整理し，考察する場面を設定すること。

② 新大分スタンダードに示している「めあて」「課題」「まとめ」「振り返り」を適切に使って展開すること。

③ 本時の具体的な評価規準(おおむね満足できる(B)とする児童の姿)を1つ設定しなさい。

ただし，評価の観点は「思考・判断・表現」とする。(模擬試験終了後，口頭試問の中で質問する。)

＜口頭試問内容＞

□模擬授業の内容について

□小学校社会科における授業づくりの視点について

□算数の授業が苦手な児童への対応について

□動物の飼育について

▼小学校教諭

【模擬授業課題】

□小学校第5学年対象

本時は，3時間扱いの書くことの単元「学年集会で行うゲームのやり方を説明しよう」の2時間目「前時に作成した下書きを見直してよりよい文章にする」場面である。

①と②を踏まえて授業を構想し，行うこと。

① 新大分スタンダードに示している「めあて」「課題」「まとめ」「振り返り」を適切に使って展開すること。

② 本時の具体的な評価規準(おおむね満足できる(B)とする児童の姿)を1つ設定しなさい。

ただし，評価の観点は「思考・判断・表現」とする。(模擬試験終了後，口頭試問の中で質問する。)

＜前時に作成した下書き＞

二人でじゃんけんをして、負けた人は勝った人の後ろにならんで列を作り、勝った人は他の列の人を見つけてじゃんけんをし、それを全員が一列になるまでくり返して、最後まで先頭にいた人がチャンピオンです。

＜口頭試問内容＞

□模擬授業の内容について

□小学校理科における授業づくりの視点について

□各教科等における道徳教育について

□SNS利用に関する指導の在り方について

▼小学校教諭

【模擬授業課題】

□小学校第4学年対象

本時は，6時間扱いの単元「変わり方を調べよう」の5時間目である。問題場面は以下のとおりである。

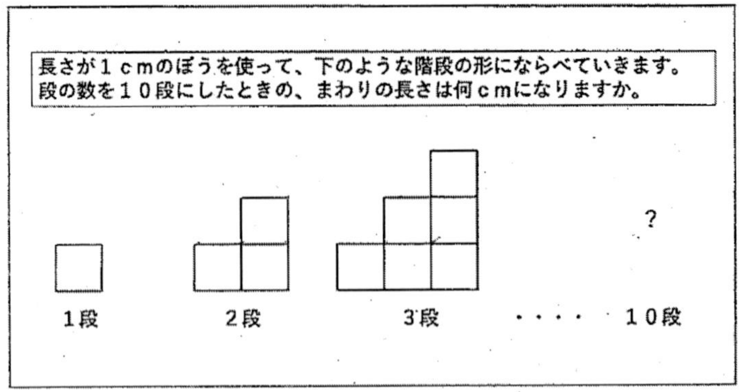

①と②を踏まえて授業を行いなさい。

①　新大分スタンダードに示している「めあて」「課題」「まとめ」「振り返り」を適切に使って展開すること。

②　本時の具体的な評価規準(おおむね満足できる(B)とする児童の姿)を1つ設定しなさい。

ただし，評価の観点は「思考・判断・表現」とする。(模擬試験終了後，口頭試問の中で質問する。)

＜口頭試問内容＞

□模擬授業の内容について

□小学校総合的な学習の時間における授業づくりの重点について

□各教科等における道徳教育について

□家庭学習の在り方について

▼小学校教諭

【模擬授業課題】

□小学校第5学年対象

本時は，興味をもった人物について調べて紹介する単元「学校のプロフェッショナルを紹介しよう」(8時間扱い)の2時間目「聞き出したい内容を整理する」場面である。

①～③を踏まえて授業を行いなさい。

① 前時では，イメージマップを活用し，紹介したい人物として，栄養士のA先生を取り上げることに決めている。本時では，「学校だより」のA先生の記事を提示し，「学校を支えているA先生の魅力を伝えよう」という目的を明確にして，インタビューしたい内容を整理すること。

② 新大分スタンダードに示している「めあて」「課題」「まとめ」「振り返り」を適切に使って展開すること。

③ 本時の具体的な評価規準(おおむね満足できる(B)とする児童の姿)を1つ設定しなさい。

ただし，評価の観点は「思考・判断・表現」とする。(模擬試験終了後，口頭試問の中で質問する。)

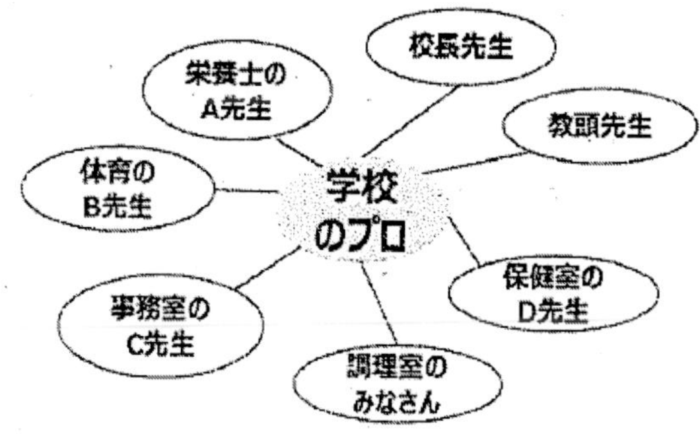

〔「学校だより」の記事〕

・栄養士のA先生は，この仕事を30年も続けているそうです。学校行事や季節，子どもたちが給食を食べている様子から3か月先の給食の献立を考えているそうです。

＜口頭試問内容＞

□模擬授業の内容について

□小学校音楽科における授業づくりの視点について

□総合的な学習の時間の内容について

□授業中の子どもへの配慮について

・知識系の単元は練習していたが，このようなタイプの単元を練習しておらず，テーマ用紙が配られて頭が真っ白になった。

▼小学校教諭

【模擬授業課題】

□小学校第6学年対象

本時は，9時間扱いの単元「てこのはたらき」の6時間目である。図のような実験用てこを使用し，左右がつり合うためのきまりを調べる場面である。ただし，実験で使用するおもり1つの重さは10gとする。

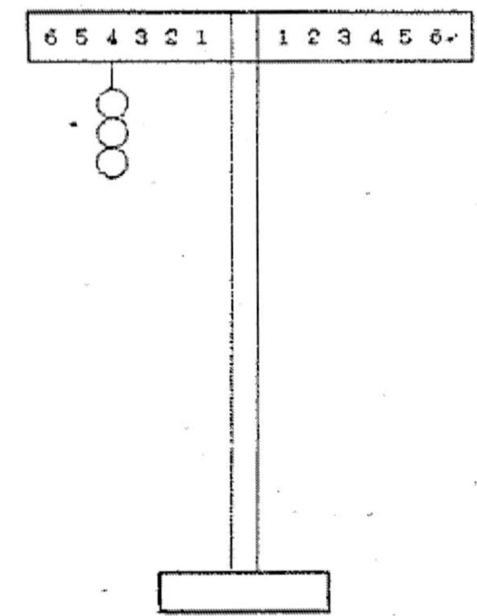

①～③を踏まえて授業を構想し，行いなさい。

① 実験の結果を表に整理し，考察する場面を設定すること。

② 新大分スタンダードに示している「めあて」「課題」「まとめ」「振り返り」を適切に使って展開すること。

③ 本時の具体的な評価規準(おおむね満足できる(B)とする児童の姿)を1つ設定しなさい。

ただし，評価の観点は「思考・判断・表現」とする。

＜口頭試問内容＞

□模擬授業の内容について

□小学校特別の教科道徳における授業づくりの視点について

□係活動について
□給食時における児童への配慮について

▼小学校教諭
【模擬授業課題】
□小学校第5学年対象
本時は，4時間扱いの小単元「情報を生かすわたしたち」の2時間目である。情報活用の際のルールやマナーを考える場面である。
①～③を踏まえて授業を行いなさい。
① インターネットの活用で起こり得る問題を複数取り上げ，それに基づいて情報活用のルールやマナーを考えさせる場面を位置付け，構造的に板書すること。
② 新大分スタンダードに示している「めあて」「課題」「まとめ」「振り返り」を適切に使って展開すること。
③ 本時の具体的な評価規準(おおむね満足できる(B)とする児童の姿)を1つ設定しなさい。
ただし，評価の観点は「思考・判断・表現」とする。(模擬試験終了後，口頭試問の中で質問する。)

＜資料＞

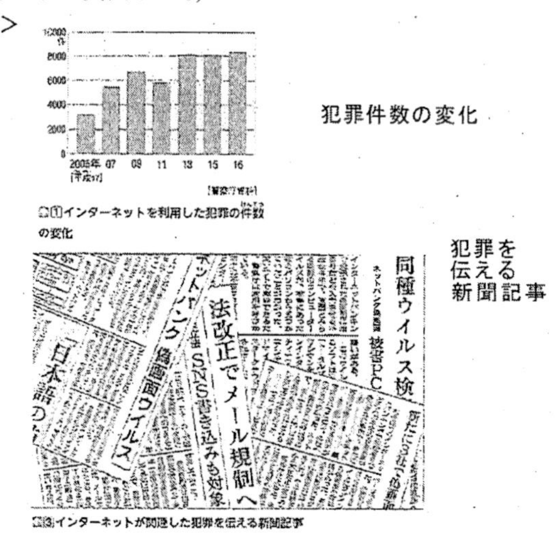

<口頭試問内容>
□模擬授業の内容について
□小学校外国語活動・外国語科における授業づくりの視点について
□言語環境について
□子ども同士の関わりについて

▼小中連携教諭(音楽)
【模擬授業課題】
□「夏の思い出」(江間章子作詞・中田喜直作曲)について，生徒が言葉の抑揚と旋律との関係を理解し，歌詞の表す情景と曲想を感じ取って歌う授業をしなさい。
※表現領域・歌唱分野・中学校1年生対象
※模擬授業(15分間)の中に，次の活動を設定すること。
ア　生徒に本時のめあてをもたせたり，学習を振り返らせたりする活動
イ　生徒に歌唱をさせて，音楽表現を繰り上げていく活動
<口頭試問内容>
□模擬授業の内容について
□歌唱共通教材の指導について
□学習指導要領について
□歌唱指導について

▼小中連携教諭(保健体育)
【模擬授業課題】
□「健康な生活と疾病の予防」の「(イ)　生活習慣と健康　㋐　食生活と健康」についての授業をしなさい。
※その際，食事には，健康な身体をつくるとともに，運動などによって消費されたエネルギーを補給する役割があることについて理解できることをねらいとします。
ただし，次の項目を取り入れた授業とすること。

① 生徒への発問やグループで意見を出し合う場面を設定する。
② 最後に授業のまとめを行う。
<口頭試問内容>
□模擬授業の内容について
□小学校学習指導要領の内容について
□中学校新学習指導要領の内容について
□いじめについて

▼小中連携(英語)
【模擬授業課題】
□小学校5年生に「一日の生活時間をたずね合って，自分の生活を見直してみよう」という単元のゴールを設定し，その第1時間目の授業をしなさい。ただし，以下の項目に留意すること。
① 新大分スタンダードに基づき，「めあて」や「振り返り」を適切に設定すること
② 児童が言語活動の目的や言語の使用場面を意識した授業を行うこと
③ 児童は本単元で初めて「時刻を尋ねる英語表現」に出合うこと
④ 本時の評価の観点を「知識・技能」とし，評価規準を設定すること
(評価規準については，どのように設定したかを口頭試問で尋ねる)
<口頭試問内容>
□模擬授業の内容について
□教科専門の知識について
□新学習指導要領の目標について(話すこと[やりとり])
□他の教科等と関連付けた指導の工夫について

▼中学国語
【模擬授業課題】
□新学習指導要領国語科第1学年の「B　書くこと」の指導事項に「エ

読み手の立場に立って，氷期や語句の用法，叙述の仕方などを確かめて，文書を整えること」がある。(現行の学習指導要領にも同様の趣旨の指導事項がある。)

これを踏まえて，「自然体験学習で学んだことを保護者にわかりやすく報告する文章を書く(350字以上400字以内)」単元を構想し，その第3時(全4時)の授業をしなさい。第2時では，文章の構成を考えて下書きを書いている。本時は，下書きを読み直し読み手の立場を考えて推敲をする時間である。

※授業を行う際は，以下の点に留意すること

① 「B(おおむね満足できる状況)と判断する生徒の具体的な姿」を想定しておくこと。(模擬授業終了後，口頭試問の中で質問する。)

② 本時の「めあて(課題)」は模擬授業中に必ず板書し，「B　書くこと」の指導事項をどのように具体化しているのかが分かる学習活動を入れること。

③ 導入と学習展開の中心となる活動は必ず行うこと。なお，終末の場面までは必ずしも行わなくてよい。

＜口頭試問内容＞

□模擬授業の内容について

□第3学年「読むこと」の指導について

□指導計画を作成する際の配慮事項

□語彙を豊かにする指導の工夫について

▼中学国語

【模擬授業課題】

□新学習指導要領国語科第2学年の「C　読むこと」の指導事項に「オ　文書を読んで理解したことや考えたことを知識や経験と結び付け，自分の考えを広げたり深めたりすること」がある。(現行の学習指導要領にも同様の趣旨の指導事項がある。)

これを踏まえて，「わたしが選んだこの一首～魅力を伝える鑑賞文を書く～」という単元(全4時間)を構想した。第1時では，教科書に

ある解説文を読み，基本的な形式や短歌のリズムなどを理解し，近代短歌に興味をもつ学習を行った。本時として，第2時の授業を行うこと。本時は，「自身が選んだ一首の鑑賞文を書く(第3時)」ために，例として示した短歌の学習を通して「鑑賞の仕方を理解する」時間である。

※授業を行う際は，以下の点に留意すること

① 「B(おおむね満足できる状況)と判断する生徒の具体的な姿」を想定しておくこと。(模擬授業終了後，口頭試問の中で質問する。)

② 本時の「めあて(課題)」は模擬授業中に必ず板書し，「C　読むこと」の指導事項をどのように具体化しているのかが分かる学習活動を入れること。

③ 導入と学習展開の中心となる活動は必ず行うこと。なお，終末の場面までは必ずしも行わなくてよい。

④ 例として示した短歌のうち，どれか一首を必ず取り上げて模擬授業を行うこと。

〔例として示した短歌〕

・観覧車回れよ回れ想ひ出は君には一日(ひとひ)我には一生(ひとよ)

栗木　京子

・眠られぬ母のためわが誦(よ)む童話母の寝入りし後王子死す

岡井　隆

・卒業生最後の一人が門を出て二歩バックしてまた出て行った

千葉　聡

＜口頭試問内容＞

□模擬授業の内容について

□第2学年「書くこと」の指導について

□古典指導における教材についての配慮事項

□配慮が必要な生徒への指導について

▼中学国語

【模擬授業課題】

□新学習指導要領国語科第2学年の「B　書くこと」の指導要領に「ウ　説明や具体例を加えたり，表現の効果を考えて描写したりするなど自分の考えが伝わる文章になるよう工夫すること」がある。(現行の学習指導要領にも同様の趣旨の指導事項がある。)

これを踏まえて，「職場体験先からのメールに対し，回答のメールを送る」という単元(全3時間)の第2時の授業を行うこと。第1時では，例文として示された〔職場先からのメール〕を読み，各自で回答案を作成した。本時は，前時に作成した回答案を読み合い，適切な回答になっているかを検討する時間である。

※授業を行う際は，以下の点に留意すること

① 「B(おおむね満足できる状況)と判断する生徒の具体的な姿」を想定しておくこと。(模擬授業終了後，口頭試問の中で質問する。)

② 本時の「めあて(課題)」は模擬授業中に必ず板書し，「B　書くこと」の指導事項をどのように具体化しているのかが分かる学習活動を入れること。

③ 導入と学習展開の中心となる活動は必ず行うこと。なお，終末の場面までは必ずしも行わなくてよい。

〔職場先からのメール〕

こんにちは。〇〇デイケアセンターの□□です。皆さんのご訪問を職員一同楽しみにしております。

さて、昨日のメールで施設利用者の方と一緒に歌を歌いたいというご提案をいただきました。是非お願いします。

つきましては、こちらで事前に用意しておくものがあれば教えてください。また、歌にかかる時間は、準備などを含めてどれくらいかも教えてください。

(後略)

〔回答案の例〕

職場体験でお世話になります第一中学校の△△です。用意していただきたいものと歌の時間についてですが、当日は、音楽を流して歌いたいと考えています。歌詞カードはこちらで用意します。時間は10分程度です。当日はお世話になります。よろしくお願いします。

<口頭試問内容>

□模擬授業の内容について

□第2学年「話すこと・聞くこと」の指導について

□書写指導における内容の取扱いの配慮事項

□配慮が必要な生徒への指導について

▼中学社会

【模擬授業課題】

□歴史的分野「近代の日本と世界」の「第一次世界大戦後の国際社会」についての授業をしなさい。ただし，以下の項目に留意して，1時間の授業を15分で実演すること。

① 世界の動きと我が国との関連に着目して，戦争による世界と我が国の社会の変化や影響を多面的・多角的に考察し表現させる授業を構想すること。

② 資料として以下のものを活用してよいが，他に必要と考えられる資料があれば想定し，付け加えてもよい。

資料1　第一次世界大戦の動員兵数と犠牲者

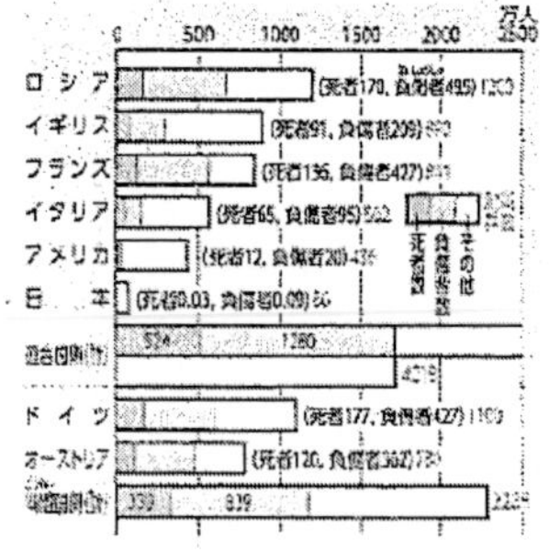

資料2　二十一か条の要求

中国に対する二十一か条の要求

一、中国政府は，ドイツが山東省にもっている一切の利権を日本に譲ること。

一、日本の旅順・大連の租借の期限，南満州鉄道の利権の期限を99か年延長すること。

一、中国政府は，南満州および東部内蒙古における鉱山の採掘権を日本国民に許可すること。

一、中国は，政治・経済・軍事の顧問として，中央政府に有力な日本人を雇うこと。

（一部要約・抜粋）

資料3　第一次世界大戦後のヨーロッパ

資料4　紙幣で遊ぶ子どもたち

＜口頭試問内容＞

□模擬授業(歴史的分野)の内容について

□地理的分野の防災学習について

□現代社会の見方・考え方について

□地域との連携について

▼中学社会

【模擬授業課題】

□公民的分野「私たちが生きる現代社会と文化の特色」の「グローバル化」についての授業をしなさい。ただし，以下の項目に留意して，1時間の授業を15分で実演すること。

① 位置や空間的な広がり，推移や変化などに注目して，課題を追究したり解決したりする活動を通して，グローバル化が現在と将来の政治，経済，国際関係に与える影響について多面的・多角的に考察し表現させる授業を構想すること。

② 資料として以下のものを活用してよいが，他に必要と考えられる資料があれば想定し，付け加えてもよい。

資料１　日本の輸出入額の推移

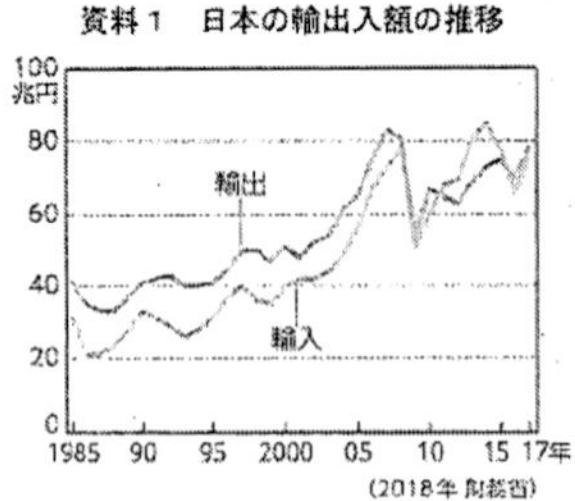

資料２　地域別貿易額の割合

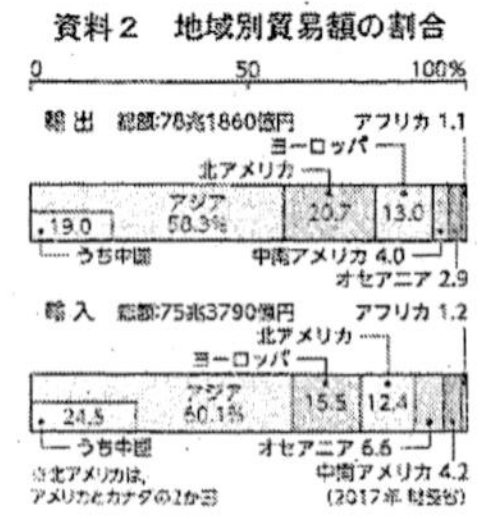

資料３　出国日本人数と訪日外国人旅行者数の推移

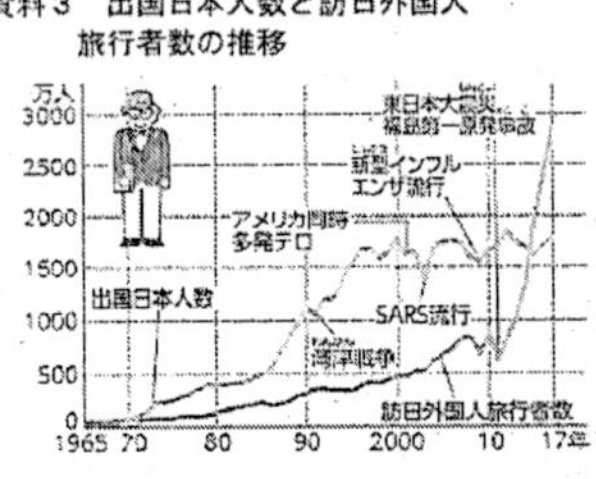

資料４　日本の品目別自給率の推移（重量ベース）

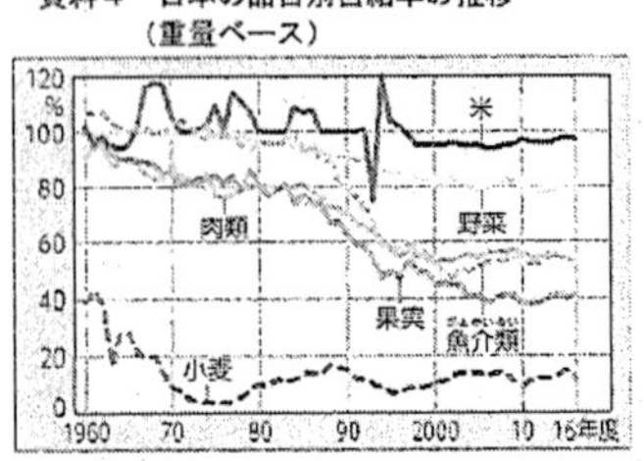

＜口頭試問内容＞

□模擬授業(公民的分野)の内容について

□歴史的分野の主権者の育成について

□地理的分野の見方・考え方について

□社会科を学ぶ意義について

▼中学数学

【模擬授業課題】

□次に示す題材に即した授業をしなさい。ただし，留意点に従うこと。

内　容　3年　三平方の定理

直角三角形の直角をはさむ２辺の長さをa ，bとし，斜辺の長さをcとすると，$a^2+b^2=c^2$の関係が常に成り立つ。このことを説明しなさい。

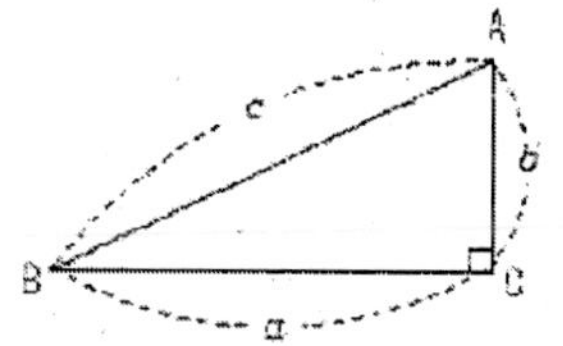

＜留意点＞

① 本時は「三平方の定理」の2時間目。前時は，直角三角形の各辺を1辺とする正方形の面積の関係から，$a^2+b^2=c^2$が成り立つ予想を立てるまで終えたとする。

② 新大分スタンダードに基づく授業を展開すること。

③ 評価の観点は「数学的な見方や考え方」とし，評価規準を1つ設定すること。(※設定した評価規準は，口頭試問で聞く)

＜口頭試問内容＞

□模擬授業の内容について

□「数と式」領域の内容について

□学習指導要領の内容について

□数学の学習を行うときの指導や工夫について

▼中学数学

【模擬授業課題】

□次に示す題材に即した授業をしなさい。ただし，留意点に従うこと。

内　容　3年　二次方程式

縦の長さが１１ｍ，横の長さが１４ｍの長方形の土地がある。

この土地に，右の図のような，幅が一定の道をつくり，残りの土地を花壇にしました。

花壇の面積を１０８ｍ²にするには，道の幅を何ｍにすればよいか，道幅の長さの求め方を説明しなさい。

ただし，道が交差する部分は正方形とする。

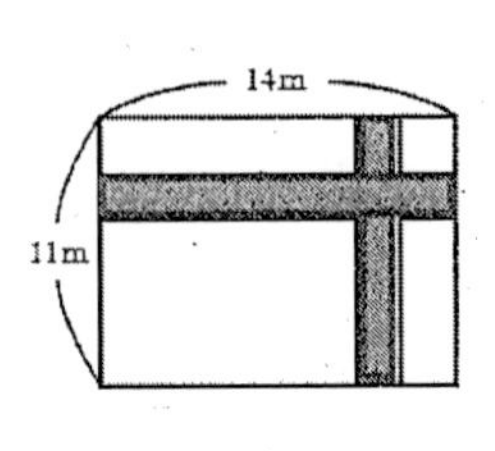

＜留意点＞

① 本時は二次方程式のまとめの時間とする。

② 新大分スタンダードに基づく授業を展開すること。

③ 評価の観点は「数学的な見方や考え方」とし，評価規準を1つ設定すること。(※設定した評価規準は，口頭試問で聞く)

＜口頭試問内容＞

□模擬授業の内容について

□「図形」領域の内容について

□学習指導要領の内容について

□数学の授業の進め方について

▼中学数学

【模擬授業課題】

□次に示す題材に即した授業をしなさい。ただし，留意点に従うこと。

内　容　2年　一次関数

太郎さんは冷蔵庫が故障したため，容量が500Lである冷蔵庫Aと冷蔵庫Bのどちらかを購入することになりました。

2つの冷蔵庫A，Bを比べると次のことが分かりました。

	冷蔵庫A	冷蔵庫B
本体価格	90000円	150000円
1年間あたりの電気代	11000円	6500円

太郎さんは，冷蔵庫を購入してx年間使用するときの総費用をy円として冷蔵庫Aと冷蔵庫Bの総費用を比べてみることにしました。

冷蔵庫Aと冷蔵庫Bの総費用が等しくなる使用年数の求め方を説明しなさい。

ただし，1年間当たりの電気代は常に一定であるとし，次の式で総費用を求めることにしました。

（総費用）＝（本体価格）＋（1年間当たりの電気代）×（使用年数）

＜留意点＞

①　本時は一次関数のまとめの時間とする。

②　新大分スタンダードに基づく授業を展開すること。

③　評価の観点は「数学的な見方や考え方」とし，評価規準を1つ設定すること。(※設定した評価規準は，口頭試問で聞く)

＜口頭試問内容＞

□模擬授業の内容について

□「図形」領域の内容について

□学習指導要領の内容について

□数学の授業の進め方について

▼中学数学

【模擬授業課題】

□次に示す題材に即した授業をしなさい。ただし，留意点に従うこと。

内　容　1年　文字を用いた式

下の図のように，棒を並べて六角形を横一列につくっていきます。六角形をn個つくるときに必要な棒の本数の求め方を説明しなさい。

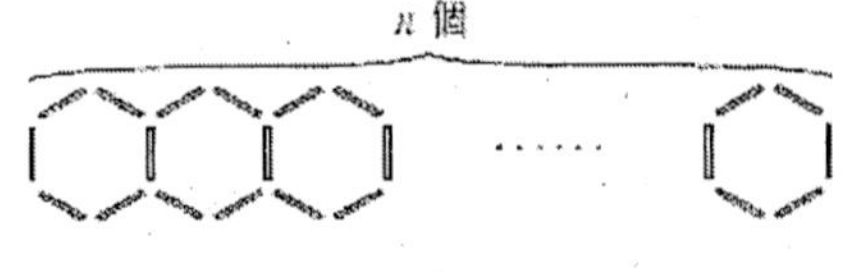

<留意点>

① 本時は「文字を用いた式」のまとめの時間とする。

② 新大分スタンダードに基づく授業を展開すること。

③ 評価の観点は「数学的な見方や考え方」とし，評価規準を1つ設定すること。(※設定した評価規準は，口頭試問で聞く)

<口頭試問内容>

□模擬授業の内容について

□「図形」領域の内容について

□学習指導要領の内容について

□数学の学習を行うときの指導や工夫について

▼中学理科

【模擬授業課題】

第2学年対象

□雲の発生についての実験を行い，そのでき方を気圧，気温と関連付けて理解させる授業を行いなさい。ただし，下記の留意点に従うこと。

<留意点>

① 新大分スタンダードに基づく授業を構想すること。

② 「科学的な思考・表現」を評価規準に設定した授業を展開すること。

③ 実験の内容は下に示すものとする。

④　実験の結果を整理し，考察する場面を設定すること。

<実験>

(1)　図のような装置をつくり，ピストンをすばやく引いたとき，ピストンを戻したときの，フラスコの中のようすや温度変化を観察する。

(2)　フラスコの中を少量の水でぬらしたあと，線香の煙を入れる。(1)と同じように操作し，ピストンを引いたり，おしたりしてフラスコの中のようすや温度変化を観察する。

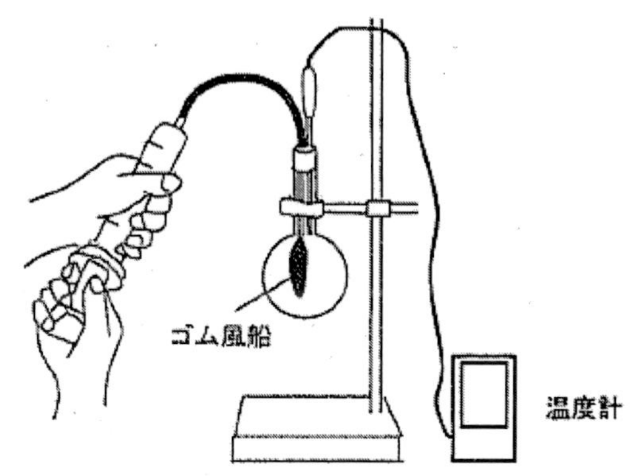

<口頭試問内容>

□模擬授業(霧や雲の発生)について

□地質時代と化石について

□電気とそのエネルギーについて

□発達障害のある生徒への指導や支援について

▼中学理科

【模擬授業課題】

第2学年対象

□金属線に加わる電圧と電流を測定する実験を行い，電圧と電流の関係を見いだし，金属線には電気抵抗があることを理解させる授業を行いなさい。ただし，下記の留意点に従うこと。

<留意点>

① 新大分スタンダードに基づく授業を構想すること。
② 「科学的な思考・表現」を評価規準に設定した授業を展開すること。
③ 実験の内容は下に示すものとする。
④ 実験の結果を整理し，考察する場面を設定すること。

<実験>

(1) 同じ種類の細かい電熱線aと太い電熱線bを用いて，図のような回路を組み立てる。
(2) 電圧を1.0V，2.0V，3.0V，4.0V，5.0Vと変え，そのたびに電熱線aを流れる電流の大きさをはかる。
(3) (2)と同様に電圧を変え，電熱線bを流れる電流の大きさをはかる。

※(2)(3)の測定値は，以下の測定値を用いるものとする。

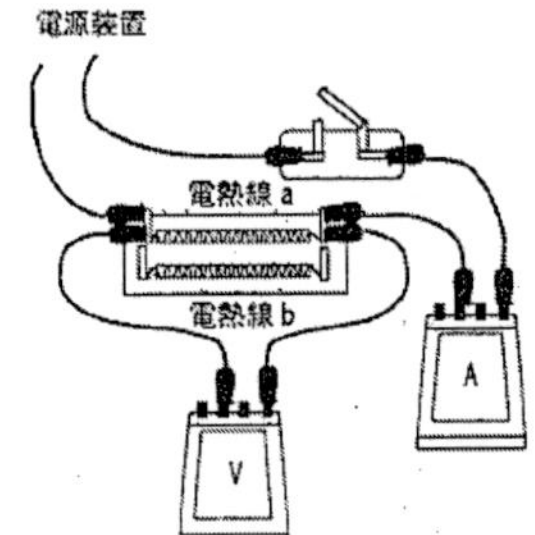

電圧	（２）の測定値	（３）の測定値
1.0V	51mA	230mA
2.0V	106mA	440mA
3.0V	160mA	680mA
4.0V	213mA	890mA
5.0V	267mA	1100mA

<口頭試問内容>

□模擬授業(電流・電圧と抵抗)について
□細菌とウイルスについて
□化学変化とイオンについて
□学習意欲の向上について

▼中学理科

【模擬授業課題】

第3学年対象

□電解質水溶液に電圧をかけ電流を流す実験を行い，陽極と陰極に決まった物質が生成することに気付かせ，イオンの存在を理解させる授業を行いなさい。ただし，下記の留意点に従うこと。

<留意点>

① 新大分スタンダードに基づく授業を構想すること。

② 「科学的な思考・表現」を評価規準に設定した授業を展開すること。

③ 実験の内容は下に示すものとする。

④ 実験の結果を整理し，考察する場面を設定すること。

<実験>

(1) 図のような装置を組み立て，うすい塩化銅水溶液を入れる。

(2) 電圧を加えて電極のようすを観察する。

(3) 陽極付近の液をとり，赤インクで色をつけた水に入れ，陽極に発生した気体の性質を調べる。

(4) 陰極に付着した物質をろ紙にとり，乳棒でこすり，陰極に付着した物質の性質を調べる。

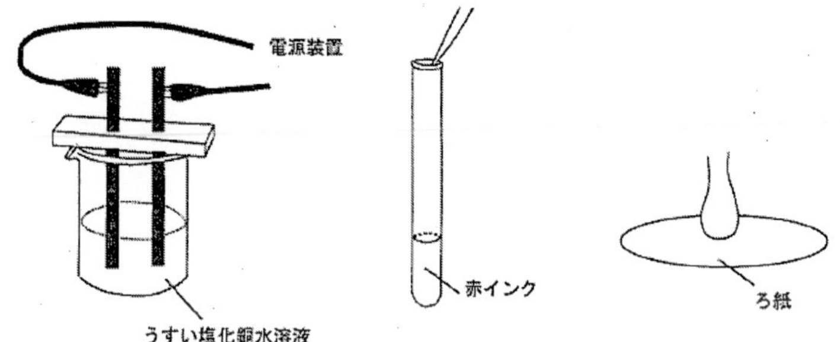

<口頭試問内容>

□模擬授業(水溶液とイオン)について

□実像と虚像について

□自然災害について

□科学技術と持続可能な社会について

▼中学音楽

【模擬授業課題】

□「浜辺の歌」(林古溪作詞・成田為三作曲)について，生徒が歌詞の情景を思い浮かべながら，表情豊かに歌う授業をしなさい。
※表現領域・歌唱分野・中学校1年生対象
※模擬授業(15分間)の中に，次の活動を設定すること。
ア　生徒に本時のめあてをもたせたり，学習を振り返らせたりする活動
イ　生徒に歌唱をさせて，音楽表現を練り上げていく活動
＜口頭試問内容＞
□模擬授業について
□鑑賞の授業について
□学習指導要領について
□志望動機について

▼中学音楽
【模擬授業課題】
□「サンタ　ルチア」(ナポリ民謡)について，生徒が曲の特徴を生かして，表情豊かに歌う授業をしなさい。
※表現領域・歌唱分野・中学校2年生対象
※歌詞はイタリア語詞・日本語詞どちらでもよい。
※模擬授業(15分間)の中に，次の活動を設定すること。
ア　生徒に本時のめあてをもたせたり，学習を振り返らせたりする活動
イ　生徒に歌唱をさせて，音楽表現を練り上げていく活動
＜口頭試問内容＞
□模擬授業の内容について
□歌唱の授業について
□学習指導要領について
□音楽を学ぶ意義について

▼中学音楽

【模擬授業課題】

□「魔王」(ゲーテ作詞・シューベルト作曲)について，生徒が詩の内容と曲想の変化との関わりを感じ取り，音楽のよさや美しさを味わう授業をしなさい。

※鑑賞領域・中学校1年生対象

※模擬授業(15分間)の中に，次の活動を設定すること。

ア　生徒に本時のめあてをもたせたり，学習を振り返らせたりする活動

イ　生徒に音楽の特徴を聴き取らせたり，雰囲気や曲想を感じ取らせたりする活動

＜口頭試問内容＞

□模擬授業について

□歌唱の授業について

□学習指導要領について

□生徒への支援について

▼中学美術

【模擬授業課題】

□ポスター制作において生徒に主題を持たせたい。本時は主題を決める活動の前時にあたる。作品例を用いてポスター制作における主題を生み出すことに大切さについて生徒に理解させる授業をしなさい。

＜留意点＞

①　対象生徒は中学校第二学年とする。

②　福田繁雄(ふくだ　しげお)の「VICTORY」を作品例にすること。

③　「めあて」「課題」「まとめ」「振り返り」を設定すること。

④　本時の評価規準を「知識」「思考・判断・表現」の二つの観点で設定すること。口頭試問で説明を求めます。

⑤　作品例は試験会場の黒板にA3サイズ(カラー)を掲示している。

福田繁雄「VICTORY」
（103×72.8cm）

＜口頭試問内容＞

□模擬授業の内容について

□評価規準について

□ポスターについて

□障害のある生徒などへの配慮について

▼中学保健体育

【模擬授業課題】

□「傷害の防止」の「(イ)　交通事故などによる傷害の防止」についての授業をしなさい。

　その際，交通事故などによる傷害を防止するためには，人的要因や環境要因に関わる危険を予測すること。それぞれの要因に対して適切な対策を行うことが必要となることについて理解できることをねらいとします。(中学校2年生対象)

※ただし，次の項目を取り入れた授業とすること。

①　生徒への発問やグループで意見を出し合う場面を設定する。

②　最後に授業のまとめを行う。

＜口頭試問内容＞

□模擬授業の内容について

□新学習指導要領について
□領域の内容の取扱いについて
□学習に集中できない生徒への対応について

▼中学保健体育
【模擬授業課題】
□「傷害の防止」の「(ウ)　自然災害による傷害の防止」についての授業をしなさい。
その際，自然災害による傷害は，災害発生時だけではなく，二次災害によっても生じること。また，自然災害による傷害の多くは，災害に備えておくこと，安全に避難することによって防止できることについて理解できることをねらいとします。(中学校2年生対象)
※ただし，次の項目を取り入れた授業とすること。
①　生徒への発問やグループで意見を出し合う場面を設定する。
②　最後に授業のまとめを行う。
＜口頭試問内容＞
□模擬授業の内容について
□新学習指導要領について
□領域の内容の取扱いについて
□体罰について

▼中学技術
【模擬授業課題】
「情報の技術」において，情報を発信する時のモラルの必要性を理解させる授業をしなさい。ただし，次の項目を取り入れた授業とすること。
①　題材を見通して，新大分スタンダードを踏まえた授業を行うこと。
②　基本的な用語として「個人情報の保護」「著作権法」「人権侵害の防止」について理解させること。
③　新学習指導要領(平成29年告示)に則った具体的な評価規準を設定

して授業を行うこと。評価の観点は「知識・技能」とする。
＜口頭試問内容＞
□模擬授業の内容に係る学習指導と評価規準について
□情報のデジタル化の利点と注意点について
□エネルギー変換の技術の見方・考え方について
□製作実習の安全指導に関わる対応について

▼中学家庭
【模擬授業課題】
□「高齢者疑似体験を通した，高齢者とのよりよい関わり方」について考えさせる授業をしなさい。ただし，以下の点に注意すること。
① 新大分スタンダードを踏まえた授業展開を行うこと。
② まとめが，「高齢者とのよりよい関わり方のためには，身体的な特徴や気持ちを考慮することが必要である」となるような授業展開を行うこと。
③ 新学習指導要領に基づいた評価規準(3観点)と評価方法を考えておくこと。
＜口頭試問内容＞
□模擬授業の内容について
□材料に適した加熱料理の「蒸す調理」を扱う際の留意点について
□家庭科の指導とキャリア教育との関連について
□障がいのある生徒の指導内容や方法における工夫について

▼中学英語
【模擬授業課題】
□本時は，単元の中で，生徒が新しい言語材料「関係代名詞」に出合い，表現できるようになることを目指す時間である。以下の項目に留意して授業をしなさい。
① 新大分スタンダードに基づき，「めあて」や「振り返り」を適切に設定すること

② 生徒が言語活動の目的や言語の使用場面を意識した授業を行うこと
③ 生徒とのインタラクションを通して本時のめあてを知らせること
④ 本時の評価の観点を「知識・技能」とし，評価規準を設定すること(評価規準については，どのように設定したかを口頭試問で尋ねる)

＜口頭試問内容＞
□模擬授業の内容について
□教科専門の知識について
□複数の領域を統合的に関連付けた言語活動について(読むこと・話すこと)
□生徒の学習意欲を高める工夫について

▼中学英語

【模擬授業課題】
□本時は，単元の中で，生徒が新しい言語材料「未来形」に出合い，表現できるようになることを目指す時間である。以下の項目に留意して授業をしなさい。
① 新大分スタンダードに基づき，「めあて」や「振り返り」を適切に設定すること
② 生徒が言語活動の目的や言語の使用場面を意識した授業を行うこと
③ 生徒とのインタラクションを通して本時のめあてを知らせること
④ 本時の評価の観点を「知識・技能」とし，評価規準を設定すること(評価規準については，どのように設定したかを口頭試問で尋ねる)

＜口頭試問内容＞
□模擬授業の内容について
□教科専門の知識について
□複数の領域を統合的に関連付けた言語活動について(読むこと・書く

こと)
□英語に苦手意識をもつ生徒への指導について

▼中学英語
【模擬授業課題】
□本時は，単元の中で，生徒が新しい言語材料「比較級」に出合い，表現できるようになることを目指す時間である。以下の項目に留意して授業をしなさい。
① 新大分スタンダードに基づき，「めあて」や「振り返り」を適切に設定すること
② 生徒が言語活動の目的や言語の使用場面を意識した授業を行うこと
③ 生徒とのインタラクションを通して本時のめあてを知らせること
④ 本時の評価の観点を「知識・技能」とし，評価規準を設定すること(評価規準については，どのように設定したかを口頭試問で尋ねる)
＜口頭試問内容＞
□模擬授業の内容について
□教科専門の知識について
□複数の領域を統合的に関連付けた言語活動について(聞くこと・話すこと)
□中学校で英語に興味を失いつつある生徒への指導について

▼高校国語
【模擬授業課題】
□「国語総合」において「A　話すこと・聞くこと」の指導事項「ウ　課題を解決したり考えを深めたりするために，相手の立場や考えを尊重し，表現の仕方や進行の仕方などを工夫して話し合うこと。」について，「スマートフォンを活用した効果的な学習法について班ごとに意見をまとめ，発表する」という言語活動で授業を行いなさ

い。ただし，想定する時期は1年生の3学期，これまで学習したことの振り返りを行ったうえで開始すること。

＜口頭試問内容＞

□模擬授業で設定した学習課題と想定した生徒について

□「現代文A」において指導する領域と，指導する際の言語活動について

□生徒が主体的・対話的で深い学びを実現するための指導の工夫について

□読書感想文の意義について

▼高校国語

【模擬授業課題】

□「国語総合」において「A　話すこと・聞くこと」の指導事項「ウ　課題を解決したり考えを深めたりするために，相手の立場や考えを尊重し，表現の仕方や進行の仕方などを工夫して話し合うこと。」について，「クラスの学校図書館での貸し出し冊数を増やす方法」について班ごとに意見をまとめ，発表する」という言語活動で授業を行いなさい。ただし，想定する時期は1年生の3学期，これまで学習したことの振り返りを行ったうえで開始すること。

＜口頭試問内容＞

□模擬授業の評価の基準と，授業展開の工夫と想定した生徒について

□「古典B」において指導する領域と，指導する際の言語活動について

□「つけたい力を意識した密度の濃い授業」のための指導上の工夫について

□古典の学習の意義について

▼高校地歴(世界史)

【模擬授業課題】

□「世界史B」の単元「世界恐慌とファシズム諸国の侵略」における，「スペイン内戦」について授業をしなさい。

ただし，生徒への「問い」を入れるものとし，黒板を使用すること。また，授業の始めに「本時の目標」を示し，最後に「本時のまとめ」をすること。

＜口頭試問内容＞

□模擬授業のねらいや工夫について

□東欧地域とソ連の変革について

□学習指導要領の内容について

□世界史を学ぶ意義について

▼高校地歴(日本史)

【模擬授業課題】

□「日本史B」の単元「明治維新と富国強兵」における，「明治六年の政変から西南戦争までの政治や外交の動向とその歴史的意義について」の授業を展開しなさい。

ただし，生徒への問いかけを入れるものとし，黒板を使用すること。また，授業の始めに「本時の目標」を示し，最後に「本時のまとめ」をすること。

＜口頭試問内容＞

□模擬授業のねらいや工夫について

□豊臣秀吉の政策について

□学習指導要領の内容について

□学習方法の指導について

▼高校地歴(地理)

【模擬授業課題】

□「地理B」の単元「変化する気候」において，世界各地で発生している異常気象の一因となっている，太平洋の熱帯海域で起こる海面水温が変化する現象を題材にしながら，異常気象への対策についての授業を展開しなさい。

ただし，生徒への「問い」を入れるものとし，黒板を使用すること。

また，授業の始めに「本時の目標」を示し，最後に「本時のまとめ」をすること。
<口頭試問内容>
□模擬授業のねらいや工夫について
□EUの特徴と課題について
□学習指導要領の内容について
□授業に関する要望への対応について

▼高校公民
【模擬授業課題】
□「現代社会」の単元「雇用と労働問題」における，「現代日本社会の労働問題」の授業を展開しなさい。
ただし，生徒への「問い」を入れるものとし，黒板を使用すること。
また，授業の始めに「本時の目標」を示し，最後に「本時のまとめ」をすること。
<口頭試問内容>
□模擬授業のねらいや工夫について
□財政による景気調整について
□学習指導要領の内容について
□苦手分野の克服について

▼高校数学
【模擬授業課題】
□本時は，数学Ⅰ「2次関数」における「2次不等式」の第6時間目である。次の枠の囲みの内容について，下記に記す留意点を踏まえて授業展開しなさい。

2次方程式 $x^2-2mx+m+12=0$ が異なる2つの正の解をもつような定数 m の値の範囲を求めよ。

<留意点>
○本時の目標を適切なタイミングで提示すること。

○本時以前に学習した内容(中学校での学習内容を含む)と関連付けながら，生徒の体系的な理解を促すこと。

○生徒の関心・意欲や数学的な見方や考え方を高めるために，発問内容や数学的活動を充実させる場面の設定などを工夫すること。

○適切な板書により，生徒の学習活動を支援すること。

<口頭試問内容>

□模擬授業の内容について

□定積分について

□対話的な学びについて

□長期欠席した生徒に対する学習支援について

▼高校数学

【模擬授業課題】

□本時は，数学Ⅱ『微分法と積分法』における「関数の値の変化」の第6時間目である。次の枠の囲みの内容について，下記に記す留意点を踏まえて授業展開しなさい。

3次方程式 $x^3+3x^2-a=0$ が異なる3つの実数解をもつように，定数 a の値の範囲を求めよ。

<留意点>

○本時の目標を適切なタイミングで提示すること。

○本時以前に学習した内容(中学校での学習内容を含む)と関連付けながら，生徒の体系的な理解を促すこと。

○生徒の関心・意欲や数学的な見方や考え方を高めるために，発問内容や数学的活動を充実させる場面の設定などを工夫すること。

○適切な板書により，生徒の学習活動を支援すること。

<口頭試問内容>

□模擬授業の内容について

□定積分について

□学習評価について

□主体的な学びについて

▼高校物理

【模擬授業課題】

構想15分，実施15分

□高等学校学習指導要領「物理」の「(3)電気と磁気　イ　電界と磁界 (ウ)　電磁誘導」において，「導線が磁場を横切るときに生じる誘導起電力」を導出する授業をしなさい。

ただし，次の項目に留意して授業をすること。

① 物理基礎の「電気」の分野と，物理の「電流が磁場から受ける力」及び，「電磁誘導」のファラデーの電磁誘導の法則までは既に学習しているものとする。

② 本時に育成を目指す資質・能力(目標)を明らかにすること。

③ 本時の学習課題(主たる問い)を授業の中で示すこと。

④ 生徒が主体的に考え，見いだすように，問題解決的な授業を展開すること。

＜口頭試問内容＞(7分)

□模擬授業の内容に係る学習指導について

□物理の専門的知識について

□科学的に探究する力を育成する授業について

□効果的なICT活用の方策について

□物理を学ぶ意義や有用性について

【質問内容】

□生徒が主体的に取り組むための工夫について。

□科学的な視点を養うためにはどうすればよいか。

□ケプラーの法則とは何か。また，これを学ぶ意義はどこにあるか。

□物理を学ぶ意義が感じられないという生徒にどう対応していくか。

【対策】

・全ての模擬授業を一通り作った。

・生徒が主体的に学べる導入，目標の提示は聞かれなくてもするべき。

・指導要項の禁則と生徒指導概要をしっかりと理解していれば口頭試問は大丈夫。
・口頭試問では追加質問はしてこない。
・コロナ禍は考慮せず，普段通りにという指示を受けた。

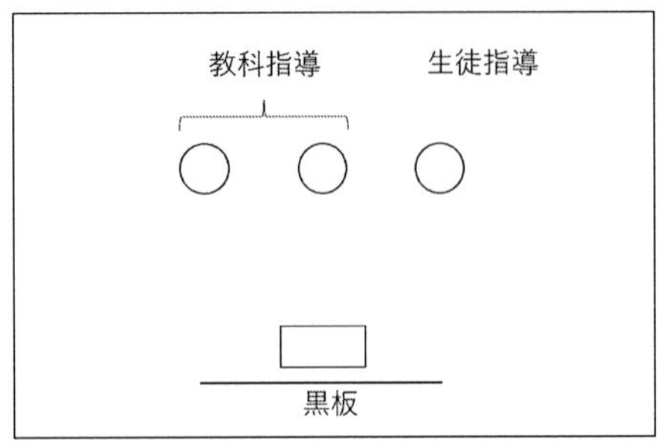

▼高校化学

【模擬授業課題】

□濃度c〔mol/L〕の酢酸水溶液が電離平衡にあるとき，「酢酸の濃度と電離度αおよび電離定数K_aの関係」についての授業をしなさい。
ただし，次の項目に留意すること。

① 平衡定数および電離定数，電離度については既習のものとする。
② 言語活動を取り入れた授業を行い，思考を促す場面を設けること。

＜口頭試問内容＞

□模擬授業の内容について
□アンモニアソーダ法について
□思考力・判断力・表現力を育むための授業について
□家庭での学習の工夫について

▼高校生物

【模擬授業課題】

□タマネギの根端細胞の図を用いて「観察によって得られた分裂期と

間期の細胞数の割合が，細胞周期の各期に要する時間の割合と等しくなる」ことを導き出す授業をしなさい。

ただし，以下の4項目に留意すること。

① 各班で，分裂期と間期の細胞数を確認する場面を設定すること。

② 深い思考を促す発問により，生徒が主体的に学ぶことを主眼においた授業を展開すること。

③ 最初に「めあて」と最後の「振り返り」を入れること。

④ 図については，すでに黒板に張っています。

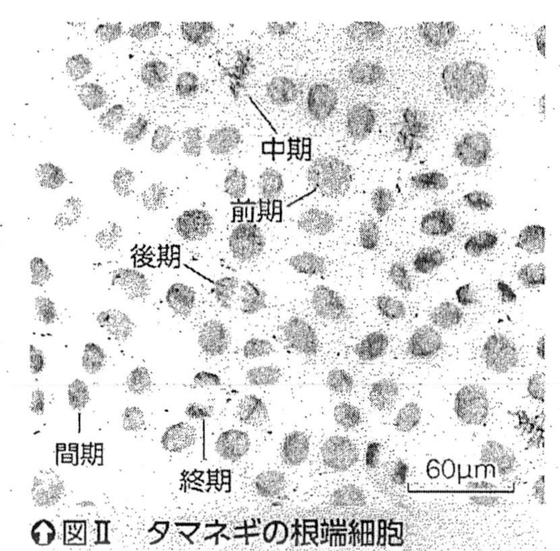

図Ⅱ タマネギの根端細胞

【資料 数研出版 改訂版生物基礎p82】

＜口頭試問内容＞

□模擬授業の内容について

□実験・観察の内容について

□呼吸に関する内容について

□学習指導要領について

□生徒対応について

▼高校保体

【模擬授業課題】

□「現代社会と健康」の「ア　健康の考え方」における「(エ)　健康に関する環境づくり」についての授業をしなさい。

その際，健康の保持増進には，健康に関する個人の適切な意思決定や行動選択及び環境づくりがかかわることについて理解できることをねらいとします。

※ただし，次の項目を取り入れた授業とすること。

① 生徒への発問やグループで意見を出し合う場面を設定する。

② 最後に授業のまとめを行う。

＜口頭試問内容＞

□模擬授業の内容について

□年間指導計画作成上の配慮事項について

□運動をしていない生徒に対して，運動の楽しさを伝える具体的な方法について

□授業や部活動等，体育活動中の事故防止に向けて，心がけていることについて

▼高校保体

【模擬授業課題】

□「現代社会と健康」の「イ　健康の保持増進と疾病の予防」における「(エ)　感染症とその予防」についての授業をしなさい。

その際，感染症は，新たな病原体の出現，感染症に対する社会の意識の変化等によって，エイズ，結核などの新興感染症や再興感染症の発生や流行が見られることを理解できることをねらいとします。

※ただし，次の項目を取り入れた授業とすること。

① 生徒への発問やグループで意見を出し合う場面を設定する。

② 最後に授業のまとめを行う。

＜口頭試問内容＞

□模擬授業の内容について

□「指導と評価の一体化」について

□授業規律の確立のために心がけていることについて
□授業に集中できない子どもの対応について

▼高校音楽
【模擬授業課題】
□「Caro mio ben」(G.ジョルダニー作曲)について，生徒が曲の特徴を生かしながら，曲想を感じ取り，表情豊かに歌う授業をしなさい。
※表現領域・歌唱分野・音楽Ⅰ対象
※歌詞はイタリア語詞・日本語詞どちらでもよい。
※模擬授業(15分間)の中に，次の活動を設定すること。
ア　生徒に本時のめあてをもたせたり，学習を振り返らせたりする活動
イ　生徒に歌唱をさせて，音楽表現を練り上げていく活動
＜口頭試問内容＞
□模擬授業の内容について
□西洋音楽史について
□学習指導要領について
□志望動機について

▼高校美術
【模擬授業課題】
□鑑賞の領域に関して，福田平八郎の作品「鮎」について新学習指導要領の〔共通事項〕を踏まえ，美術作品のよさや美しさ等を生徒に感じ取らせる鑑賞の授業をしなさい。
＜留意事項＞
①　対象は高等学校第一学年とする。
②　本時の「目標」や「振り返り」を適切に設定し実施すること。
③　一人一人が感じたことについて，互いに交流し，学びあえるような場面を設定すること。
④　作品例は試験会場の黒板にA3サイズ(カラー)を掲示している。

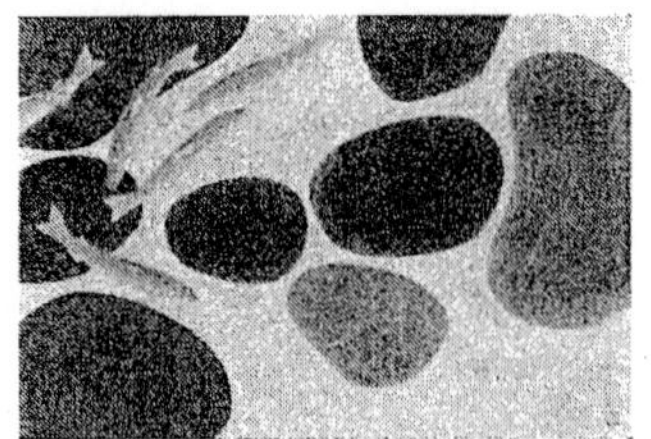

福田平八郎（ふくだ　へいはちろう）「鮎」（51.4×72.4cm）

<口頭試問内容>

□模擬授業の内容について

□日本画の魅力について

□学習指導要領の内容について

□生徒の質問への対応について

◆集団討論・個人面接(3次試験)

※評価項目及び配点は次のとおりとする。面接委員(3名)が個別に行う。

評価項目	具体的評価項目	配点
態度 表現力	○態度や身だしなみに好印象を受けるか。 ○言動・態度・表現から人間性の豊かさを感じるか。 ○質問に対し的確に対応できるコミュニケーション能力を備え、話がわかりやすく、内容に一貫性があるか。	１０点
使命感 積極性	○教職に対して意欲、信念を持っているか。 ○児童生徒に対する愛情・理解があるか。 ○前向きな意見や考え方、向上心を持っているか。 ○教育者としての使命感や高い倫理観を持っているか。	１０点
責任感 堅実性	○誠実で信頼できるか。 ○最後まで粘り強くやり遂げるタイプか。 ○教育者としての責務をわきまえ、学び続けようとする姿勢がみられるか。	１０点
創造力 柔軟性	○自ら課題を見つけ、考え行動できるか。 ○問題意識を持って物事を深く考えられるか。 ○経験や他者から学んだ事を生かそうとしているか。	１０点
協調性 職場適応性	○組織の一員として協調してやっていける職場適応性はあるか。 ○自分自身の理解に基づき、ストレスに前向きに対応しているか。 ○うまく気持ちの切り替えができるか。	１０点

◇集団討論
コロナ禍のため中止となった。

◇個人面接
▼小学校教諭
面接官3人，20分
【質問内容】
□小学校で出会った先生と具体的にどんなことがあったか。
□それぞれ違う子どもたち一人一人の個性をどうやって理解するつもりか。
□子どもが全員心を開いてくれるか分からないがどうするか。
□他の自治体は受験したか。
□今年落ちたらどうするか。
□どんな先生になりたいか。
□自己PRを2～3分でしてください。
□苦手なタイプの人に出会ったらどうするか。
・自己紹介書についての内容がほとんどなので，練習していけば大丈夫そうだ。
・かなり圧迫面接だった。
・面接官の態度があまりよくなかった。そこで，受験者自身の感情コントロールが大切になってくると思う。

▼高校理科
面接官3人，試験時間20分
【質問内容】
□2次試験合格者が提出する自己紹介書からの質問が8割ぐらいだった。
□学校と自分の教育方針が合わないときどうするか，誰に相談するか。

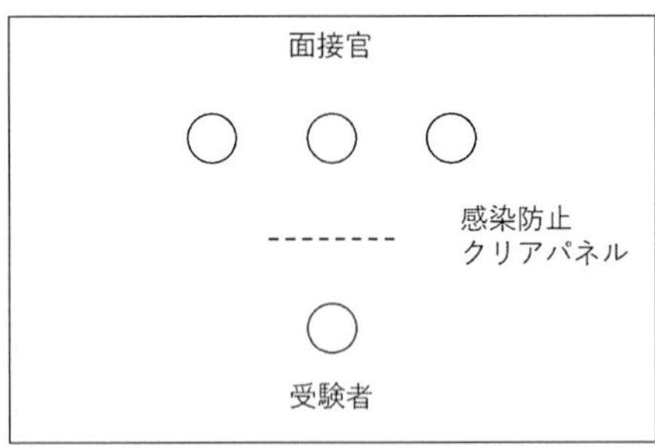

◆プレゼンテーション(3次試験)

※特別選考(Ⅲ)の受験者のみに適用される。

※発表時間15分間

【課題】

□学校における運動部活動は，生徒による自主的・自発的な運営が大切である。

生徒が自主的，自発的に運営し，かつ，生徒個々の競技力が向上する部活動にするために，顧問として，あなたはどのような工夫を行うか。

「生徒が自主的・自発的に運営し，競技力が向上する部活動を目指して」というテーマでプレゼンテーションを行いなさい。

＜留意点＞

① あなたの部活動における実際の指導方法や工夫を内容に盛り込むこと。

② 教員としての立場を踏まえて，あなたの最もアピールできる能力はどこか，そしてそれをどのように活かすかを考え，プレゼンテーションをすること。

③ 勤務校の運動部活動顧問の研修会での講演を想定して，プレゼンテーションをすること。

※プレゼンテーションの後，25分程度，試験委員との質疑応答を行う。

※ホワイトボードを使用することができる(マーカーは黒・赤・青の3色)

※パソコン等の機器やその他の資料の持ち込み，及び使用はできない。

※試験室に持ち込みができるもの

① プレゼンテーション テーマ用紙

② 時計(計時機能だけのものに限る)

③ 整理番号票

※評価項目及び配点は次のとおりとする。面接委員(4名)が個別に行う。

評価項目	具体的評価項目	配点
態度 表現力 コミュニケーション力	○態度や身だしなみに好印象を受けるか。 ○言動・態度から人間性の豊かさを感じるか。 ○話が分かりやすく、的確に対応しているか。 ○話の内容に一貫性があるか。 ○自分の思いをしっかりと伝える能力があるか。	5点
使命感 積極性 人間性	○教職に対して意欲、信念を持っているか。 ○児童生徒に対する愛情・理解があるか。 ○前向きな意見や考え方、向上心を持っているか。 ○教育に対する使命感やビジョンを持っているか。 ○人を引きつける強い魅力を持っているか。	5点
責任感 堅実性 自己理解力	○誠実で信頼できるか。 ○最後までやり遂げるタイプか。 ○教師としての責務をわきまえているか。 ○社会人としての一般常識を備えているか。 ○自己分析ができ、自分の優れた能力を生かそうとしているか。	5点
創造力 柔軟性 プランニング力	○自ら課題を見つけ、自分で考え行動できるか。 ○問題意識を持って物事を深く考えられるか。 ○経験や他者から学んだ事を生かそうとしているか。 ○広い視野を持ち、柔軟な発想ができるか。 ○説明、問いかけなど、ねらいに沿っているか。	5点
協調性 職場適応性 将来性	○組織の一員として協調してやっていけるか。 ○考え方に独断的なところはないか。 ○ストレスに前向きに対応しているか。 ○うまく気持ちの切り替えができるか。 ○多くの場面で、活躍が期待できるか。	5点

(スポーツの指導者としての実績に対する評価)

評価項目	具体的評価項目	配点
指導力	○受験資格の実績について、その指導によるものと認められるか。	25点

2020年度

◆個人面接(3次試験)　面接官4人

※評価項目及び配点は次のとおりとする。

評価項目	具体的評価項目	配点
態度 表現力	○態度や身だしなみに好印象を受けるか。 ○言動・態度・表現から人間性の豊かさを感じるか。 ○質問に対し的確に対応できるコミュニケーション能力を備え、話がわかりやすく、内容に一貫性があるか。	１０点
使命感 積極性	○教職に対して意欲、信念を持っているか。 ○児童生徒に対する愛情・理解があるか。 ○前向きな意見や考え方、向上心を持っているか。 ○教育者としての使命感や高い倫理観を持っているか。	１０点
責任感 堅実性	○誠実で信頼できるか。 ○最後まで粘り強くやり遂げるタイプか。 ○教育者としての責務をわきまえ、学び続けようとする姿勢がみられるか。	１０点
創造力 柔軟性	○自ら課題を見つけ、考え行動できるか。 ○問題意識を持って物事を深く考えられるか。 ○経験や他者から学んだ事を生かそうとしているか。	１０点
協調性 職場適応性	○組織の一員として協調してやっていける職場適応性はあるか。 ○自分自身の理解に基づき、ストレスに前向きに対応しているか。 ○うまく気持ちの切り替えができるか。	１０点

▼小学校教諭

【質問内容】

□教師がしてはいけないと思うことを2つ答えよ。

□達成感の学びを来年，教師としてどう生かすか。

□技術と人間性，どちらをとるか。

□心配ごとで夜眠れなかったことはあるか。

□辛かったことはあるか。

□最後に言い残したことはあるか。

・自己紹介書からほぼ聞かれ，追加質問が多い。

▼小学校教諭

【質問内容】

□ストレス発散法は？

□今，教員になるためにがんばっていることはあるか。

□最後にひとこと述べよ。

・事前に提出した自己紹介文のことについて深く尋ねられる。

・自己紹介文以外からも聞かれる。

▼特別支援

【質問内容】

□今までに1番辛かったことは何か。

□ストレスをどんな時に感じるか。

□ストレスを感じると身体に影響がでるか。

・7～8割自己紹介書からだった。

・圧迫ぎみの面接官が1人，あとは柔らかい感じだった。

◆プレゼンテーション(3次試験)

※特別選考(Ⅲ)の受験者のみに適用される。

【課題】

□選手やチームの育成を図るためには，部員の体力の向上を図るためのトレーニング論，技術，戦術を向上させる専門的指導技術，医・科学に関する知識が必要となる。

学校における運動部活動は，生徒の身体的な発育・発達や活動の意織を踏まえて運営されなければならない。

このような視点から，練習計画の立案やシステムの開発は大切である。

専門的な指導者が不足している状況下においては，地域における専門的な知識や技術を有した指導者の活用を図りながら効率的な練習を展開していくことが重要である。

「科学的・合理的な練習方法の工夫」というテーマでプレゼンテーションを行いなさい。

〈留意点〉

①あなたの部活動における実際の指導方法や工夫を内容に盛り込むこと。

②教員としての立場を踏まえて，あなたの最もアピールできる能力はどこか，そしてそれをどのように活かすかを考え，プレゼンテーションをすること。

③あなたの勤務する学校は，「文武両道」を目標とし，部活動及び大学進学をともに重視した普通科高等学校であるとすること。

④勤務校の運動部活動顧問の研修会での講演を想定して，プレゼンテーションをすること。

※発表時間は15分間であり，プレゼンテーションの後，25分程度，試験委員との質疑応答を行う。

※ホワイトボード(マーカーは黒・赤・青の3色)を使用することができる。

※試験室に持ち込みができるものは，プレゼンテーションテーマ用紙，時計(計時機能だけのものに限る)，整理番号票であり，パソコン等の機器やその他資料の持ち込み，及び使用はできない。

※評価項目及び配点は次のとおりとする。

2019年度

◆個人面接(3次試験)

▼特別支援

【質問内容】

□なぜその校種志望か。

□教師に向いている点について詳しく述べよ。

□その能力があっても上手くいかなかったらどうするか。

□達成感を感じた出来事について述べよ。

□上手くいかなかったことは何か。

□人間関係について。
※ほとんど自己紹介書からの質問であった。

◆プレゼンテーション(3次試験)
※特別選考(Ⅲ)の受験者のみに適用される。
【課題】
□運動部活動における休養日及び活動時間については，成長期にある生徒が，運動，食事，休養及び睡眠のバランスのとれた生活を送ることができるよう配慮することが必要である。国のガイドラインにおいて，スポーツ医・科学の観点から，ジュニア期におけるスポーツ活動時間について「休養日を少なくとも1週間に1～2日設けること，さらに，週当たりの活動時間における上限は，16時間未満とすることが望ましい」と示されている。
「できるだけ短時間で，合理的でかつ効率的・効果的な活動を行う」というテーマでプレゼンテーションを行いなさい。
(留意点)
①あなたの部活動における実際の指導方法や工夫を内容に盛り込むこと。
②教員としての立場をふまえて，あなたの最もアピールできる能力はどこか，そしてそれをどのように活かすかを考え，プレゼンテーションをすること。
③あなたの勤務する学校は，「文武両道」を目標とし，部活動及び大学進学をともに重視した普通科高等学校であるとすること。
④勤務校の校内研修会において，部顧問を含めた全職員への講演を想定してプレゼンテーションをすること。
※発表時間は15分間であり，プレゼンテーションの後，25分程度，試験委員との質疑応答を行う。
※ホワイトボード(マーカーは黒・赤・青の3色)を使用することができる。

※試験室に持ち込みができるものはプレゼンテーションのテーマ用紙，時計(計時機能だけのものに限る)，整理番号票であり，パソコン等の機器やその他資料の持ち込み，及び使用はできない。

2018年度

◆集団面接(3次試験)面接官3人　受験者約9人　時間40分

▼全校種

【テーマ】

□近年，安定した仕事に就けず，経済的に自立することができない，仕事に追われ，心身の疲労から健康を害しかねない，仕事と子育てや老親の介護との両立に悩むなど，仕事と生活の間で問題を抱える人が多く見られる。これらが，働く人々の将来への不安や豊かさが実感できない大きな要因となっており，社会の活力の低下や少子化・人口減少という現象にまで繋がっている。それを解決する取組が，仕事と生活の調和(ワーク・ライフ・バランス)の実現である。

教育現場においても，教員が子供たちの指導に専念できる環境を整備し，誇りや情熱を失うことなく使命と職責を遂行し，健康で充実して働き続けることができるよう，教員が担うべき業務を大胆に見直すとともに，働き方を改善することでワーク・ライフ・バランスを実現する必要がある。

「ワーク・ライフ・バランスを実現する対策」について，教員(教員を目指す者)としてあなたは，どのように考えますか。

□平成28年度内閣府の「青少年のインターネット利用環境実態調査結果」では，青少年の約80%がインターネット接続機器でインターネットを利用，利用する機器はスマートフォンが約47%，利用内容で最も多いのは小学生はゲーム，中学生は動画視聴，高校生はコミュニケーション，平日1日の平均利用時間は約154分であった。

誰もが情報の送り手と受け手の両方の役割を持つようになるこれからの情報社会では，情報がネットワークを介して瞬時に世界中に伝達され，予想しない影響を与えてしまうことや，対面のコミュニケーションでは考えられないような誤解を生じる可能性も少なくない。このような情報社会の特性を理解し，情報化の影の部分に対応し，適正な活動ができる考え方や態度いわゆる「情報モラル」を身につけさせることが必要である。

「情報モラル教育の充実を図る対策」について，教員(教員を目指す者)としてあなたは，どのように考えますか。

□諸外国から海外へ留学する学生等は中国をはじめとして，増加する傾向にある一方，日本の海外留学者の数は，2004年の約83,000人をピークに2011年には約58,000人とこの7年間に約30%の減少となっている。減少傾向にある海外留学について，政府として，2020年までに日本人の海外留学者数を倍増させることを目標に掲げ，この実現に向け，2014年4月に「若者の海外留学促進実行計画」が策定された。

大学等の高等教育機関に所属する学生等だけでなく，外国人留学生等の協力を得て小学校といった早期から異文化体験活動に参加する機会や高校生の時期に短期でも海外交流する機会の提供など，初等中等教育段階からグローバル人材の基盤を形成する取組を推進するとともに，異文化理解を増進するための青少年交流等の機会を充実させる必要がある。

「留学を促進する対策」について，教員(教員を目指す者)としてあなたは，どのように考えますか。

□不登校児童生徒数は依然として高水準で推移しており，生徒指導上の喫緊の課題となっている。文部科学省は，こうした状況を踏まえ，平成27年1月に「不登校に関する調査研究協力者会議」を発足させ，①不登校児童生徒の実情の把握・分析，②学校における不登校児童生徒への支援の現状と改善方策，③学校外における不登校児童生徒への支援の現状と改善方策，④その他不登校に関連する施策の現状と課題について総合的・専門的な観点から検討し，平成28年7月に「不登校児童生徒への支援に関する最終報告～一人一人の多様な課題に対応した切れ目のない組織的な支援の推進～」を取りまとめた。支援は，学校に登校するという結果のみを目標にするのではなく，児童生徒が自らの進路を主体的に捉えて，社会的に自立することを目指すことが必要である。

「不登校児童生徒を支援する対策」について，教員(教員を目指す者)としてあなたは，どのように考えますか。

□学校が，複雑化・多様化した課題を解決し，子供に必要な資質・能力を育んでいくためには，学校のマネジメントを強化し，組織として教育活動に取り組む体制を創り上げるとともに，必要な指導体制を整備することが必要である。その上で，生徒指導や特別支援教育等を充実していくために，学校や教員が心理や福祉等の専門スタッフ等と連携・分担する体制を整備し，学校の機能を強化していくことが重要である。

このような「チームとしての学校」の体制を整備することによって，教職員一人一人が自らの専門性を発揮するとともに，心理や福祉等の専門スタッフ等の参画を得て，課題の解決に求められる専門性や経験を補い，子供の教育活動を充実していくことが期待できる。

「チームとしての学校の在り方」について，教員(教員を目指す者)としてあなたは，どのように考えますか。

□文部科学省は，東日本大震災で明らかになった教訓を踏まえ，平成24年3月に地震・津波が発生した場合の具体的な対応について参考となるような共通的な留意事項をとりまとめた「学校防災マニュアル(地震・津波災害)作成の手引き」を作成した。各学校においては，児童生徒等の安全の確保を図るため，危険等発生時に職員がとるべき措置の具体的内容及び手順を定めた危機管理マニュアル(危険等発生時対処要領)を作成している。

各学校では学校防災マニュアルが整備されているが，マニュアルは机上で作成しただけでは不十分であり，マニュアルに基づいた訓練等が行われ，その結果からの課題を元に改善・改良を図り，実態に即した実践的なマニュアルにしなければならない。

「学校安全を確保する対策」について，教員(教員を目指す者)としてあなたは，どのように考えますか。

□近年，若年層の失業率は全年齢と比べて高いものの着実に低下しており，新規学卒者の就職率も改善が進んでいる。一方で，就職を希望しながらも未就職のまま卒業する者は約2万人，大卒者の約3割，高卒者の約4割が，卒業後3年以内で離職している状況もある。また，フリーター数は180万人前後で推移しているとともに，非正規雇用に就いた理由として「正規の職員・従業員の仕事がないから」と回答している不本意非正規の割合も，他の年齢に比べて若年層では高い。

このため，若年者雇用対策室では，①新卒者・既卒者等の就職支援に関すること，②フリーターや若年失業者等に対する就職支援に関すること等各種施策を推進することにより，将来を担う若者が安心・納得して働き，その意欲や能力を十分に発揮できる社会の実現を目指している。

「適切な職業選択の支援，職業能力の開発・向上に関する対策」について，教員(教員を目指す者)としてあなたは，どのように考えますか。

□障害者の権利に関する条約第2条において，「合理的配慮」とは，「障害者が他の者との平等を基礎として全ての人権及び基本的自由を享有し，又は行使することを確保するための必要かつ適当な変更及び調整であって，特定の場合において必要とされるものであり，かつ，均衡を失した又は過度の負担を課さないものをいう。」と定義されている。平成28年4月施行の「障害を理由とする差別の解消の推進に関する法律」により，「合理的配慮」の提供が行政機関等及び事業者に義務化された。

学校においては，学校教育が担う重要な役割を認識し，児童及び生徒の指導や保護者との連絡に携わる教職員一人一人が，研修等を通じて，法の趣旨を理解するとともに，障害に関する理解を深めることが重要である。

「教育の現場での合理的配慮の必要性」について，教員(教員を目指す者)としてあなたは，どのように考えますか。

□平成28年度全国体力・運動能力，運動習慣等調査結果によると，1週間の総運動時間については，中学校において，男女ともに二極化が見られた。また，1週間の総運動時間が0分の児童生徒は，小学校男女及び中学校男子で約3～5%，中学校女子では約15%を占めた。1週間の総運動時間が60分未満の児童生徒の割合は，前年度より小学校女子では1.3ポイント，中学校男子では0.4ポイント減少した。

学校における体力の向上の取組の中で，体育・保健体育の授業は重要な役割を担っている。特に，運動の苦手な児童生徒，運動の嫌いな児童生徒，そして1週間の総運動時間の少ない児童生徒にとっては，体育・保健体育の授業の実践が体力の向上に果たす役割は大きい。加えて，授業時間以外でも様々な取組や仕掛け，環境整備などが求められる。

「総運動時間の二極化の要因とその対策」について，教員(教員を目指す者)としてあなたは，どのように考えますか。

□生物が細胞内の物質を自ら分解して再利用する「オートファジー」の仕組みを解明した業績で，東京工業大学栄誉教授の大隅良典博士が2016年の「ノーベル生理学・医学賞」を受賞した。大隅氏は記者会見で「私は自分の知的な興味に基づいて，生命の基本単位である細胞がいかに動的な存在であるかということに興味を持って，酵母という小さい細胞に長年いくつかの問いをしてまいりました。私は人がやらないことをやろうという思いから，酵母の液胞の研究を始めました。」「私がこの研究を始めた時に，オートファジーが必ずがんにつながる，人間寿命の問題につながると確信して始めたわけではありません。基礎研究はそういう風に展開していくものだとぜひ理解していただきたいと思います。」と語った。

学ぶことに興味や関心を持ち，自己のキャリア形成の方向性と関連づけながら，見通しを持って粘り強く取り組み，自らの学習活動を振り返って次につなげる「主体的な学び」である。

「『主体的な学び』の実現に向けて必要な資質及びその育成」について，教員(教員を目指す者)としてあなたは，どのように考えますか。
※評価項目及び配点は次のとおりとする。

評価項目	具体的評価項目	配点
態度 表現力	○自分の考えを明確に伝えるための表現力の豊かさが感じられるか。 ○話が分かりやすく、議論の流れに的確に対応しているか。 ○話の内容に一貫性があるか。 ○説明能力、説得力、表現力はあるか。	5点
使命感 積極性	○学校教育に求められるものを意識し、教育に対する使命感やビジョンを持っているか。 ○児童生徒に対する愛情・理解があるか。 ○討論に積極的に参加し、討論の活性化に貢献しているか。 ○積極的に意見を取りまとめるリーダーシップや調整力があるか。	5点
責任感 堅実性	○教師としての責務をわきまえているか。 ○社会人としての一般常識を備えているか。 ○課題解決のために取り組むべき事柄を将来的展望を持って考えることができるか。	5点
創造力 柔軟性	○問題意識を持って物事を多面的に考えられるか。 ○経験や他者から学んだ事を生かそうとしているか。 ○広い視野を持ち、柔軟な発想ができるか。	5点
協調性 職場適応性	○他の意見を尊重しながら、建設的に自分の意見を主張できているか。 ○組織の一員として協調してやっていける職場適応性はあるか。 ○考え方に独断的なところはないか。	5点

【質問内容】
□集団討論の内容に沿った質問。
□SNSでいじめにあっている生徒に対してどのように対応するか。
※質問は，集団討論後すぐに実施。
※挙手制1問，全員2問の計3問。
※挙手した人から答えることができる。
・大人数で行うので，自分の話す時間と相手の話す時間のバランスをとって話した方が良い。

◆個人面接(3次試験)面接官4人　受験者約1人　時間15～20分

▼小学校

【質問内容】

□事前提出の自己紹介欄に書いている項目について

▼中学校

【質問内容】

□志望動機について(詳しく)

□教師に向いていると思う性格について

□自分の長所と短所について

□達成感を感じた経験について

・元気よく話すことが大切。

●書籍内容の訂正等について

弊社では教員採用試験対策シリーズ（参考書，過去問，全国まるごと過去問題集），公務員試験対策シリーズ，公立幼稚園・保育士試験対策シリーズ，会社別就職試験対策シリーズについて，正誤表をホームページ（https://www.kyodo-s.jp）に掲載いたします。内容に訂正等，疑問点がございましたら，まずホームページをご確認ください。もし，正誤表に掲載されていない訂正等，疑問点がございましたら，下記項目をご記入の上，以下の送付先までお送りいただくようお願いいたします。

① **書籍名，都道府県（学校）名，年度**
（例：教員採用試験過去問シリーズ　小学校教諭 過去問　2025 年度版）
② **ページ数**（書籍に記載されているページ数をご記入ください。）
③ **訂正等，疑問点**（内容は具体的にご記入ください。）
（例:問題文では“ア～オの中から選べ”とあるが，選択肢はエまでしかない）

〔ご注意〕
○ 電話での質問や相談等につきましては，受付けておりません。ご注意ください。
○ 正誤表の更新は適宜行います。
○ いただいた疑問点につきましては，当社編集制作部で検討の上，正誤表への反映を決定させていただきます（個別回答は，原則行いませんのであしからずご了承ください）。

●情報提供のお願い

協同教育研究会では，これから教員採用試験を受験される方々に，より正確な問題を，より多くご提供できるよう情報の収集を行っております。つきましては，教員採用試験に関する次の項目の情報を，以下の送付先までお送りいただけますと幸いでございます。お送りいただきました方には謝礼を差し上げます。
（情報量があまりに少ない場合は，謝礼をご用意できかねる場合があります）。

◆あなたの受験された面接試験，論作文試験の実施方法や質問内容
◆教員採用試験の受験体験記

送付先
○電子メール：edit@kyodo-s.jp
○FAX：03-3233-1233（協同出版株式会社　編集制作部 行）
○郵送：〒101-0054　東京都千代田区神田錦町 2-5
協同出版株式会社　編集制作部 行
○HP：https://kyodo-s.jp/provision（右記の QR コードからもアクセスできます）

※謝礼をお送りする関係から，いずれの方法でお送りいただく際にも，「お名前」「ご住所」は，必ず明記いただきますよう，よろしくお願い申し上げます。

教員採用試験「過去問」シリーズ

大分県の
論作文・面接 過去問

編　集　　© 協同教育研究会
発　行　　令和6年1月25日
発行者　　小貫　輝雄
発行所　　協同出版株式会社
〒101-0054　東京都千代田区神田錦町2 - 5
電話　03－3295－1341
振替　東京00190－4－94061
印刷所　　協同出版・POD工場

落丁・乱丁はお取り替えいたします。